Michael Wachtler · Georg Kandutsch

Goldgrube Alpen

Ein Steinchen wird ins Wasser fallen,
ein Weilchen werden Ringlein wallen,

Dann wird es wieder stille sein.
Wer tat den Wurf?

Wo blieb der Stein?

Hanns Lothar Maringer

Michael Wachtler · Georg Kandutsch

Goldgrube Alpen

Sammler, Sucher, Schatzgräber

Herbig

Die Drucklegung dieses Buches wurde ermöglicht durch die Unterstützung von:

STIFTUNG SÜDTIROLER SPARKASSE

KUNST SÜDTIROL KULTUR

Kulturabteilung der Südtiroler Landesregierung

KÄRNTEN KULTUR

Vorsatz:

Die Menschen und die Berge. In gegenseitiger Hassliebe haben sie sich angezogen und wieder entzweit. Diese Wüsten aus Stein aber bergen immer noch Geheimnisse. Jedes Jahr werden Funde gemacht, die wir mit Worten der Übertreibung abtun. Wie ein Tagebuch offenbaren sich uns dann völlig neue Aspekte über die Entstehung und den Werdegang unseres Lebens.

Nachsatz:

Die wilden Alpen. Sie sind unberechenbar und voll von Rätseln. Das macht ihre Faszination aus. Selbst ein Gewitter, das hoch oben auf den Bergen jeden Wanderer in Panik versetzt, fasziniert von einem sicheren Punkt aus gesehen den Betrachter.

Besuchen Sie uns im Internet unter:
http://www.herbig-verlag.de

Gedruckt auf chlorfrei gebleichtem Papier

Schutzumschlag: Wolfgang Heinzel
Umschlagfotos: Martin Schönegger, Günther Schön
Produktion: Mediateam GmbH, Innichen
Herstellung: VerlagsService Dr. Helmut Neuberger
& Karl Schaumann GmbH, Heimstetten
Gesetzt aus der FF Scala und der Trade Gothic
Druck: Graph. Kunstanstalt Jos. C. Huber, Dießen
Binden: Oldenbourg Buchmanufaktur GmbH, Monheim
Printed in Germany
ISBN 3-7766-2313-6

Inhalt

Ein eigenartiger Schluss

Wir können nur beim Schluss beginnen. Unser Ziel war es, den Alpen – jenem am besten erforschten und von Touristen am meisten überlaufenen Gebirge dieser Erde – neue Geheimnisse und Rätsel zu entlocken. Wir wollten unsere Grenzen und damit jene der Menschheit verschieben. Doch ist es überhaupt noch möglich in den Alpen Neuland zu finden? Ja es ist! Man muss nur bereit sein zu kämpfen. Wir haben die größten Kristallklüfte der Alpen geöffnet, wir haben aus dem ewigen Eis Bergkristalle heraus geschmolzen, die die Herzen der Menschen höher schlagen ließen. Dem Menschen ist ein eigenartiger Hang zu verborgener Schönheit eigen. Nach der suchten wir und fanden sie auch.

Wir haben in den Bergen die Spuren der Urzeit gesucht. Zeugen des Lebens, die unser heutiges Leben verstehen helfen. Konnte dies möglich sein? Wir versuchten es und fanden einzigartige und bisher verborgen gebliebene Dinge. Wir fanden die versteinerten Reste eines Lebens, das erst seinen Gang durch die Jahrmillionen gehen musste. Das am Anfang stand. Wir fanden Saurier, Pflanzen und andere Lebewesen, die völlig neu und unbekannt waren. Manchmal lagen sie an den grauenvollsten Abhängen der Berge, nur für Verwegene zugänglich. Manchmal aber lagen sie einfach da. Man musste sie nur erkennen.

Wir haben die Menschen mit offenen Augen beobachtet und versuchten zu kombinieren. Eine geheimnisvolle Welt öffnete sich, fernab der Museen und Institutionen. Sehr vieles liegt noch im Verborgenen und muss erst entdeckt werden.

Wir haben von den Wissenschaftlern gelernt, haben ihre Arbeitsweise beobachtet, sie uns zu Eigen gemacht. Wir haben selbst studiert, jeder auf seinen unterschiedlichen Gebieten. Das hat uns zusammengebracht. Nur so konnten wir in die geheimnisvolle Welt der Alpen vordringen.

Wir haben die Welt der Intrigen und Ränkespiele, der Gier und Ruhmsucht erlebt. Wir spielten mit, ohne unsere Seelen damit zu zerstören. Wir waren Beobachter dieser eigenartigen Welt des Bösen. Gesetzesbruch warf man uns vor, Zerstörung einzigartiger Funde. Man verbot uns, unsere Entdeckungen der Öffentlichkeit mitzuteilen.

Was hatten wir getan? Wir hatten die größten Kristallgruppen der Alpen gefunden und wollten diese der Öffentlichkeit zugänglich machen. War das ein Verbrechen. Wir hatten Zeugen der Urzeit in Gesteinsschichten gesucht, die vor uns sicher schon hunderte von Paläontologen durchkämmt hatten. Mehr nicht. Wir hatten nur mit anderen Augen gesucht. War es unsere Schuld, dass sich plötzlich Gesteinsplatten öffneten, die ein Tor zur Vergangenheit aufstießen? Durch Zufall waren wir auf einen der größten archäologischen Funde aus der Keltenzeit gestoßen. Jenseits des Gesetzes hätten wir agiert, und nur durch die Großzügigkeit und elastischen Auslegung des geltenden Rechts würde man von einer Verurteilung absehen. Was hatten wir getan? Eine archäologische Sensation der Öffentlichkeit zugänglich gemacht. War das ein Verbrechen? Können wir nicht davon ausgehen, dass Neuland für alle zugänglich sein muss. Für Forscher und Sammler, für Laien und Wissenschaftler.

Wir haben uns auf die Spuren jener Menschen gesetzt, die Einzigartiges vollbracht haben. Weil ein unergründlicher Zufall ihr Leben von einem Tag auf den anderen änderte, ohne dass sie wussten, warum. Weil sie im richtigen Augenblick an der richtigen Stelle waren. Weil sie akribisch forschten und ihr Glück damit erzwangen. Die Schicksale dieser Menschen haben wir genauso beschrieben wie unser Leben. Nicht mit erhobenem Zeigefinder sind wir vorgegangen. Wir haben einfach Menschen gesucht, die etwas vollbrachten. Wir haben aufgezeigt, wie es abgelaufen ist. Es hätte auch anders ablaufen können. Durch die Vielzahl der Menschen haben wir ein abgerundetes Bild erhalten. So ist es geschehen. So war es. Nicht zu werten stand uns zu, sondern zu beobachten. Wir fühlten mit Genies genauso mit, wie mit Menschen, die von der Hand im Mund lebten. Wir krochen im Dreck, wühlten uns durch die Gänge, litten Hunger und Kälte.

Die Sammler, die Sucher, die Schatzgräber haben wir beobachtet. Und damit auch die Forscher, die Laien, die Glückspilze, die Fantasten, die Gelehrten, die Narren. So traten wir einen Gang durch die Jahrmillionen an. Wir entfernten uns immer mehr von den Menschen, gelangten in Eiszeiten und tropische Meere, sahen Kristalle sich bilden und Dinosaurier kommen. Erlebten Riesenkatastrophen, die alles Leben zerstörten. Und wie wir uns auf die Spuren der Schatzgräber hefteten, waren wir schon mitten drin in der erlebten Entwicklung des Lebens.

Dieses Buch soll auch Wege öffnen. Aufzeigen, dass in diesen Alpen immer noch Neuland möglich ist. Für alle. Für die Jugendlichen und für unsere zukünftigen Generationen. Nichts fällt leicht, alles muss schwer erarbeitet werden. Man muss bereit sein für etwas zu kämpfen. Man muss nur wollen. Sollen die Schicksale all dieser Menschen, die wir verfolgt haben, soll unser Schicksal als Maßstab dienen. Menschen am Abgrund, Funde und Sensationen wollten wir suchen in diesen wilden Alpen, die immer noch unberechenbar sind. Wir fanden all dies. Wir durchlebten und durchatmeten die Geheimnisse dieser Welt, die trotz ihrer Unberechenbarkeit so schön und so wunderbar sind, dass wir uns nur ehrfürchtig verneigen können.

Von Suchern und Schatzgräbern

Was blieb von alten Zeiten?

Die Fährtensucher der Vergangenheit · Wissenschaft heißt für eine Idee leben · Es beginnt mit Jesus Christus · Der Finder des Schatzes ist der Verbrecher

Wer sammelt, kann Geschichte verfälschen

Wem gehören Schätze? Oh, du fröhliche Wissenschaft · Dinosaurierknochen und Menschenschädel · Ein Museum für die Rippe des Adam

Der Mensch und die Berge. Dazu noch die Suche nach den verborgenen Schätzen. Es ist ein ewiges Thema, und obwohl man glauben möchte, die Berge seien alle längst schon durchforscht, werden jedes Jahr in den Alpen Entdeckungen gemacht, die uns in Erstaunen versetzen.

Wir turnen an einem Grat am gefürchteten Hocharn in Kärnten entlang. Unter uns fällt der Abgrund über 800 Meter in die Tiefe. Hagel peitscht in unsere Gesichter, von oben donnern immer wieder – nicht berechenbar – Steinplatten an uns vorbei. Eine riesige Quarzader, erst in den letzten Jahren aus dem ewigen Eis herausgeapert, erweckt unsere Aufmerksamkeit. Darin könnten sich Kristalle befinden. Viele und große. Oder auch gar nichts. Das lässt sich nicht vorhersehen. Das Leben ist ein Glücksspiel. Ja, diese Kristallkluft barg Kristalle. Viele und schöne sogar. Die besten der Alpen.
Szenenwechsel Dolomiten. Gerade dort scheinen alle Zinnen und Grate erforscht zu sein. Wir klettern über ineinander verkeilte Gesteinsschichten hinauf. Wir beobachten und analysieren. Wie Tagebuchseiten öffnet sich die Landschaft. Hier war einst ein tropisches Meer. Muscheln, Korallen und Schwämme beweisen dies. Dann zieht eine besondere Schicht unsere Aufmerksamkeit auf sich. Wir arbeiten uns mit unserem Gerät hinein. Versteinerte Pflanzen kommen zum Vorschein, auch noch nach 250 Millionen Jahren zeigen sie die feinsten Äderchen. Der Wissenschaft waren sie bisher verborgen geblieben. Knapp unter uns liegt eine Schicht, die das größte Massensterben auf dieser Erde zeigt. 90 % aller Lebewesen starben aus. Der Rest musste sich erst mühsam erholen. Und diese Pflanzen und Tiere gehören zu den Pionieren, die die Erde nach dieser Katastrophe wieder besiedelten. Aus ihnen entwickelten sich viele unserer heutigen Pflanzen und Tiere. Jede dieser Versteinerungen stellt Neuland dar.
Doch nicht nur auf den Bergen liegt Geheimnisvolles. Wir stehen in München. Zwei Menschen, gleich wie eineiige Zwillinge, treten an uns heran. Sie wissen von unseren Abenteuern und auch, dass die Schluchten und Abgründe der Alpen unsere Heimat sind. Sie strecken uns einen Bronzering entgegen. Er ist von unvergleichlicher Schönheit. Sie zeigen uns noch mehr und behaupten, dass es hunderte solcher Ringe, Reifen und anderer Schmuckgegenstände gäbe. Eines Tages hätte man sie gefunden. Wir betrachten diese Wunderwerke. Ein keltischer Schmied muss sie gefertigt haben. Zu einer Zeit, als die Schrift erst in ihren Anfängen stand und der Mensch der Steinzeit entronnen war. Warum sie sich nicht staatlichen Institutionen anvertrauten. Sie hatten Angst davor, das war ihre einzige Erklärung.
Keine Angst hatte ein Wiener. Er baute sich vor uns auf, legte seinen Spazierstock auf den Tisch, zeigte uns seine Pistole. Und um alles zu untermauern, griff er blitzschnell zum Spazierstock, und ehe wir es uns versahen, zog er daraus eine halbmeterlange Klinge hervor. Die hielt er uns unter die Nase. So hatte er sich nun Respekt verschafft. Dann kramte er umständlich aus seiner Brusttasche einen Gegenstand hervor und hielt ihn stolz vor unsere Augen. Wir staunten. Das war er also, der legendäre, verschollene Krautzer-Smaragd, der größte Smaragd, der je im Salzburger Habachtal gefunden wurde. Warum er ihn gerade uns zeigte, uns fotografieren ließ? Der Mann hatte den Zenit

Gesammelt wird im Prinzip alles, was nur irgendwie möglich ist. Das reicht von Schmetterlingen und Käfern bis hin zu Altertümern, Mineralien und Fossilien. Die Trennlinie zwischen wissenschaftlicher Forschung, purer Leidenschaft und Schatzgräberei ist nicht immer klar zu ziehen. Nur so ist es zu erklären, dass dieser Kärntner Sammler sowohl Bergkristalle, als auch einen Tonkrug aus der Hallstattkultur, steinzeitliche Geräte und auch versteinerte Muscheln in seiner Sammlung halten kann. Seite rechts: Auch die Museen quellen trotz kilometerlanger Gänge über. Die Forschung hinkt hinter dem jedes Jahr Gesammelten weit hinterher.

seines Lebens überschritten, sein Tod konnte kommen. Diesen Smaragd wollte er mit ins Grab nehmen, aber er wollte noch allen Menschen zeigen, dass es diesen Smaragd, von dem alle annahmen, er sei in tausend Stücke zersprungen, gab. Und die Geschichte ganz anders geschrieben werden musste.

Das ist also die Goldgrube Alpen. Die im Untergrund, wie auch die, die wir mittlerweile in den Museen bewundern können. Sie ist faszinierend, und sie ist voll von Überraschungen. Und auf die Spuren dieses Neulandes wollten wir uns setzen. Von vielen Dingen wissen wir nichts. Sie gingen unwiderruflich verloren. Andere wiederum lagern irgendwo, versteckt im Untergrund. In unzugänglichen Höhlen, oder tief im Inneren der Felsen verborgen. Oder einfach für unsere Augen unsichtbar. Durch puren Zufall oder durch verbissenen Forschungsgeist tritt manchmal etwas zutage, das uns tiefere Einblicke in die Wunder dieser Erde gibt. Manchmal sind es die unscheinbar wirkenden Dinge, die uns aufrütteln, weil uns erst ein Hintergrundwissen ihre Einzigartigkeit zugänglich macht, dann wieder wird eine Tür zu den Jahrmillionen aufgeschoben. Faszinierend und schaudernd verneigen wir uns vor dieser Natur, die so vielfältig und abwechslungsreich ist, dass wir es nicht für wahr nehmen wollen. Die Menschen aber, die uns die Einblicke offenbaren, erleben sehr oft ein wechselhaftes Schicksal. Manchmal sind es Abenteurer, die uns – am Rande des Wahnsinns die Herausforderung suchend – neue Pforten öffnen, dann wieder mit unendlichem Hintergrundwissen arbeitende Wissenschaftler. Behinderte, Narren, Weltverbesserer haben genauso oft die Weltpresse durch besondere Funde in Erstaunen versetzt, wie gebrechliche alte Menschen, die den Höhepunkt ihres Lebens überschritten haben. Glücksritter gab es genauso wie Zusammenschlüsse von Forschern, die erst durch Zusammentun all ihres verfügbaren Wissens große Leistungen vollbrachten. Manchmal erzielten die Fundumstände ein größeres Aufsehen, als der Fund selbst. Es gab Mord und Totschlag. Finder wurden ihres Ruhmes genauso oft beraubt wie mancher allzu früh Verstorbene nichts mehr von seinem Glück erfahren konnte. Glück, Geld und Ansehen brachte manch ein spektakulärer Fund genauso wie Tragödie, Armut und Niederlage.

Über allem aber steht, dass wir all diesen, in kein Schema passenden Menschen ein tieferes Wissen über unsere Welt verdanken. Sie haben uns vergangene Welten offenbart und im Dunkel der Geheimnisse verborgene Rätsel wie mit Zauberhand gelöst. Wir wissen heute viel mehr als vor hundert Jahren. Eine zukünftige Generation wird durch weitere Entdeckungen und Funde noch um einiges mehr wissen als wir. Die Wissenschaft und Forschung hat manch einem einfachen und vielleicht unbekannt gebliebenen Bauern sehr oft mehr zu verdanken als manch ein akribisch forschender Akademiker als Lebenswerk zu Stande gebracht hat. Sehr viele Abenteurer legten den Schlüssel zur Erkenntnis offen hin, ohne den Hintergrund zu erkennen. Mosaiksteinchen um Mosaiksteinchen hat ein

Rechts: Ausgrabungen an Brandgräbern aus der Römerzeit im Südtiroler Bruneck unter Aufsicht des Denkmalamtes. Die staatlichen Institutionen sind überall in den Alpen überlastet. Auf der anderen Seite werden sehr oft großartige Funde zufällig geborgen. Oben: Dieser Südtiroler Bauer ahnt nicht, dass der Kessel, aus dem die Hennen ihren Mais picken, keltischen Ursprungs ist. Er fand ihn beim Pflügen.

jeder hinzugefügt. Jeder konnte auf dem Gedankengut des vorhergehenden aufbauen. Gewiss, es gab Irrlehren, die uns heute zum Schmunzeln bringen. Aber waren diese Totgeburten umsonst?

So wollen wir uns auf die Spuren jener Menschen setzen, die je nach Einordnung einmal Schatzgräber, dann Grabräuber, Glücksritter oder auch Wissenschaftler, Forscher oder mit Titeln argumentierend, Archäologen, Geologen, Mineralogen, Paläontologen genannt werden. Dass dabei noch ein ganzes Umfeld von Laienforschern und Privatgelehrten – bis hin zu für die Deutung eines Fundes unerlässlichen anderen Forschungsabteilungen, wie Palinologen, Dendrochronologen, Ethnologen und vielen anderen Wissenschaftlern – mit einbezogen werden, war unerlässlich. Unser Leben lang haben wir beide die Schätze dieser wilden Alpen gesucht. Wir haben die größten Kristallklüfte geöffnet, der Wissenschaft bisher unbekannte Versteinerungen entdeckt und beschrieben. Wir haben am Abgrund gelebt. Wir taten es ohne überhaupt nachzudenken. Als Jugendliche wurden wir von dieser Natur in den Bann gezogen. Unsere Denkweise hat sich im Laufe der Jahre geändert. Wir haben Distanz gewonnen. Wir haben Bücher geschrieben und Filme gemacht, unsere Stücke zieren heute viele Museen. Wir haben die faszinierende Welt der absoluten Schönheit von beiden Seiten kennen gelernt. Als Schatzgräber und als Wissenschaftler. Das hat uns die Augen geöffnet. Wir haben Verständnis für alle Seiten gewonnen und können in diesem Buch trotzdem nur die Hauptdarsteller aus ihrer Sicht der Dinge erzählen lassen. Eine absolute Wahrheit gibt es nicht. Als gemeinsame Autoren haben wir uns manchmal über das Menschlich-Allzumenschliche gestritten. Was ist der Grund, dass es seit Jahrtausenden diese Menschen in die Berge zieht, um etwas zu finden, das sie von einem Augenblick auf den anderen berühmt und reich machen könnte? Der Ruhm? Das Erlebnis? Die Neugierde? Der Trieb des Menschen, Unbekanntes zu erforschen? Für viele Fragen gibt es keine Antwort.

All den Menschen, die sich in den Dienst der Suche stellten, ist dieses Buch gewidmet. Es setzt sich auf die Spuren jener ganz großen Funde in einem klar umgrenzten Gebiet, wie es die Alpen sind, die Geschichte schrieben. Diese Schätze bewegten die Welt, diese Entdeckungen füllten die Medien, diese Funde waren so einzigartig, dass wir sie nicht für möglich hielten. Wir versuchen jene Menschen zu charakterisieren, denen wir die Schatzfunde zu verdanken haben. Es waren sehr oft passionierte Sammler darunter, es gab verwegene Sucher und sehr oft auch pure Schatzgräber. Das Buch versucht den wissenschaftlich forschenden Menschen genauso zu beschreiben wie den

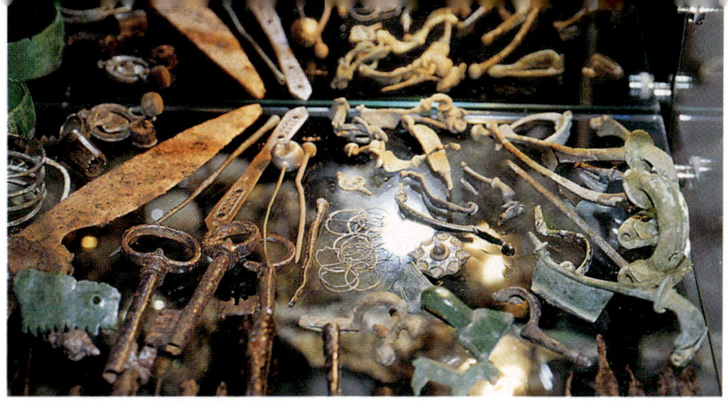

Manchmal lagert – der Forschung entzogen – sowohl bei Privaten (oben) als auch in stillen Kammern von Museen (unten, Naturhistorisches Museum) eine große Anzahl von Fundstücken. Links: Historische Dokumente aus dem Jahr 1931 aus dem Naturhistorischen Museum: Die Prähistoriker Huber, Hirsch und Baar in den Niederungen archäologischer Forschung: Leim wird in großen Kesseln gekocht, um hallstattzeitliche Fundstücke zusammenzusetzen, die Venus von Willendorf wird hundertfach kopiert, um die rege Nachfrage der Besucher zu befriedigen.

einfachen, mit einer gehörigen Portion Glücksrittertum ausgestatteten Fanatiker. Es handelt sich um Geschichten, die das Leben schrieb. Für niemanden soll Partei ergriffen werden. Wir wollen nicht werten und beurteilen. Wir wollen Geschichten so erzählen, wie sie sich abgespielt haben. Soll dann der Leser selbst Partei ergreifen und sich zu dem gesellen, der edel, gerecht, hilfreich und gut war. Die Geschichten zeigen einfach Wege auf, die möglich waren. Es hätte auch anders sein können. Das Leben der Menschen war immer schon voll von Ungerechtigkeiten. Vielleicht ist der Goldschatz, der heute bei einem zerfallenen Skelett gefunden wird, und der nun ein modernes Museum, dem Toten zum Hohne ziert, nichts anderes als das eingeschmolzene Raubgut eines früheren Schatzes. Gesetze werden von Menschen gemacht und wieder von Menschen geändert. Dass wir von gewissen Dingen überhaupt etwas erfahren, hat manchmal mit solch einzigartigen Glücksfällen zu tun, dass wir sie nur als »Wunder« bezeichnen können. Wandert man durch die nie enden wollenden Regale der Bibliotheken, so findet man zuhauf Bücher, die in schönsten Bildern römische Münzen, keltische Bronzen, tausende von Tonscherben, Statuen, aber auch schöne Fossilien und Mineralien bis hin zu Höhlenbärenschädeln oder Mammutknochen abbilden. Selten aber sieht man dabei Aufnahmen, die die Menschen mit Schaufeln oder, noch schlimmer, im Dreck zeigen. Noch krasser ist dies in den Museen. Da reihen sich die so genannten Schätze der Menschheit zu tausenden aneinander. Scherben, Münzen, Vasen, Knochen, Versteinerungen, Mineralien. Artig steht darunter ein Etikett, das entweder Name, Fundort oder Alter angibt. Wie der betreffende Fund, dieses einzigartige Gut ins Museum kam, das bleibt zumeist dem Interessierten verborgen. Aus dem Zusammenhang gerissen, können wir dann das ultimative Ergebnis modernster Forschung begutachten. Dass wir dann meist enttäuscht die kilometerlangen Gänge durchlaufen, um am Ende müde zum Ausgang des Museums zu hecheln, mag jeden von uns zu denken geben. Was nützt es uns, eingestehen zu müssen, dass wir unsere Pflicht erfüllt haben. Es genügt nicht das Einzigartige zu sehen. Man muss Zusammenhänge erfahren können.

Gut, staatliche Institutionen und Museen haben zusammengerafft was sie nur konnten, von wie Sisyphus forschenden Wissenschaftlern wurden diese Stellen noch einmal zwangsbeglückt. Jeder römische Fibelforscher, jeder Foraminiferenpaläontologe, jeder Spinnensammler sieht das Lebenswerk seiner Nischenarbeit als ein weltweit wichtiges Werk an. So lagern nun in den Kellern dieser Museen Millionen von Fundstücken. Zernagt vom Zahn der Zeit, zerstört von Kriegen und Bomben, verfault, weil Geldman-

Gesammelt wird in allen Bereichen mit sehr viel Leidenschaft, Enthusiasmus und Fantasie. Seine Fossiliensammlung ist der Stolz des Salzburgers Herbert Lämmermeier. Sorgsam hat er sie gepflegt. Zwei außergewöhnliche Fundobjekte der Ambraser Sammlung, datiert um 1550, und nun im Naturhistorischen Museum in Wien, stellen die beiden Versteinerungen dar. Beim Ammoniten fertigte der Künstler noch einen Schlangenkopf hinzu, um dessen Herkunft als »Schlangenstein« zu zementieren, beim versteinerten Hering wurde noch ein Gedicht hinzugefügt, das auf den Zorn der Götter hinweist. Rechts: Und trotzdem hat alles dazu geführt, dass wir, wie hier bei diesen versteinerten Pflanzen, mehr wissen.

gel keine optimale Aufbewahrung zuließ. Wie glorreich stand einst die Geologische Bundesanstalt in Wien da. Sie war das Mekka erdwissenschaftlicher Forschung in Europa. Und jetzt werden nur noch notdürftig die Stockwerke dieses edlen Palastes mit Holzverstrebungen gestützt, drohen herabbrechende Decken einzigartige Funde zu zerstören, während unachtsame Doktoranden Kartierungskärtchen vertauschen. Untergeschosse stürzten ein und begruben unter sich die Fundstücke berühmter Wissenschaftler. Wie Gespenster irren die Konservatoren und Kustoden durch die Gänge. Die immense Last einer Welt, die einfach zu vieles preisgibt, hat sie gebeugt. Die draußen dahineilenden Menschen wollen Sensationen sehen und keine Spinnenfüße. Wäre es da nicht manchmal besser, den Privaten mehr anzuvertrauen. Muss der Staat alles haben? Oder ist es allzu oft Wunsch des Mäzens, sein Lebenswerk trotzdem dem Staat anzuvertrauen, da er sich davon mehr erwartet?

Bei diesem Buch haben wir deshalb sehr oft die Lage der Drecksgestalten eingenommen. Um Geschichte zu erklären, muss man beim Schatzgräber, beim Suchenden, beim Forschenden anfangen. Man muss sich in seine Lage versetzen und aus seinen Fehlern lernen. Dann erst können wir die Geschichte durch die Jahrmillionen begreifbar und verständlich machen. Wir haben uns mit viel Idealismus und Pioniergeist durch die größten und bewegendsten Schatzfunde der Alpen durchgeschaufelt. Jahrelang haben wir genauso im Dreck gewühlt. Viele taten uns als Irre ab. Was trieb uns dazu, wegen eines mickrigen Kristalls unser Leben zu riskieren. Wegen einer Versteinerung in die Tiefe zu stürzen? Wir taten es, weil wir es tun mussten. Ein innerer Trieb befahl uns, dieses Leben so zu leben. Es sollte kribbeln in uns, und wir waren die glücklichsten Menschen, wenn es uns gelang, diesen Bergen ihre Naturschätze abzutrotzen. Wir wollten allen Menschen zeigen, was die Natur bieten kann. Einiges davon hat die Wissenschaft weitergebracht. Das hat uns stolz gemacht. Gut, auf einigen Gebieten waren wir Quereinsteiger. Aber ist es nicht so, dass man gerade mit einem anderen Denken etwas Festgefahrenes wieder von neuem aufmischen kann?

Die Museen und Institutionen brechen unter der Last des Gesammelten zusammen. Die Geologische Bundesanstalt in Wien erlangte weltweite Bedeutung. Die Büste von Wilhelm Haidinger, erster Direktor und selbst ein bedeutender Erdwissenschaftler, liegt zerstört auf dem Boden, die Decken drohen einzustürzen und werden notdürftig von Holzbalken gehalten. Einzigartige Fischfossilien aus Bolca liegen verstaubt in den Vitrinen. All dies gehört zur Sammeltätigkeit hinzu. Nur selten gelingt es außergewöhnlichen Fundstücken, nach deren Entdeckung, sich über die Jahrhunderte zu retten. Krieg, Zerstörung, Unbilden der Natur, aber auch Raub tragen das ihrige dazu bei.

Wie viele der großen Männer der Erforschungsgeschichte der Alpen kamen aus ganz anderen Bereichen. Georg Ramsauer, der große Ausgräber der keltischen Gräberfelder in Hallstatt, war Salinenbeamter, Louis Agassiz, dem wir die Erforschung urzeitlicher Fische, aber noch mehr das Wissen, dass einst die Alpen unter kilometerhohem Eis begraben lagen, verdanken, hatte Medizin studiert. Rudolf Virchow erreichte als Arzt wie auch als Archäologe Weltruhm. Auch Conrad Gesner und Johannes Jacobus Scheuchzer waren Ärzte. Berühmt wurden sie durch ihre Veröffentlichungen über Mineralogie und Geologie. Georg Louis Buffon, Mathematiker und Physiker, Direktor der königlichen Gärten in Paris, wurde durch seine geologischen Veröffentlichungen einem breiten Publikum bekannt. Rinaldo Zardini, der tausende von Fossilien in den Dolomiten erforschte war ein einfacher Dorffotograf. Und dann die Liste der Geistlichen: Johann Friedrich Esper, der Begründer der deutschen Höhlenforschung und Entdecker von Höhlenbärenknochen, war Pfarrer, Pater Placidus a Spescha erforschte die Schweizer Mineralien. Pater Wulfen aus Kärnten Blumen und Mineralien. Auffallend ist, wie lang die Liste der Geistlichkeit im erlesenen Olymp jener ist, die Bedeutendes geleistet haben. Hat sie die Nähe zu Gott in ihrer Arbeit befruchtet? Kilometerlang sind die Regale der Bibliotheken. Vielleicht schlummern in ihnen noch mehr unerkannte Schätze, als heute in der Erde verborgen liegen. Vielleicht kommt eines Tages der Augenblick, dass dort eine Sensation ausgegraben wird. Dass jemand etwas früher erkannt hat und seiner Zeit um Jahrhunderte voraus war. Auch die Fälle, die wir in unserem Buch aufgreifen, sind mehr als subjektiv. Wir glauben, sie seien wichtig gewesen. Was sind Meilensteine? Jede Zeit setzt Prioritäten und erwählt Helden. Manche Entdeckung rettet sich in die nächste Generation, andere wiederum verschwinden wieder im Untergrund oder werden durch neue Erkenntnisse weggerafft. Der Zeitgeist prägt die Wichtigkeit einer Entdeckung.

Dieses Buch wird gleichzeitig auch zu einer Reise aus der Gegenwart in die Urzeit. Die dargestellten Funde und Entdeckungen erklären viele auch gebietsübergreifende Zu-

Gerade im Reich der Mineralien tritt das Bild des Jägers und Sammlers noch stärker in den Vordergrund. Jäger sammeln Kristalle wie Josef Kirchler aus dem Südtiroler Ahrntal. Sein Kollege Jul Nicolussi dagegen hütet diese prachtvolle Kristallgruppe wie einen Schatz (unten rechts). Eine Sammlung von gezüchteten Kristallen zeigt auf, dass auch der Mensch in dieses Reich der Natur eingreifen kann (oben rechts). Der Rauchquarz, mit dem wie einem rosaroten Zuckerwürfel aufgesetzten Fluorit aus dem Grimselgebiet in der Schweiz dagegen, wurde von der Natur geformt.

sammenhänge. Die Sammler, Sucher und Schatzgräber öffneten uns oft die Fenster der verborgenen Vergangenheit. Sie haben Dinosaurier zum Leben gebracht und anschaulich gemacht, dass die Alpen in den letzten 200 Millionen Jahren öfters näher am Äquator lagen. Ein tropisches Meer umspülte jene Gebiete, die heute aus eisgepanzerten Berggipfeln bestehen. Seit kaum mehr als 200 Jahren wissen wir das. Und bis ins 18. Jahrhundert war es Lehrmeinung, dass die überall gefundenen Versteinerungen auf die Sintflut zurückzuführen seien. Seit wenigen tausend Jahren können wir wenigstens unsere Beobachtungen niederschreiben. Davor blieb uns sogar dies erspart. Doch wo sollten wir überhaupt mit unserem Buch beginnen?

Es ist eine freche Aussage, an die niemand recht glauben will, aber es ist so. Dort, wo wir unsere Trennlinien für unsere Forschungen zogen, haben wir es uns ähnlich leicht gemacht, wie viele europäische Museen, darunter auch das weltberühmte Naturhistorische Museum in Wien. Ins Reich der Naturwissenschaften gehört in etwa alles, bei dem der Mensch des Schreibens unkundig war, so ausgefeilt und hoch stehend auch seine handwerkliche Kunst war. Ins Kunsthistorische Museum dagegen hat man dann den schreibenden und lesenden Menschen im wahrsten Sinne des Wortes verfrachtet. Also: keltischer Schmuck, die Venus von Willendorf, fein gearbeitete Goldringe vorchristlicher Zeit haben doch nichts in einem Tempel der Kunst zu suchen, sondern werden zwischen Meteoriten, Ammoniten, ausgestopften Elefanten, Schlangen in Spiritus und Walfischknochen eingereiht. Haben die Kelten zu wenig in Schriftform hinterlassen? Waren sie zu sehr Barbaren? Wir heutigen Richter über Schlecht und Gut reihten ein. Sie sollten zwischen Dinosaurierknochen ihren heutigen Ort der Betrachtung finden. Wir erinnern uns an den Geschichtsunterricht, in dem wir von den Sumerern bis zu den Ägyptern genau Bescheid erhielten, unsere eigene Geschichte – der Aufstieg und Fall der Kelten und Illyrer – völlig vernachlässigt wurde. Über das Für und Wider wollen auch wir nicht sinnieren, sondern halten uns eben auch daran. Dies ist weiter nicht schlimm, weil uns viel mehr die Beweggründe interessieren, wie Forschung aufgearbeitet wird, und durch welche glücklichen oder unglücklichen Umstände manches Ausstellungsstück zum Erbe der Menschheit wurde. Manchmal bleiben uns Sze-

In einem Schwimmbad fand der größte je in Kärnten gefundene Bergkristall seine letzte Bleibe. Zum Spaß und zur Unterhaltung für die Besucher. Ob wissenschaftliches Studienobjekt, Erlebniswelt, Kunstgegenstand: In einem weiten Umfeld ist alles möglich. Und trotzdem ringen und kämpfen Wissenschaftler und Laienforscher, staatliche und private Institutionen um ihren jeweiligen Anspruch. Jeder fühlt sich im Recht und setzt seine Art und Weise des Sammelns und der Fundaufbereitung in den Vordergrund, so als sei es die wichtigste Sache der Welt. Und händeringend sucht der Gesetzgeber mit tausend unterschiedlichen Regelungen in den einzelnen Staaten, dem typischen alpenländischen Kantönligesetz gehorchend, die ideale Gesetzeslage herauszufiltern.

nen »der fröhlichen Wissenschaft«, wie es der große deutsche Philosoph Friedrich Nietzsche ausdrückte, mehr erhalten als das Fundstück selbst. Dieses Menschliche, Allzumenschliche, um nochmals bei Nietzsche zu bleiben, bohrt sich in unserem Unterbewusstsein so tief fest, dass sich jedes Kind daran erinnert. Das mit so genannten trojanischem Schmuck schwer beladene Gesicht von Sophia Schliemann gehört dazu. Hat Schliemann die Wahrheit berichtet? Ist wirklich alles so abgelaufen? Wir werden es nie mehr in Erfahrung bringen können. Manchmal ist der Wunsch der Vater der Geschichtsschreibung. Wie prägten sich in neuerer Zeit – um bei den Alpen zu bleiben – jene Filmaufnahmen in unser Gedächtnis, als sich Bergeteams verzweifelt bemühten, den als »Ötzi« später zu Weltruhm gekommenen Mann vom Hauslabjoch, mit Skistöcken, Fußtritten und brachialer Gewalt aus dem Eis des Similaun herauszuzerren. Anekdoten haben sehr oft die Menschen bewegt. Ob es die blanke Wahrheit war oder nicht, daran wollen wir uns nicht festbeißen. Auch Märchen gehören sehr oft ins Reich der Wissenschaft. Und manche Funde schmiegten sich uns mit Kosenamen so ans Herz, dass wir sie wirklich lieb gewannen. »Ötzi«, der Mann aus dem Eis, »Oskar«, das Mammut von Siegsdorf, oder die »Venus von Willendorf«. Dann wieder müssen wir uns mit Namen abfinden, die uns die Zunge im Mund zerbrechen. Händeringend fragen wir jene Wissenschaftler, welche Qual sie uns Laien (und das sind immer alle, die nicht auf dem Spezialgebiet forschen) angetan haben, um solche Namen zu erfinden. Welchem wissenschaftlichen Bereich gehören Zigzagziceras zigzag, Procerites tmetolobus, Oxycerites yeovilensis, Asphinctites tenuiplicatus an? Bei diesen Zungenbrechern handelt es sich um Ammoniten, eine Gruppe von ausgestorbenen Kopffüßern. Im Gegensatz zu den Brachiopoden, auch Armfüßer genannt. Wie sollen wir es jemals schaffen, uns diese Namen zu merken und Wissenschaft als allgemein verständliches Gedankengut zu akzeptieren?

Selbst beim kleinsten gemeinsamen Nenner, jenem ewigen Kampf zwischen hehrer Wissenschaft und Laienforschern oder geringschätzig Grabräuber oder Schatzgräber genannt, ist es uns nicht wirklich gelungen, Partei für die eine oder andere Seite zu beziehen. Die Fehler, die die pure Wissenschaft im Laufe der Zeit begangen hat, füllen mehr Bände, als die der so genannten Dilettanten. Warum?

Ein historisches Foto, entstanden um 1960, zeigt den Kristallsucher Johann Dichtl aus dem Osttiroler Virgen bei der Mineraliensuche. Manchmal jede Gefahr vergessend, wird der Sammlerleidenschaft nachgegangen.

Weil die Wissenschaftler ihren Blödsinn niederschrieben, die Dilettanten es aber nur im kleinen Kreis den Leuten anvertrauten. Wer schreibt, macht Geschichte. Im wahrsten Sinn des Wortes.

Die Schwierigkeit beim Auffinden von etwas Neuem besteht darin, dass kaum Erfahrungswerte herangezogen werden können. Später hätte es jeder gewusst. Vielen konnte im Laufe der Zeit eine Fülle von Irrtümern nachgewiesen werden. Doch welcher Pionier ist überhaupt frei von Fehlern? So würde jede Ausgrabung immer zu früh gemacht werden. Jeder ist nur ein Kind seiner Zeit.

Die Wissenschaftler muss man allerdings schon darauf verweisen, dass nicht immer der Laie alles falsch macht und der Fachmann alles richtig. Sehr oft haben sich die abschätzig qualifizierten Laien zuvor durch jahrelanges intensives Studium, fixiert auf nur das eine, ihnen wichtige Themengebiet, weitergebildet. So sind sie auf ihrem Spezialgebiet zu an den Fingern abzuzählenden Wissensträgern geworden, denen es erst dadurch gelang, Neuland zu beschreiten. Wir staunen auch manchmal, wie produktiv manch ein Wissenschaftler war. Was soll man von Piero Leonardi, dem italienischen Übervater geologischer Erforschung des Alpenraums halten? Seine Ausbildung schloss er mit dem Doktor der Naturwissenschaften ab, wurde als Geologe an verschiedene italienische Universitäten berufen, um dann sein Leben lang zu veröffentlichen. Er hat ein Mammutwerk über die Geologie der Dolomiten geschrieben, hunderte von Fossilien auf den verschiedensten nicht miteinander verwandten Gebieten erstbeschrieben, sich mit der Erforschung der Dinosaurier befasst, über urzeitliche Pflanzen veröffentlicht, und als ob das nicht alles ausgereicht hätte, sich noch über archäologische Grabungen ausgelassen. Eine Unzahl von Versteinerungen tragen seinen Namen. Ob er beim Beschreiben neuer Arten schneller oder rücksichtsloser als die anderen war, das zu beurteilen steht uns nicht zu. Hat er es besser als andere verstanden, seinen Namen auf die Titelseite der Bücher zu setzen? Vielleicht war es wirklich so!

Auf der anderen Seite müssen wir im gleichen Atemzug die goldgierigen Schatzgräber aufrufen. Sie haben vieles zerstört. Sie haben oft die Unwahrheit aus Angst vor irgendwelchen Gesetzen verbreitet. Sie haben Wissenschaftler irregeführt, Einzigartiges zerstört, aus Geldgier das Wissen um unsere Vergangenheit blockiert. Sie haben uns manchmal um Generationen zurückgeworfen. Das Mineral Milarit trägt den Namen des Val Mila in der Schweiz, der Mineraliensammler fand es allerdings in dem Val Giuf und führte so die Wissenschaft an der Nase herum. Ebenso das Mineral Tremolit. In Bayern und dort besonders in den Grenzbezirken zu Baden-Württemberg werden laut Statistik hundertmal mehr archäologische Funde getätigt als in Baden-Württemberg selbst. Warum? Wussten die Römer und Kelten schon etwas von diesen Grenzen? Nein. In Bayern, wie auch in manch anderen Gebieten, teilen sich glückliche Finder und Grundeigentümer den Schatz, in den anderen Bundesländern, wie auch in Italien, erhebt die öffentliche Hand Anspruch auf den Fund. So werden Fundortangaben verfälscht, verwässert und für wissenschaftliche Zwecke wertlos gemacht. Von wie vielen Dingen werden wir niemals die Wahrheit erfahren, weil die Geheimnisträger diese mit ins Grab genommen haben?

Die Brüder Rufibach bergen im Grimselgebiet in der Schweiz eine schwere Kristallstufe. Diese müssen sie noch in stundenlangen Märschen ins Tal schaffen.

Die Lage derjenigen, die Einzigartiges fanden, war seit jeher schwierig. Auf der einen Seite wurde der Finder von einem Augenblick auf den anderen in vielen Fällen unermesslich reich, auf der anderen Seite wurde er zum Ziel von Neidern. Mit dem Bekanntwerden eines besonderen Fundes beginnt auch schon der Augenblick, dem Glücklichen diesen Schatz abzujagen. Und in der Wahl der Mittel zeigten sich die Menschen niemals empfindlich. Angefangen von den höchsten weltlichen, bis hin zu den geistlichen Institutionen begann jeder auf selbst angewandten oder oft sogar an den Haaren herbeigezogenen Rechtspositionen zu pochen. Doch was ist eigentlich ein Schatz? Ein Blick in ein Konversationslexikon wirft wiederum neue Fragen auf und zeigt, wie umständlich Fachleute über den Wortlaut gerungen haben. »Schatz (lateinisch: Thesaurus) im Allgemeinen etwas Vorzügliches, mit Sorgfalt Bewahrtes; sodann vor allem eine Sache, die so lange verborgen gelegen hat, dass der Eigentümer nicht mehr zu ermitteln ist. Gleichgültig ist, ob die Sache von Wert ist oder nicht, ob sie in einer beweglichen oder einer unbeweglichen Sache, verborgen, ob sie absichtlich verborgen wurde oder nicht, ob sie unter Anwendung von Zauberformeln oder von einem Unbefugten gesucht wurde.« Vom Lateinischen leiten sich das Englische »treasure«, das Italienische »tesoro« und ähnliche Ausdrücke in vielen anderen Sprachen ab. Viel diffiziler sieht es natürlich der Gesetzgeber. Kein Land der Alpen hat sich die Gesetzgebung des anderen als Vorlage genommen. Der Finder als Held, der Finder als Dieb. Nach dem Gesetz ist alles möglich. Siehe Deutschland. In Bayern, Hessen und Nordrhein-Westfalen dürfen sich Entdecker und Grundeigentümer den Schatz teilen. Im übrigen Teil Deutschlands erheben die Länder Anspruch auf das Eigentum. Die Bestimmung nennt sich »Schatzregal« (vom Lateinischen »königlich«, ein uraltes Relikt aus früheren Zeiten, noch bevor es das Bürgerliche Gesetzbuch gab). Der Schatz gehörte automatisch dem König, und der wollte die Erlöse dazu verwenden, um damit die chronisch leeren Staatskassen zu füllen. Ein Schatzfund ist nicht in erster Linie Privatbesitz, sondern ein Denkmal, das der Wissenschaft und auch der Öffentlichkeit zugänglich gemacht gehört. In Italien und Frankreich sieht die Gesetzeslage nicht anders aus. Ein Viertel des Wertes müssen sich Finder und Eigentümer teilen, die Hälfte gehört dem Staat. Und dies auch noch mit vielen Fußangeln. Der Entdecker muss den Schatz innerhalb von 24 Stunden bei einer öffentlichen Stelle melden (als ob gerade der Laie über die Tragweite jedes Fundes so schnell Bescheid erhält). Der Entdecker muss den Grundeigentümer um Erlaubnis fragen, einen Schatz suchen zu dürfen. Wobei der Gesetzgeber wieder ausdrücklich das bewusste Graben nach Schätzen untersagt. Dass bei dieser Monopolstellung der öffentlichen Hand, dem Finder bloß eine kleine Trostprämie gezahlt wird, versteht sich von selbst. Und der Staat kann sich alles aneignen, was nur irgendein Wissenschaftler für wertvoll hält. Dass damit eine wilde Untergrundaktivität zu blühen beginnt, liegt in der Natur der Sache. Aber was soll es. Gesetze werden von Menschen gemacht und von Menschen geändert. Österreich und die Schweiz sind liberaler. Sie verbieten aber das bewusste Suchen nach Schätzen, zum Beispiel mit Metalldetektoren. Dass in Italien sogar noch versteinerte Muscheln und andere paläontologische Funde unter dieses Gesetz fallen,

Der Mensch und die Reste seiner Vorfahren. Menschliche Skelette erwecken in uns ein Gefühl des Schauderns. Das Wie und Warum des Todes regt uns zum Nachdenken an.

stellt auch hier eine nationale Eigenheit dar. Dass anhand dieser unterschiedlichen Regelungen nach der ersten und größten Schwierigkeit, überhaupt einen Schatz zu finden, auch noch das Dilemma der Verfälschungen hinzukommt, liegt in der Natur der Sache. Und so können wir uns mit gutem Recht fragen: Was von all dem, was wir als unsere Geschichte hinnehmen, ist überhaupt so richtig dargestellt und was ist verfälscht?

Doch von all dem wollten wir uns nicht ablenken lassen. Wir wollten selbst in die Tiefe kriechen. Mit Schatzgräbern reden, selbst Kristalle und Versteinerungen suchen. Erfahren, ob es im zweiten Jahrtausend überhaupt noch möglich ist, Einzigartiges zu finden. Wir waren erstaunt. Es gibt

Überall können im Untergrund verborgene Geheimnisse liegen. Neue Techniken erleichtern das Auffinden. Der Kampf um den Besitz, das leidvolle Nebeneinander von Findern und Forschung wird wohl immer zu Spannungen führen.

noch vieles zu tun. Wir haben einzigartige Schätze gefunden, Menschen haben uns Sensationelles erzählt, weil sie sich nie an die Öffentlichkeit trauten, oder weil sie einfach niemand danach fragte. Oder weil sie einfach nicht wussten, was sie in den Händen hielten.

Ist einmal ein Schatz gefunden, stellt sich immer noch die Frage, wo der ideale Aufbewahrungsort liegt. In jenem Gebiet, wo das Einzigartige gefunden wurde? Es wäre logisch und gilt doch nur in den seltensten Fällen. Auch hier gilt: Der Mächtigste oder Raffinierteste entscheidet über die Köpfe hinweg und zimmert sich das Gesetz zurecht. Zumeist wandern, wenn es normal geht, die Fundstücke an die jeweilige Hauptstadt eines Bundeslandes, und je bedeutender der Fund ist, desto näher gelangt man zur Hauptstadt. Wenn dann, wie nach Kriegen, Grenzen verschoben werden, dann gehören die Kostbarkeiten eines Gebietes plötzlich einem anderen Staat, der sich konsequent weigert, diese auch herauszurücken. So lagern heute noch die besten Funde des Trentino, von Südtirol und anderen Gebieten der ehemaligen kaiserlich-königlichen Monarchie in Innsbruck oder gar in Wien. Hinter jedem Großfund stehen natürlich handfeste kommerzielle und machtpolitische Überlegungen. Wie genau mussten doch die jeweiligen Grenzbeamten beim Fund des Mannes aus dem Eis messen! War der Ötzi Österreicher oder Italiener? Und dann das Schätzen von Funden. Der Ötzi ist nach der Südtiroler Landesregierung eine wertlose Leiche. Für die Entdecker sei die Meldung dieses Fundes Ehrensache gewesen, und damit basta. Zudem koste allein die Konservierung dieser Leiche Unsummen. Eine finanzielle Abgütung für das glückliche Ehepaar Simon – die Finder – komme auf keinen Fall in Frage. Da waren die Österreicher, noch in der Meinung, dass der Ötzi ihr Eigentum sei, schon großzügiger. Sie boten den Findern schon eine stattliche Summe an. Die Schweizer, mit ihrem Kantönlidenken, gehen hier noch eigenartigere Wege. Ein Schatzfund ist wie ein Lottogewinn, einmalig und zufällig. Man honoriert den Finder deshalb aus der Portokasse der Lottogesellschaften. Und gar nicht einmal knausrig. Doch wie hoch sind die finanziellen Abgütungen von Großfunden? Auch hier gilt vorerst: Je restriktiver die Gesetzeslage, desto geringer die Bewertungssumme bis hin zum Fußtritt. Je liberaler das Gesetz, desto höher der Auszahlungspreis. Und wie steht es mit den geistigen Werten? Mit der Namensnennung. Auch hier gilt der Grundsatz: Wer sich wehrt und egoistisch ist, profitiert. Und: Wer schreibt, ist besser dran.

Gehen wir durch die verschiedensten Museen, so bleiben wir immer wieder vor einzigartigen und mit modernsten Techniken konservierten Ausstellungsstücken hängen. Dann ist es wieder eine Fülle von keltischen Votivgaben, die unser Staunen erregt, da wir uns nicht vorstellen können, dass man wegen der Götter solch lebensnotwendige und wertvolle Geräte entbehren konnte. Dass unsere Kirchen voll von erlesenen Schätzen sind, die seit Jahrhunderten ohne besondere Sicherungsmaßnahmen zur Schau gestellt werden, daran denken wir in solchen Augenblicken fast nie. Sehr oft staunen wir, mit welcher Sicherheit die einzelnen Objekte beschriftet und auch noch zeitlich zugeordnet wurden. So werden manchmal bis auf den Tag genau selbst Ereignisse, die noch weit vor unserer Zeitrechnung geschahen, eingeordnet und in einen Gesamtzusammenhang gestellt. Doch wieso wissen wir dies alles so genau?

Im Laufe der Zeit hat ein Heer von Wissenschaftlern, Experten, Fachleuten, aber auch Glückspilzen, jeder für sich und jeder auf seinem Gebiet, Erkenntnisse zusammengetragen, die sich wie in einem Puzzlespiel immer besser zusammenfügten. Wenn man heute beobachtet, wie viele Menschen an der Deutung eines einzigen Fundes mitwirken, so setzt uns dies in Erstaunen. Pollen werden analysiert, um aus diesen mikroskopisch kleinen Blumenteilen Deutung über die Art und Herkunft der Pflanzen zu erhalten, mit Radiokarbonmethoden wird versucht, das Alter von Funden exakt einzugrenzen, mit Ionensonden und Isotopenanalysen werden Rückschlüsse auf die Herkunft von Metallen und wertvollen Gemmen geschlossen.

Es waren aber Kaiser und Könige, die sich frühzeitig dafür interessierten, »Objekte des Staunens« zu sammeln und sie an eigenen Orten dem Publikum darzubieten. Dabei zählte lange Zeit, dass das Fundstück vor der Erkenntnis stehe. Wehe, wenn eine der ausgesandten Expeditionen ohne besondere Kostbarkeiten zurückkam. Einer der größten Sammler der Frühzeit war Rudolf II., der Habsburgerkaiser, geboren 1576, der es in seinem kurzen Leben schaffte – er wurde nur 36 Jahre alt – einige Nägel aus der Arche Noah sowie ein vom Himmel gefallenes Seidentuch in seine Kollektion zu bringen. Ein besonders aufmerksamer Pilger brachte ihm nach der Rückkehr aus dem Heiligen Land ein Stück jenes Stockes, womit Moses das Rote Meer zerteilte, einen Felsbrocken, worin die Zehn Gebote eingemeißelt waren und, um die archäologischen Wunder weiter zu vervollständigen, sogar noch ein Stück Erde, aus dem Gott Adam schuf. Der Kaiser soll über diese Gaben überaus entzückt gewesen sein und ließ nichts unversucht, um sein Kabinett der Einzigartigkeiten zu erweitern. Leider sind die Sammlungen Rudolfs II. und mit ihnen auch die biblischen Kostbarkeiten nach seinem Tode zum großen Teil verloren gegangen.

Eine der Wiegen musealen Sammelns aber steht auf Schloss Ambras in Nordtirol. Dort begann um 1560 Erzherzog Ferdinand von Tirol ein Kunst- und Wunderkammerkabinett anzulegen, das seinesgleichen in Europa suchen sollte. Von Kunstgegenständen über Antiquitäten bis hin zu Naturprodukten – alles wurde gesammelt. Je eigenartiger, desto besser. Köpfe von Kretins waren darunter, wie ausgestopfte Rehe mit zwei Köpfen und natürlich durften auch andere »merkwürdige« Gegenstände aus der Natur nicht fehlen.

Wer sammelt, der macht Geschichte. Und der kann natürlich auch Geschichte verfälschen. Zumindest sie so auslegen wie es ihm behagt. Je nach Modetrend war man Abkömmling, der kulturell hoch stehenden Römer, aber nicht der groben Kelten, dann wieder besann man sich darauf, illyrische, rätische, norische oder sogar etruskische Wurzeln zu haben.

Beim Schreiben dieses Buches standen wir immer in engstem Kontakt mit den Wissenschaftlern. Sie haben uns unterstützt, wo sie nur konnten. Genauso eng standen wir aber auch in Kontakt mit Grabräubern, Schatzgräbern, Halunken, dem so genannten Abschaum der Menschheit. Auch von ihnen haben wir viel gelernt. Das Verhältnis zwischen Wissenschaftlern und den anderen war seit jeher auf Spannung, Intoleranz und gegenseitiges Nichtverstehen aufgebaut. Ob die Henne wichtiger ist oder das Ei, dürfte sehr oft keine große Rolle spielen. Das Gleiche gilt auch für uns: Ob wissenschaftliche Methodik bei unseren Forschungen und Recherchen erwartet wurde, populärwissenschaftliche oder ob wir uns manchmal als Schriftsteller fühlen mussten, tritt auch hier in den Hintergrund gegenüber der Gesamtidee, aufzuzeigen in welch schwierigem Verhältnis die Menschheit zu ihrer Vergangenheit steht. Zum Glück für die Archäologie braucht man bei all den Ausgrabungen der Jetztzeit, ob bei den vielen Urnengräbern in Hallstatt in Österreich, wie auch anderswo, nicht mehr das Einverständnis des Skelettierten. In den wenigsten Fällen würde er dem zustimmen. Den Menschen war seit jeher ein innerer Trieb zu Eigen, wenigstens nach einem entbehrungsreichen Leben, einem sprichwörtlichen Tal der Tränen und Leiden, Ruhe, Glück und Zufriedenheit im Tod zu finden. Deshalb bestattete man die Toten in Prunk und Würden und gab ihnen Schmuck, aber auch Essen, Schiffe für eine eventuelle Seefahrt und vieles andere auf die ewige Reise mit. Mit welchem Erfindungsgeist hat der frühere Mensch alles versucht, dass auf immer und ewig niemand seine Totenruhe stören würde. Mit dem gleichen Aufwand kämpften die nächsten Generationen verbissen darum, dem im Tode friedlich Ruhenden seine Habseligkeiten wieder zu entreißen. So gilt in der Erforschung unserer Vergangenheit – ob von Wissenschaftlern oder Laien ausgeführt – schon seit jeher der eherne Grundsatz des Florentiner Philosophen Niccolò Machiavelli, dass »der Zweck die Mittel heiligt«.

Was manchmal gesucht wird, lässt sich anhand der Fotos nicht herausfiltern. Dem Menschen ist der Drang des Suchens, Sammelns und Forschens als innerer Trieb zu Eigen.

Vom Gold träumen

Bruno Higgins aus Arosa vor einer der sensationellen Goldstufen, die im Juli 2000 von René Reichmuth in der Ostschweiz gefunden wurden. Es handelte sich um den größten Goldfund der Alpen.

Da steht sie nun, die Goldmaske. So schön wie Agamemnons Maske, die Heinrich Schliemann ausgrub. Nur: Diese hier stammt aus den Südalpen. Sie gehörte einem keltischen Fürsten. Es ist eine Sensation! Denn zusammen mit der Goldmaske wurden eine goldene Fibel gefunden und ein schwerer goldener Torques, ein Halsreif. Vor uns steht Anton Steffan. Er ist nicht der Finder. Er hat diese Goldmaske, die ihresgleichen in Europa sucht, für die Allgemeinheit gerettet. Die Gebrüder Steffan sind keine Archäologen, auf jeden Fall haben sie das nicht studiert. Sie sind Gärtner, aber ihre ganze Leidenschaft gehört den Altertümern. Anton Steffan hat sich hochgearbeitet. Er hatte Talent. Er wurde zum Restaurator. Seine magischen Hände, sein Hineinfühlen in die unansehnlichen Klumpen, die ihm zugetragen wurden, ließen die Vergangenheit wieder auferstehen. Auch für die offiziellen Stellen war er bald eine erste Adresse, wenn es darum ging, Zerfallenem neues Leben einzuhauchen. Er wurde zum Bindeglied zwischen Wissenschaftlern und Ausgräbern. Diese fanden Vertrauen in die Gebrüder Steffan, und die gründeten eine Stiftung, um ihr reichhaltiges Material einzubringen. In der Stadt Deutschlandsberg in der Steiermark fanden sie volle Unterstützung.

Vor uns liegt die Goldmaske, umgeben vom Mysterium. Wie leicht hatte es doch Heinrich Schliemann in Mykene. Als er 1876 über Totenschädeln seine Goldmaske fand, zweifelte er keinen Augenblick daran, dass diese nur dem legendären Agamemnon aus der Ilias gehören konnte. So ging sie in die Geschichte ein. Wie schön wäre das auch in diesem Fall gewesen. Wie schön wäre es für uns gewesen zu berichten: »Das ist die Totenmaske des keltischen Fürsten mit Namen ...« Aber dem ist nicht so. Dieses goldene Porträt bleibt in seiner Schönheit namenlos. Wir wollen mehr über diesen einzigartigen Fund erfahren. Wir blättern in einem Ausstellungskatalog der Stiftung Steffan und stoßen auf ein Vorwort. Doktor Bernhard Hebert vom österreichischen Bundesdenkmalamt ist der Unterzeichner. »Eine unerwartet reiche Hinterlassenschaft der keltisch geprägten La-Tène-Kultur lädt zum Schauen, aber auch zum Nachdenken ein: Das nicht im Zuge offizieller Grabungen entdeckte, über die Grenzen der Steiermark hinaus sensationelle Material muss erst einen Eingang von der Forschungsdiskussion in unser Geschichtsbild finden. Als die Ausstellung lediglich wie ein Zaungast begleitender Archäologe hoffe ich nicht nur auf ein großes Schauerlebnis für das Publikum, sondern auch auf einen Neubeginn der wissenschaftlichen Arbeit in kollegialer Offenheit.« Die Worte machen uns stutzig. Wir lesen zwischen den Zeilen. Von Anton Steffan erfahren wir nichts, er sei nur da, Funde der Öffentlichkeit zugänglich zu machen. Wir erinnern uns an Adolf Michae-

Anton Steffan beim der sorgfältigen Restaurieren von archäologischen Fundgegenständen. Mit neuem Gedankengut will er die archäologische Forschung weiterbringen.

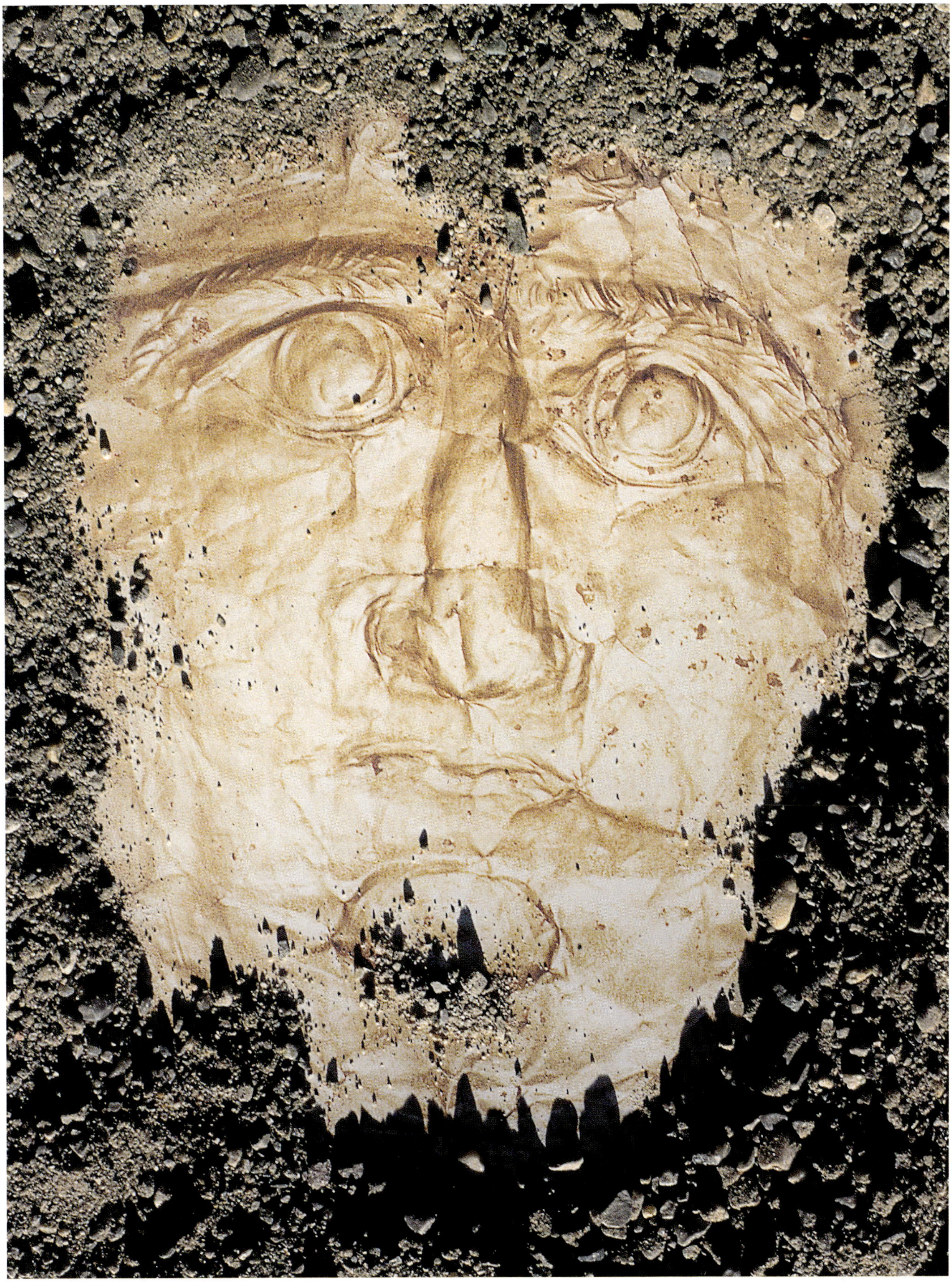

Faszinierend und einmalig starrt uns die neu entdeckte Goldmaske dieses Keltenfürsten aus dem 5. Jahrhundert an. Und doch wissen wir nur sehr wenig über diesen Fund.

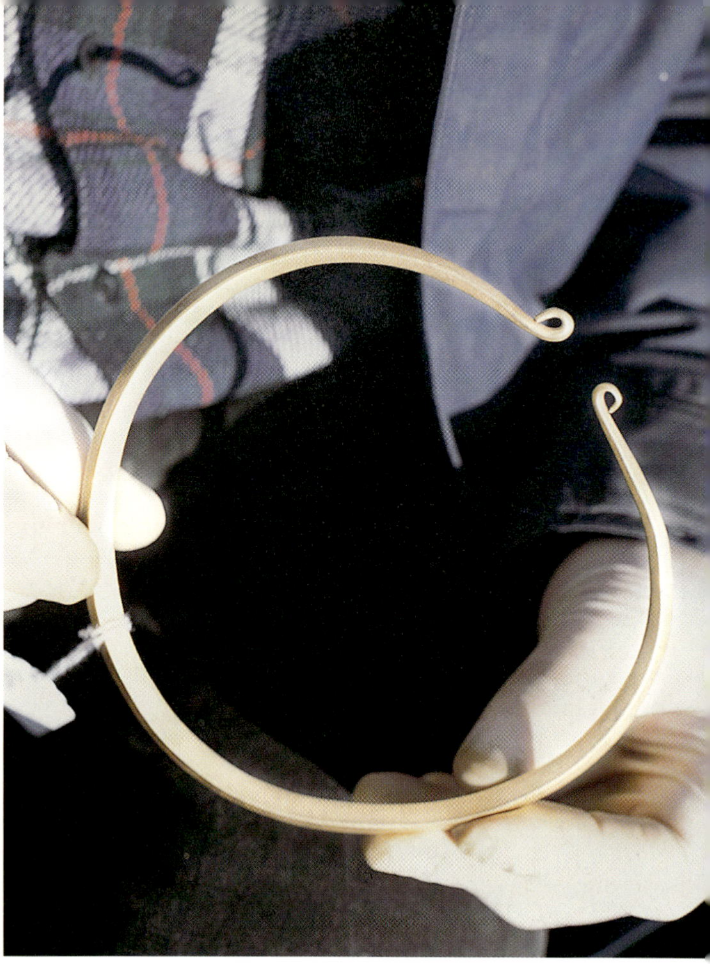

Eine keltische Goldfibel und der schwere Goldtorques, der zusammen mit der Goldmaske gefunden wurde. Die Funde vermitteln uns einiges von der hohen Kulturstufe der Kelten. Oben: Funde aus einer Notgrabung werden notdürftig geborgen und fürs Erste einmal gelagert.

lis, einen der Pioniere der deutschen Altertumsforschung. Die Archäologie zähle für ihn »zu den Eroberungswissenschaften«. Das dürfte nicht nur einen Kern Wahrheit in sich tragen, sondern sogar den Nagel auf den Kopf treffen. Doch dieser ewige Kampf zwischen Archäologen und von ihnen als geringschätzig abqualifizierten Laien bringt uns nicht weiter. Arthur Schopenhauer, der große deutsche Philosoph, hat das Verhältnis zwischen Wissenschaftlern und Dilettanten eigenartig charakterisiert. Wer nur mit Titel bewaffnet seinen Anspruch auf Kennertum erhebt, der ist ein Dilettant. Wissenschaftler ist der, der für die Sache lebt, sie in seinem Herzen trägt, sie einatmet. So kann ein Wissenschaftler zum Dilettanten werden, ein beherzter Hobbyforscher zur Koryphäe auf seinem Gebiet.

Traurig glotzt uns der keltische Fürst auf der Goldmaske entgegen. 5.–4. Jahrhundert vor Christus bringen wir noch in Erfahrung. Ein Bauer habe sie herausgepflügt. Wo und wie, hier kann uns selbst Anton Steffan nicht mehr weiterhelfen. Man brachte ihm ein Knäuel Gold, den Goldring und die Goldfibel. War vielleicht noch mehr dabei, wollen wir wissen? Er schüttelt nichts sagend die Achseln. Das Knäuel Gold wurde am wenigsten beachtet, dieses fand Eingang in die Stiftung. Zu mehr reichte das Geld nicht. Anton Steffan analysierte den Klumpen, zog das Goldblech auseinander. Etwas Einzigartiges nahm Form an. Die Nase, die Augen, der Mund, das Kinn. Für wie viele keltische Fürsten kam in einem Jahrhundert solch eine Totenmaske in Frage? »Höchstens drei in jedem dieser Reiche«, hilft uns Anton Steffan weiter. Dieser Fund muss wirklich einzigartig sein. »Wahrscheinlich bedeckte man das Gesicht dieses Fürsten mit einer Goldmaske, auch die Hände, den Rest umhüllte vornehme Kleidung. Umgeben von solch prahlerischer Schönheit nahm das Volk Abschied vom in sich zerfallenden Fürsten. Dann äscherte man ihn ein.«

Das gehörte also zum legendären Gold der Kelten. Wir wollen weitersuchen. Nicht nur jenes Gold, das verarbeitet immer wieder ans Tageslicht kommt, sondern auch jene Stellen finden, wo es abgebaut wurde. In den Bergen der Hohen Tauern oder im Engadin. Wir wollen tiefer dringen als je ein Mensch vor uns. Wir wollen in Erfahrung bringen, welche Bedeutung das Gold für die Menschen der Alpen hatte. Wir wollen uns nicht von Märchen und Sagen treiben lassen, sondern knallharte Fakten suchen. Weiterkommen als die anderen vor uns. Anton Steffan führt uns ein letztes Mal durch die Räume der Burg Deutschlandsberg. Gold und Schmuckstücke der Römer, der Kelten und anderer Völker lagern hier in unendlicher Zahl. »Wir schaffen es höchstens, von zwei Prozent des aufgefundenen Goldes Kenntnis zu erlangen, staatliche Einrichtungen kommen auf maximal ein halbes Prozent. Der Rest geht eigene Wege.« Wir schauen Steffan ins Gesicht. Wie man das ändern könnte? Sicher nicht auf die bisher praktizierte Art und Weise. Die Augen wurden uns geöffnet. So schwierig kann Archäologie sein. Es ist immer noch eine Eroberungswissenschaft. Mit den staatlichen Institutionen als den gierigsten Vertretern.

Ostschweiz im Juli 2000. Das Schicksal hatte es mit dem gelernten Metzger René Reichmuth aus Schwyz nicht gut gemeint. In jungen Jahren musste ihm nach einem Motorradunfall der Arm amputiert werden, und auch sonst zog er eine Fülle von Problemen wie ein Magnet magisch an. Als Frühinvalide mit einer bescheidenen Rente hatte er fortan Zeit genug, um sich seiner ganz großen Leidenschaft, der Suche nach Gold in den Schweizer Bergen, zu widmen. Sehr oft zog es ihn in das Val Sumvitg in Graubünden.
Es war nicht immer das Schönste und Größte, das faszinierte. Nach dem Wertvollsten dürsteten die Sammler, und hätte es mehr davon gegeben, die Alpen wären ein richtiges Golddorado geworden. Doch an Gold gaben die Berge meist nur Flitterchen in Form von Waschgold preis. Nach Gold in seiner gediegenen Form, aufgewachsen auf Quarz, sehnten sich die Sucher, und es wurde trotz anstrengenster Suche fast nie gefunden. Zwar gibt es Gold an den verschiedensten Stellen in der Schweiz, bekannt geworden sind das Napfgebiet um Luzern, das sogar überregionale Bedeutung erlangte, sowie verschiedene Schweizer Flüsse rund um den Rhein, aber reich geworden ist kaum einer. 1997 wurde im Vorderrhein das größte bekannte Goldnugget mit 123,1 Gramm Gewicht von einem Goldwäscher von seiner Schaufel aufgelesen. Mehr bekannt wurden schon jene Schweizer, die im Zuge des amerikanischen Goldrausches aufbrachen, um in Kalifornien ihr Glück zu versuchen. 1854 begab sich auch Bartholome Sutter in sein Land der Träume. Zwölf Jahre später, nachdem er ohne Erfolg gegraben hatte, schrieb er resigniert nieder: »Sollte ich, nachdem ich die besten Jahre meines Lebens mit harter Arbeit verspendet habe, mit beinahe leeren Händen wieder zurückkommen?« Noch weitere dreißig Jahre tingelte er in Amerika herum, ohne den großen Fund zu machen, immer übersprühend von Ideen der Freiheit und Gleichheit der Menschen. 1894 sandte der nunmehr 63-Jährige seinen letzten Brief in die Heimat. Einige Tage später machte er sich nochmals auf und wurde nie mehr gesehen.

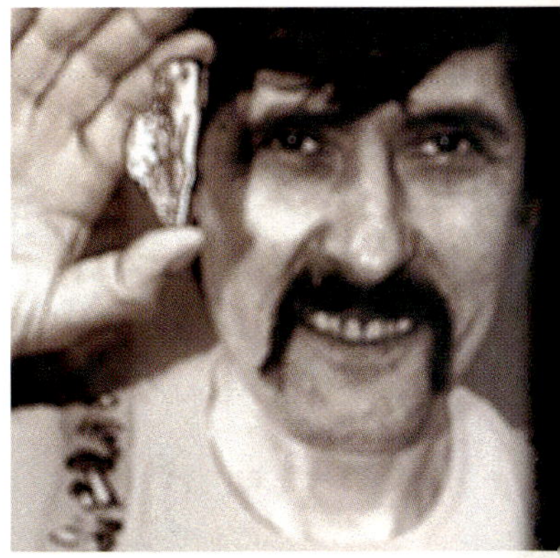

In Aathal bei Zürich wird bei Siber & Siber das größte Goldnugget der Schweiz ausgestellt. Es hat 123,1 Gramm Gewicht und wurde 1997 im Vorderrhein herausgewaschen.

Auch René Reichmuth träumte vom großen Goldfund, und beharrlich wusch er, einarmig wie er war, in der Surselva nach Gold. Eines Tages überwindet er sich und wandert den kleinen Bach weiter hinauf. Ausgerüstet mit einem Brecheisen beginnt er an einem anstehenden Quarzband zu arbeiten. Er war sicher nicht der Erste und auch nicht der Letzte, der ohne innere Hoffnung einfach an irgendeiner Stelle zu graben begann, wo in den meisten Fällen die Wahrscheinlichkeit, überhaupt einen Fund zu machen, nahe bei null liegt. Doch wider Erwarten findet Reichmuth einige kleine Spuren eines goldgelben Erzes in den herausbrechenden Quarzstücken. Es konnte Pyrit sein, nicht verwittertes Kupferkies, vielleicht auch ein anderes nahezu wertloses Erzmineral. Es gab viele Möglichkeiten und deshalb besann er sich darauf, einige Muster an Bruno Higgins zu senden, einem Freund, der sich schon seit Jahren berufsmäßig mit Gold beschäftigte. Seine Rockart Gallery, mit einem Partner betrieben, hatte sich darauf spezialisiert, Goldstufen aus Kalifornien diversen Sammlern und Museen zu verkaufen. So konnte René Reichmuth mit absoluter Sicherheit davon ausgehen, dass das Urteil von Higgins satfest war. Und es war auch nicht negativ. Die kleinen Stufen enthielten tatsächlich Gold. Das war nun sicher, doch würde diese Stelle noch mehr davon enthalten? Mit fiebrigen Augen untersucht René Reichmuth die Stelle weiter und reißt die Quarzplatten, die sich ihm darbieten heraus, um sie allesamt nach Hause zu nehmen. Nicht ein Krümelchen Gold soll verloren gehen. An die fünfzehn Platten, wobei man keiner ansieht wie viel Gold sie enthält, nimmt er mit, dann scheint die Stelle erschöpft zu sein.

Auch Bruno Higgins ist sich seiner Aufgabe bewusst. Es musste zu einem ehrlichen Spiel werden. Doch konnte er dem labilen René Reichmuth vertrauen? Konnten diese Quarzplatten nicht auch aus Amerika stammen? Auf jeden

Eine der kleineren Goldstufen aus dem großartigen Fund von Sumvitg.

Fall musste eine wissenschaftliche Untersuchung Klarheit bringen. Für Beda Hofmann, Goldfachmann vom Naturhistorischen Museum in Bern, bestand kein Zweifel. Der Quarz stammte aus der Surselva, und es handelte sich eindeutig um Berggold aus diesem Gebiet.

Nun tat der unerfahrene Finder René Reichmuth jenen Schritt, den er sicher niemals bereute. Er überließ die weitere Auswertung des Fundes, gegen eine prozentuelle Beteiligung, seinem Freund Bruno Higgins, der wiederum die offiziellen Stellen, die Museen und mit verschlüsselten Nachrichten die Medien informierte. So stehen wir vor Bruno Higgins in seinem Geschäft in Arosa. Er ist jung. Und grundehrlich, was in diesem Gewerbe nicht unbedingt selbstverständlich ist. Bereitwillig gibt er uns über alles Auskunft. Er zeigt uns die Fotos vom Jahrtausendfund. Er holt die letzten Goldstufen hervor, die von diesem Fund geblieben sind. Der Großteil hat schon Eingang in die Museen gefunden.

René Reichmuth ist wieder in den Bergen unterwegs. Er hofft noch weiter, dass das Glück auf seiner Seite stehen möge. Trotz seiner Behinderung. Bruno Higgins erzählt uns die Geschichte von den unansehnlichen Quarzstufen, die erst durch weitere Präparierung ihre Schönheit freigaben. Sie wurden geröntgt und gaben zum Erstaunen aller mehr Goldschichten frei, als sie sich alle jemals im Traum erhofft hatten. Da aber Fachleute zur Herauspräparierung in Europa fehlten, wurde nun gemeinsam beschlossen, die weiteren Arbeiten in Amerika ausführen zu lassen. Es war ein zeitaufwändiges Verfahren. Mit feinsten Werkzeugen wird der überlagernde Quarz heruntergelöst, und das allmählich zum Vorschein kommende Gold mit Wachsschichten ummantelt. Dann erst löst man mit Fluss-Säure tropfenweise den Quarz auf. Eine vierzig Zentimeter große unansehnliche Quarzstufe wird zur Sensation. Voll bedeckt tritt das Gold, überall die Platte überziehend, hervor. Noch nie war in Europa solch ein Goldfund getätigt worden. Keine wissenschaftliche Analyse hätte jemals darauf hinzielen können, dass gerade in der Val Sumvitg solch ein Goldfund überhaupt möglich wäre.

Inzwischen waren den interessierten Museen der Schweiz, besonders jenem nicht weit entfernten Naturmuseum in Chur, die besten Stufen mit Vorverkaufsrecht angeboten worden. Es ging um erkleckliche Summen, die die Budgets der Museen über alle Maßen strapazierten und die vor allen Dingen erst finanziert werden mussten.

Jürg P. Müller, Direktor des Bündner Naturmuseums in Chur, gilt als ein Mann der Tat. Stolz präsentiert er uns die Goldstufe aller Goldstufen. Sie liegt in einer Vitrine. Wegen ihr wollte man die Schweizer Schürfgesetze ändern. Doch gerade Jürg P. Müller, seines Zeichens Vertreter der staatlichen Institutionen, stellte sich auf die Seite der Finder. »Regeln dürfen während eines Spieles nicht dauernd geändert werden. Auch nicht durch Jahrhundertfunde.« So bleibt in der Schweiz alles beim Alten. Der Fund gehört dem Finder. Der Staat soll kaufen. Auf fast 200.000 Euro summierte sich das Angebot für die schönste Stufe aus dem Fund. Dieser Betrag sprengte das Museumsbudget bei weitem, doch sehr schnell willigt die kantonale Regierung ein, beim Kauf mitzuhelfen. Den Großteil steuert der Landeslotteriefonds des Kantons Graubünden bei, die Restfinanzierung übernimmt die Kantonalbank. Ein Verbleiben der Goldstufe im Fundkanton war damit gesichert. Das Gesamtgewicht aller Stufen belief sich auf 1,4 kg Berggold. Weitere Museen sicherten sich andere hervorragende Goldstufen, auch private Sammler boten um die noch vorhandenen Stufen mit. Fasziniert beobachteten die Medien diesen einmaligen Goldfund. Würde nun ein, den amerikanischen Verhältnissen ähnlicher Goldrausch ausbrechen? Was niemand für möglich gehalten hatte, trat nun ein. Man sah diesen Goldfund als solch einmaligen Glücksfall des René Reichmuth an, dass kaum jemand auf die Idee kam, es dem von Fortuna geküssten Finder gleichzutun. Und wie kaum jemals in der ansonsten mit Blut befleckten Geschichte des Goldes

Ganz oben: Der Direktor des Naturmuseums Chur in der Schweiz begutachtet seine neueste Erwerbung, die wohl beste Goldstufe der Alpen. Der Fund wurde im Jahr 2000 im Gebiet von Sumvitg gemacht. Mitte links: Die große Goldstufe ließ am Anfang nichts von ihrer Pracht erahnen. Erst nach aufwändigen Säurebädern trat das Gold zutage. Oben rechts: Eine der kleineren Goldstufen aus dem gleichen Fund.

staunten alle, dass es bei diesem größten Goldfund der Alpen keine Opfer und keine sich unehrlich bereichernde Glücksritter gab. Konnte es also wirklich möglich sein, dass ein Vielfaches des Goldes der Kelten und Römer wirklich in den Alpen abgebaut wurde? Wir mussten die Spuren dazu weiterverfolgen.

Viel Glück hatten die beiden italienischen Gastarbeiter Goffredo und Virgilio Ferrazza, die in Erstfeld, einem jener Schweizer Orte, die durch intensiven Transit, wegen der hier hindurchführenden Gotthardstraße, dazu noch in einer gottverlassenen Gegend, Wildwasserverbauungsarbeiten durchführen sollten. Wenn man Experten gefragt hätte, ob jener Ort, am Rande sich gewaltig aufbäumender Felsen, ideal für archäologische Funde sei, hätte das jeder Fachmann mit absoluter Selbstverständlichkeit und ohne Risiko verneinen können. Und doch liegt es in der Natur der Sache bei vielen Schatzfunden, dass sie einfach plötzlich da sind. Am 20. August 1962 arbeiteten die beiden Gastarbeiter mit ihrem Bagger an einem riesigen 70 Quadratmeter messenden Felsblock herum, an dessen Basis sich ein großer Ausbruch befand. Schon wollten sie den Felsen wegsprengen, als sie noch einmal versuchten, den tischartigen kleineren Felsblock etwas freizulegen. Und wirklich, wie auf Befehl, senkte sich der Ausbruch nieder und goldene Halsringe in

Die Fundstelle der berühmten Goldringe von Erstfeld in der Schweiz im Jahr 1962 und wie sie sich heute präsentiert. Niemand hätte es für möglich gehalten, dass an dieser abgeschiedenen Stelle dieser Jahrhundertfund deponiert worden war.

größerer Anzahl kullerten auf den Boden. Wie Bierdeckel seien die sieben Goldringe übereinander gelegen, sollte einer der beiden Italiener nach intensiven Befragungen später zu Protokoll gegeben haben. Aber in der Deutung dieses größten Schweizer Schatzfundes half diese Aussage den Fachleuten damit auch nur wenig weiter.

Noch waren sich die Italiener ihres Glücksfundes nicht sicher, doch begannen sie im geheimen Familienrat, gemeinsam mit ihren Ehefrauen, den Ernst der Lage abzuklären. So wurde entschieden, vorerst einmal einen kleinen Teil der Ringe dem Schweizer Landesmuseum mit der Bitte um Aufklärung über die Bewandtnis dieses Fundes anzuvertrauen. Als neutrale Botengänger wurden die beiden Ehegattinnen dazu erkoren. Zitternd traten die Frauen in das Direktionszimmer hinein und kramten umständlich in ihren großen Taschen herum, bis sie endlich aus einem Frottiertuch zwei Halsringe hervorzogen. Schon diese zwei Ringe versetzten die beiden anwesenden Direktoren, Emil Vogt und René Wyss, in höchstes Erstaunen. Da die Freude und der Jubel die Italienerinnen zwar beglückte, aber ihre finanzielle Situation noch nicht verbesserte, kam man sehr schnell auf eventuelle Fundprämien zu sprechen. Diese wurden auch unbürokratisch und in den Augen der Frauen großzügig erledigt, sodass es den Italienerinnen leicht fiel, aus ihren Taschen noch zwei goldene Halsringe herauszukramen. So konnte die Fundprämie verdoppelt und zwei Tage später, als die Frauen nochmals mit weiteren drei perfekt gearbeiteten Armringen erschienen, weiter aufgebessert werden. Damit waren die einzigartig gearbeiteten Funde der Allgemeinheit überantwortet worden, und die italienischen Gastarbeiter hatten auch überhaupt keine Ursache, mit Geheimnistuerei und Verfälschungen wissenschaftliche Erkenntnisse zu hintertreiben. Denn diese keltischen Goldringe stellten die Fachleute vor immense Probleme. Wie sich nach eingehenden Untersuchungen herausstellte, waren die Goldringe im dritten Jahrhundert vor Christus gefertigt worden. Wieso wurden zwischen diesen Felsen, an einer gottverdammten Stelle, solch faszinierend gearbeitete und mit nicht erklärbaren Motiven besetzte Ringe versteckt? Archäologische Funde haben in vielen Fällen die unerklärliche Eigenschaft, dass sie sich jeder Logik entziehen und so zu einem nie enden wollenden Betätigungsfeld für jede Art von Spekulationen werden. Was bewog diese keltischen Händler, Wanderer, Horden, zwischen den Felsblöcken solch wertvolle Dinge niederzulegen. War es ein Händlerversteck? War es trotz-

Einige der sieben Goldtorques aus keltischer Zeit (5. Jh. v. Chr.) vom sensationellen Fund von Erstfeld in der Schweiz. Sie zeichnen sich durch ihre hochwertige Verarbeitung aus. Noch immer ungeklärt sind die Hintergründe, warum diese Ringe gerade in dieser unwirtlichen Gegend deponiert wurden.

dem eine Kulthandlung? Wollte man den Göttern im Angesicht dieser mächtigen, drohenden Berge nochmals danken oder sie um Hilfe bitten? Jede Vermutung ist gleich richtig, wie sie falsch sein kann. Auf jeden Fall: Die Schweizer und die Fachwelt dankten es den beherzten Italienern, auch öffentlich, was bei solchen Großfunden eher die Ausnahme als die Regel ist. Die Italiener bauten sich mit dem Erlös ihr Eigenheim, die Schweiz kam selbst unkompliziert zum größten verarbeiteten Goldfund auf ihrem Staatsgebiet und die Wissenschaftler konnten sich wenigstens auf den kleinsten gemeinsamen Nenner einigen: Es hat einen Fund von schön verarbeiteten Hals- und Armringen aus der Zeit der Kelten gegeben.

Den Horror aller Wissenschaftler stellen Funde dar, die ob ihrer Schönheit oder ihrer edlen Metalle bestechen, aber plötzlich und unerwartet an Orten zutage treten, an denen man es sich kaum erwartet hätte, und die dazu noch oft nur Einzelstücke bilden. Wie schön und ergiebig ist es doch, mit Sicherheit sagen zu können, dieses ist das Grab des Tutenchamun, der zwar einer der unbedeutendsten Pharaonen war, aber um 1323 v. Chr. als neunzehnjähriger Jüngling starb. Doch sehr oft ist es der Fall, dass Einzigartiges wie eine Eintagsfliege zutage tritt, und wir zwar leidlich eine zeitliche Zugehörigkeit erfassen können, weitere, das Mosaik ergänzende Funde aber fehlen. Es reiht sich zwar jedes Stück wie ein Puzzlespiel aneinander, und es ergibt auch manch einzelner spektakulärer Fund Auskünfte über den Stand der Technik und der Organisation eines Volkes zur damaligen Zeit, doch sehnen sich die heutigen Fachleute im Gegensatz zu früher, wo das sensationelle Fundstück im

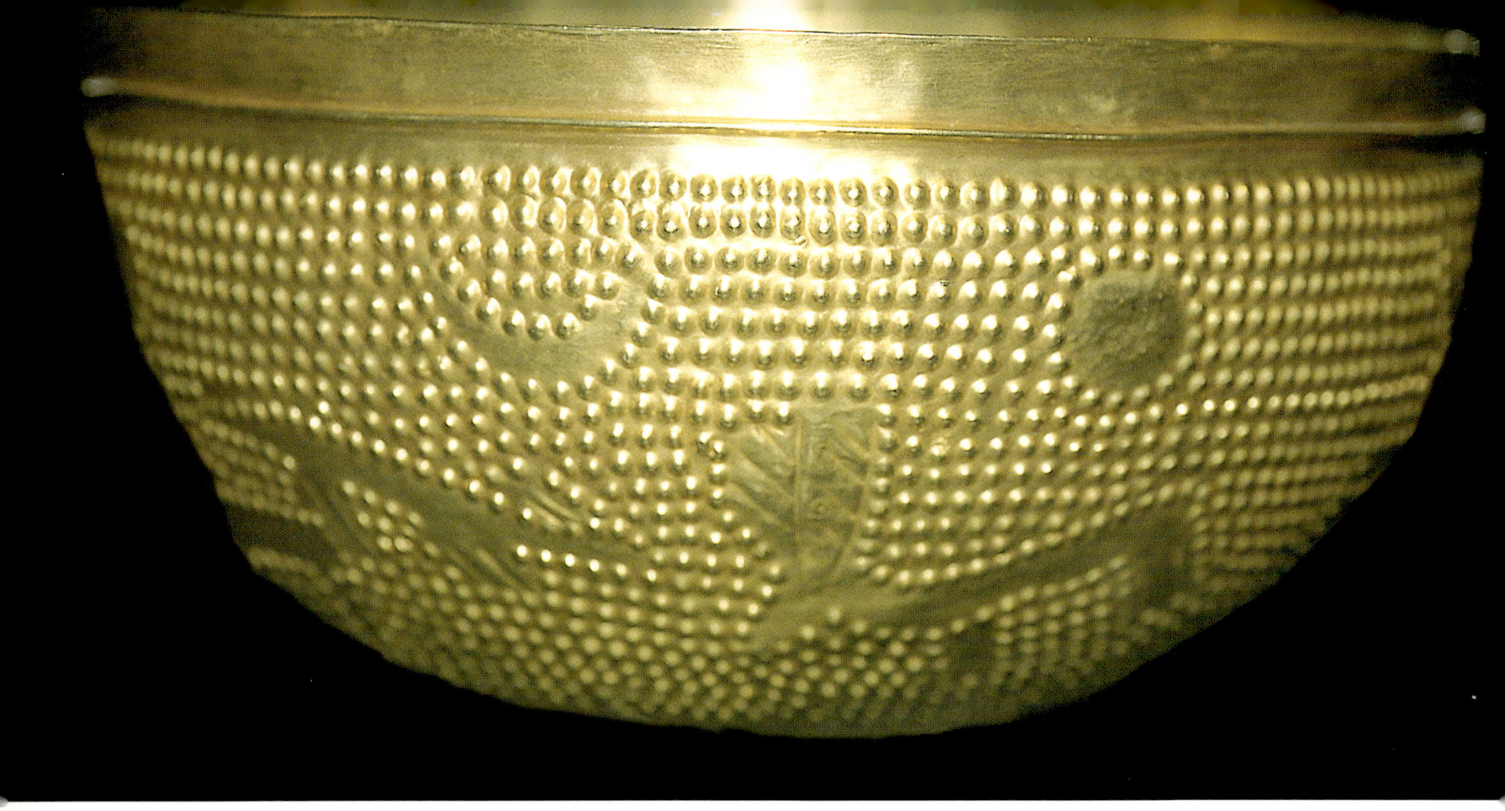

Die fast einen Kilo schwere Goldschale, gefunden im Jahr 1906 in Zürich-Altstetten. Sonne und Mond stehen im Vordergrund. Wie sehr die Kirche Funde aus heidnischer Zeit für sich vereinnahmte, zeigt dieses keltische Messer, gefunden schon vor Jahrhunderten in der Nähe von Erstfeld. Das Messer bildete alsbald einen Teil des Kirchenschatzes und wurde als Reliquie verehrt.

1990 wurde dieser aus mehr als 350 Regenbogenschüsselchen bestehende Goldschatz in Sontheim im Unterallgäu gefunden. Er stammt aus dem 2. Jh. v. Chr.

Vordergrund stand, nach übergreifenden Wegweisern. Fährten will man suchen und nicht nur einen hinterlassenen Fußtritt.

Einer der spektakulärsten Funde der Schweiz, neben dem Goldfund von Erstfeld, war eine fast einen Kilo schwere Goldschale mit Verzierungen, die am 17. Oktober 1906 als Zufallsfund zutage trat. An diesem Tag arbeitete eine Unzahl von Bauarbeitern am Schienennetz der Schweizerischen Bundesbahnen in der Nähe von Zürich-Altstetten. So darf es nicht verwundern, dass dieses gewichtigste aller Schweizer urgeschichtlichen Goldobjekte noch während der Bergung stark beschädigt wurde. Wer hätte sich auch ausrechnen können, dass gerade hier, im lockeren Schotter, eine prunkvolle Goldschale gefunden würde! Trotzdem gelangte das Prunkstück sehr schnell ans Schweizerische Landesmuseum und J. Heierli war es überlassen, den Fund weiterzuverfolgen und zeitlich einzuordnen. Es musste sich, das stellte sich alsbald nach Befragungen der Bauarbeiter über die Fundlage heraus, um einen Weihe- oder Grabfund aus der späten Bronzezeit handeln. Sonne und Mond standen im Mittelpunkt dieser Weiheschale, darunter befanden sich sieben Tierdarstellungen.

Gold hat seit jeher die Menschen fasziniert und war das erlesenste aller Metalle. Doch stammte das Gold sogar aus Schweizer Flüssen? Untersuchungen wurden gemacht, die wirklich bestätigten, dass es sich um Flussgold handelte. Doch, was alle patriotisch Gesinnten erhofft hatten, trat nicht ein: Das Waschgold stammt nicht aus der Schweiz. So gaben die Goldschale von Zürich und die Ringe von Erstfeld trotzdem noch einige ihrer Geheimnisse preis.

Der in Giessen wirkende Gelehrte Michael Bernhard Valentini war seiner Zeit weit voraus. 1714 erscheint sein Hauptwerk »Museum Museorum, oder Vollständige Schau Bühne aller Materialien und Specereien«, in dem er vorab allen Lesern einmal Ratschläge erteilt, wie man Museen, Sammlungen und »Raritäten-Bücher« anlegen sollte. Besonders eingehend beschäftigt er sich dabei mit den goldenen »Regenbogenschüsselchen«, die immer wieder in Deutschland, besonders aber im Alpenvorland Bayerns, auf Äckern und Fel-

Illustration von Ludwig Richter (1803–1884) zum Märchen »Die Sterntaler« der Gebrüder Grimm. Realität und Sagenwelt verknüpfen sich eng miteinander.

Die drei in Süddeutschland gefundenen »Goldhüte« vereint bei einer Ausstellung. Diese Kultobjekte haben die Massen fasziniert.

dern gefunden wurden. Es handelte sich dabei um eigenartige, goldene Münzen mit sonderbaren Prägeformen, deren Herkunft man sich einfach nicht erklären konnte. Man nahm einfach an »dass sie aus und in den Regenbögen, und zwar an demjenigen Orte, wo sie sich auf die Erde zu stützen scheinen, gezeugt würden«. Ganz wissenschaftlich geht Valentini nun vor und schließt den Regenbogen als Erzeuger dieser Goldschüsselchen von vornherein aus »da der Regenbogen in der ganzen Welt zu sehen ist, warum finden sich solche Schüsselchen nur in Europa, und meistens in Deutschland«? Und er analysiert noch weiter, dass der Regenbogen selbst je nach Betrachter immer in einem anderen Winkel stünde, und von dem her überall solche Goldschüsselchen gefunden werden müssten.

Doch im Volksglauben hatten sich die zahlreich beim Pflügen oder nach starken Regenfällen heraustretenden Goldschüsselchen tief hineingesetzt und waren durch keine noch so wissenschaftlich untermauerten Thesen herauszudrängen. Man sprach ihnen magische Kräfte zu und erhoffte sich Heilung bei Krankheiten und Linderung von Schmerzen. Auf den berühmten Arzt und Naturforscher Philippus Theophrastus von Hohenheim, im Volksmund besser bekannt unter Paracelsus, – um 1520 wirkend – führte man weitere Erklärungsversuche zurück, dass diese goldenen Scheiben in dem Augenblick geschaffen würden, wenn Sonne und Regenbogen zusammentreffen und sie hernach einfach vom Himmel herabfielen. Und selbst der deutsche Dichterfürst Johann Wolfgang von Goethe, selbst ein passionierter Münzensammler, zerbrach sich noch im Jahr 1817 darüber den Kopf und kam der Wahrheit immerhin sehr nahe. »Sie stammen von einem Volk, welches ... barbarisch zu nennen ist, das sich aber einer wohlersonnenen Technik bei einem rohen Münzwesen bediente.« Und Goethe fordert mit Weitsicht auf: »Wollte man sorgfältig die Orte verzeichnen, wo dergleichen Münzen gefunden wurden, so gäbe sich vielleicht ein Aufschluss.« Am 27. Juni 1751 wurden bei Gaggers in Oberbayern von einem einfachen Hirten in einem Bronzekessel an die 1400 solcher goldener Goldschüsselchen gefunden. Ein bis dahin in dieser Größe nie bekannt gewordener Schatzfund. Einige wenige gelangten in die kurfürstliche Sammlung von Clemens August von Bayern, der Rest wurde eingeschmolzen, und es kann als Glück bezeichnet werden, dass wenigstens vorher die beiden Brüder J. S. und J. G. Klauber aus Augsburg in einem Flugblatt einige der »Uralten Gold-Münzen« abbildeten. Die goldene Chance war fürs Erste einmal vertan.

Endlich bietet sich im Jahr 1858 wiederum die Chance. In Irsching in Oberbayern werden wiederum mehr als 1000 »Regenbogenschüsselchen« gefunden. Und diesmal ist es der 1806 geborene und zum Professor für Archäologie an der Universität München ernannte Franz Streber, der in den Jahren 1860 bis 1862 noch kurz vor seinem Tode eine detailgetreue Abhandlung mit vielen Zeichnungen »Ueber die sogenannten Regenbogen-Schüsselchen« veröffentlicht. Und er ist der Erste, der diese Münzen richtig einordnet. Sie stammen aus der Keltenzeit. Doch auch er kann nicht verhindern, dass diese Münzen in der kurfürstlich-bayrischen Prägestätte wiederum eingeschmolzen werden. Es ist ein unersetzlicher Verlust. Mittlerweile hatten sich längst schon Sagen und Märchen dieser Goldschüsselchen bemächtigt. Im Volksmärchen »Die Sterntaler«, gesammelt von den Gebrüdern Grimm, fallen über das arme Mädchen als Belohnung, dass es in kalter Nacht einem frierenden Kind sein letztes Hemdlein gab, die Sterne in Form »lauter blanker Taler« vom Himmel herab. Vorerst war einmal geklärt, dass diese Goldmünzen aus der Zeit der Kelten stammten. Doch welche Bewandtnis hatte es tatsächlich damit? Im 7. Jahrhundert v. Chr. wurden in Kleinasien zum ersten Mal Münzen geprägt, und damit eine der wichtigsten Errungenschaften der Wirtschaftsgeschichte eingeführt. Keltische Söldner nahmen sehr oft an den Feldzügen der Griechen teil, besonders aber fielen sie im Heer Alexanders des Großen

Berühmt wurde das Votivschiffchen aus Goldblech vom Dürrnberg bei Hallein (350 v. Chr.). Eine abenteuerliche Geschichte hat dagegen dieser in einer eisernen Scheide steckende und mit Goldblech überzogene Dolch hinter sich. Gefunden wurde er schon 1858, doch verrostet steckte er in der Scheide fest. Um nicht dieses, sofort das Aufsehen der Wissenschaft erweckende Fundstück zu beschädigen, beschloss man es so zu belassen. Erst im 20. Jahrhundert gelang es dann mit Hilfe modernster Präparationsmethoden, die Scheide von der Klinge zu trennen. So kam zum Vorschein, dass auch der Dolch selbst reich mit Goldornamenten wie Rädern und Sonnensymbolen verziert war.

durch ihre Tapferkeit und ihren Wagemut auf. Teilweise wurden diese Söldner mit griechischen Goldmünzen entlohnt, die sie am Ende der Feldzüge mit in ihre Heimat nahmen. So dürften im 4. und 3. Jahrhundert v. Chr. größere Mengen von Goldmünzen nach Mitteleuropa gelangt sein, wo sie teilweise eingeschmolzen wurden. Denn etwas konnte durch rasterelektronische Untersuchungen mittlerweile bestätigt werden: Viele der Münzen weisen mikroskopisch kleine Einschlüsse von Platin auf, ein Edelmetall, das in Mitteleuropa nur vereinzelt vorkommt, während es in Vorderasien häufiger anzutreffen ist. Das Gold wurde auch in der Vorgeschichte immer wieder eingeschmolzen, und von neuem wurden daraus wieder Münzen geprägt.

Gold galt auch in der Antike als sehr selten. Das bis heute geförderte Gold ergibt einen Würfel von lediglich 18 Meter Kantenlänge. Nur 100 000 Tonnen Gold wurden seit Beginn der Förderung bis in die Jetztzeit insgesamt gefördert, und jedes Jahr kommen 2000 Tonnen hinzu. Dies entspricht in etwa der Menge, die weltweit in einer Stunde zu Eisen umgeschmolzen wird. 80 % des Goldes wurden allein im 20. Jahrhundert zutage gebracht. Von 500 v. Chr. bis 1500 n. Chr. wurden insgesamt 7300 Tonnen Gold gefördert, der allergrößte Teil davon von den Römern. Die Goldbergwerke der Römer waren so gut organisiert, dass die Ausbeute erst mit der Eroberung Amerikas mit dem geraubten Gold der Inkas wieder erreicht wurde.

Wer nun geglaubt hätte, die Zeit der Schatzräuberei wäre vorbei, und größere Funde würden einer berechtigten wissenschaftlichen Erforschung zugänglich gemacht, der irrt. Resignierend kann Ludwig Wamser, Leiter der Archäologischen Staatssammlung in München, nur feststellen, dass im Jahr 1996 im Bereich des Hofoldinger Forstes im Süden von München ein größerer Goldfund von einem Mann mit

Metalldetektor gemacht worden war. Diese Goldmünzen seien dann fortlaufend und einzeln auf dem Schwarzmarkt angeboten worden. Über die Hintergründe und den genauen Fundort tappte die Fachwelt aber nahezu im Dunklen. Es gelang der Staatlichen Münzsammlung München lediglich, im Laufe der Jahre von privaten Sammlern immer wieder Einzelexemplare anzukaufen. Dabei sickerte sogar noch zum Bedauern aller heraus, dass der unbekannte Finder eine größere Anzahl von Goldmünzen zur Herstellung zweier Fingerringe einschmelzen ließ. Angenommen werden kann sogar noch – als Gipfel der Ignoranz und als absoluter Betrug an der wissenschaftlichen Forschung –, dass der Staatssammlung neu geprägte Keltenmünzen dabei untergejubelt werden sollten, und diese so erst mühsam durch unsichere Analysen herausgefiltert werden mussten.

Am Magdalensberg ausgegrabene römische Gussform für Gold. Stattlich der Inhalt, den diese Gussformen aufnehmen konnten. Bis zu 14,5 kg Gold konnten in Barrenform gegossen werden. Interessant auch der Phallus als Schutzsymbol.

So sieht man an den »Goldschüsselchen«, welches Detektivspiel manchmal angewandt werden muss, wenigstens einen Teil der Wahrheit ans Licht zu bringen und mit welchen Schwierigkeiten die Wissenschaftler im Laufe der Jahrhunderte zu kämpfen hatten und noch haben. Macht dies die Faszination Archäologie aus? Manchmal wünschte man sich, es ginge leichter.

Doch dem ist nicht so: Eine besondere Eigenart des süddeutschen Raumes sind die »Goldhüte«. Jeder einzelne, der gefunden wurde, verblüffte die Fachwelt, und noch mehr gingen die Fundumstände in die Geschichte ein. Einer wurde schon 1835 beim Pflügen eines Ackers gefunden und sofort auch richtig auf seine kultische Bedeutung interpretiert. Er landete im Bayerischen Nationalmuseum. Doch im Jahr 1934 wurde man seiner überdrüssig und tauschte ihn gegen einen Bronzehelm, ein Bronzeschwert und einen geringen Geldbetrag mit dem Historischen Museum der Pfalz. Der Zweite, in Bayern 1953 beim Baumstammroden entdeckt, wurde von seinem Besitzer in Unkenntnis des wahren Wertes zerhackt. Nur seiner Ehefrau ist es zu verdanken, dass sie die Stücke trotzdem noch einem lokalen Zahnarzt zur Prüfung vorlegte. Eine noch abenteuerlichere Geschichte hat der Dritte hinter sich. An einem unbekannten und von den Findern bis heute verschwiegenen Ort in Süddeutschland wurde er dem Museum für Vor- und Frühgeschichte in Berlin um 750 000 Euro im Jahr 1996 zum Kauf angeboten. Es gab keine andere Möglichkeit. Die staatliche Institution musste ihn kaufen, sonst wäre er nach Übersee gegangen. Er war perfekt gearbeitet, die Kreise, Reihen und Stempel ließen sich immer auf die magische Zahl 19 zurückführen. Bei festlichen Anlässen musste er von Priestern getragen worden sein. Alle Hüte ließen sich auf 900 bis 1300 v. Chr. zurückdatieren. In ihrer Schönheit stehen sie manch berühmtem ägyptischen Goldkunstwerk in nichts nach.

Wieder führt uns der Weg zurück in die Alpen. In diesen Bergen muss es einmal unsagbar viel Gold gegeben haben. Wir wollen uns auf diese Spuren setzen. Als im Jahr 1996 der Rauriser Ludwig Rasser und der Steirer Hubert Fink über eine schwer zugängliche von Steinschlag gefährdete Stelle in der Sonnblick-Nordwand klettern, erspähen sie einen Stollen. Er muss schon vor uralten Zeiten hier in den Felsen getrieben worden sein, denn überall sah man ihm an, dass er in Handarbeit hineingetrieben worden war. Gold suchten hier bis ins Mittelalter die Knappen. Die beiden Kristallsucher kriechen in das Loch und kommen aus dem Staunen nicht mehr heraus. So als hätte jemand seine Arbeit nur kurzfristig beendet, lehnen an den Stollenwänden alte Keilhaue, Schlegel, Brechstangen, Eisen und Keile. Dazu noch ein ovaler aus Holz gefertigter Trog, mit Eisen verstärkt, um das goldhaltige Material aus dem Innern zu transportieren. Selbst das Türschloss finden sie noch intakt. Das berühmte »Schwazer Bergbuch« aus dem Jahr 1556 und ein Jahr später Ge-

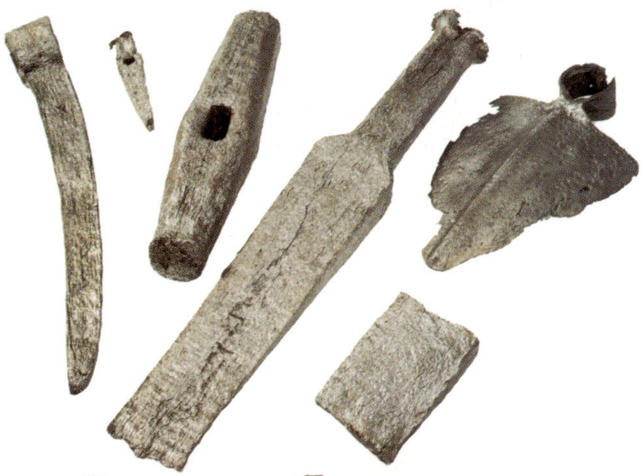

Der Rauriser Bergsteiger Ludwig Rasser findet zusammen mit seinem Steirer Kollegen Hubert Fink einen Stollen in der berüchtigten Sonnblick-Nordwand. Im Stollen stoßen sie zu ihrer Überraschung auf gut erhaltenes mittelalterliches Goldgräberwerkzeug. Im »Schwazer Bergbuch« aus dem 16. Jahrhundert sind ähnliche Geräte abgebildet.

Im Jahr 1986 fand Rainer Mrazek am Brennkogel im hintersten Fuschertal auf 2800 m in der Nähe eines alten, wohl auf das Mittelalter zurückgehenden Bergbaus eine der größten Goldstufen der Hohen Tauern. Für den stolzen Glückspilz war es der Fund seines Lebens.

org Agricola bilden die gleichen Geräte ab. Diese Spur führt ins Mittelalter. Bergleute müssen hier nach Gold gesucht haben. Doch schon viel früher muss es in einem »Land der Taurisker« so viel Gold gegeben haben, das zudem noch knapp unterhalb der Erde oder an den Flüssen gefunden wurde, dass der Goldpreis auf ein Drittel seines ursprünglichen Wertes sank. So jedenfalls berichtet dies der römische Chronist Polybios um 200 v. Chr. Seine Schriften sind verloren gegangen, doch Strabon von Amaseia, der Philosoph, der an der Zeitenwende lebte, bezog sich in seinem Monumentalwerk »Geographica« auf diese Angaben. Und er berichtet weiter, dass in der Umgebung von Noreia eine Vielzahl von Goldwaschanlagen in Betrieb seien. Doch wo lag dieses Noreia? In der Steiermark. Sehr viele Anzeichen sprechen dafür. Dort wo vielleicht auch die goldene Totenmaske dieses keltischen Fürsten herstammte, der unsere Aufmerksamkeit so auf sich gezogen hatte? Oder lag Noreia in der Gegend von Kärnten? Auf jeden Fall wurde in den Hohen Tauern schon seit keltischen Zeiten nach Gold geschürft. 1993: Magdalensberg in Kärnten. Zwei grauweiße Marmorstücke werden zutage gefördert. Jeweils eine Vertiefung in rhombischer Form wurde hineinpoliert. Für Gernot Piccottini vom Landesmuseum Kärnten wird der wahre Sachverhalt sehr schnell klar. Es muss sich um zwei Gussformen für Metalle handeln. Doch welche Metalle wurden hier gegossen? Die weiteren Analysen bringen es ans Tageslicht. Feinste Goldpartikel haften noch in den schmalen Ritzen. Hier wurde Gold geschmolzen. Und zwar sehr viel, fasste doch die größere 14,5 kg Gold und die kleinere immerhin noch 5,6 kg dieses Edelmetalls in Barrenform. Norisches Gold aus den Hohen Tauern wurde hier gegossen.

Die Geschichte mancher Funde liest sich spannender wie viele Kriminalromane, wobei es überhaupt sehr oft an ein Wunder grenzt, dass viele der abenteuerlichen Reisen trotzdem und vielleicht in letzter Sekunde dazu führen, dass es ans Tageslicht der Öffentlichkeit gerät. Im Frühjahr 1874 findet der ungarische Holzarbeiter Josef Miksa im Gebiet der Salzburger Maschlalm im Seidlwinkltal auf 1400 m Meereshöhe beim Holzarbeiten einen massiven Goldgegenstand. Er lag unter einer Baumwurzel. Niemanden erzählt der Taglöhner von seinem Fund, auch nicht, als er schon längst wieder in seine Heimat zurückgekehrt war. Zwanzig Jahre später scheint ihn ein schlechtes Gewissen geplagt zu haben, heimlich lässt er einen Vergolder in einer ostungarischen Kleinstadt einen Blick auf dieses Bruchstück eines Halsringes werfen. Der Vergolder kann nicht stillhalten, er meldet das Vorgefallene der Polizei, diese wiederum verhört Josef Miksa. Nun erst beginnt er das Vorgefallene zu Protokoll zu bringen. Das Salzburger Carolino Augusteum beginnt mit Quervergleichen, alles könnte sich so zugetragen haben. 1902 findet sich der Goldreif im Ungarischen Nationalmuseum, 1911 auf Bitten des Salzburger Carolino Augusteum endlich wieder in seiner Heimat. Dreißig Jahre lang haben die Salzburger Gelegenheit, das Fundstück zu bewundern, dann bricht der Zweite Weltkrieg aus. 1944 muss man vieles vom wertvollen Inventar aufgrund der Luftangriffe in Sicherheit bringen, darunter auch den Goldtorques. Im Salzbergwerk Hallein wähnt man die Museumsstücke in Sicherheit, doch immer näher rücken die Amerikaner heran. Es wird geplündert, am Ende fehlen viele wertvolle Objekte, darunter auch der Goldreif. Das Fundstück scheint für immer verschollen zu sein, und nur ein einziges Schwarzweißfoto bleibt im Archiv des Museums. Bis im Jahr 1972 der amerikanische Münzhändler Joel L. Malter das Halsringbruchstück dem British Museum in London zur Begutachtung vorlegt. Die zuständige Sachbearbeiterin Catherine Johns untersucht und vermeint ein Original bei sich zu haben. Doch ein Standardwerk über die keltische Kunst aus dem Jahr 1944 bildet genau diesen Ring ab und nennt als Aufbewahrungsort das Salzburger Museum. Also kann es sich beim vorgelegten Fundstück nur um eine Kopie handeln. Somit war der Fall erledigt.

Bis sich ein Jahr später der Fall aufklärt. Und das auch nur durch Zufall. Da trifft Catherine Johns bei einer Konferenz im slowenischen Laibach zufällig mit Norbert Heger, Dozent für Altertumskunde der Universität Salzburg, zusammen. Sie berichtet ihm von der gut gemachten Kopie des Rings, und sie fällt aus allen Wolken, als Norbert Heger ihr erzählt, dass dieses für Salzburg so wertvolle Stück seit 1945 als verschollen gilt. Sofort wird mit dem aus Kalifornien stammenden Händler Kontakt aufgenommen, der ist auch bereit, das Bruchstück abzutreten, er verlangt aber 20 000 Franken. Dies ist eine Summe, die das Budget des Museums bei weitem übersteigt. Wieder vergehen Jahre, 1977 taucht der Goldreif im Auktionskatalog von Christie's in London auf. Er soll versteigert werden, das Salzburger Museum interveniert. Endlich, nach langwierigen Verhandlungen gelingt es trotzdem mit dem amerikanischen Münzhändler eine einvernehmliche Lösung auszuhandeln. Eine Spendenaktion wird initiiert und im Jahr 1978 kehrt nach langem Abenteuer der Goldreif vom Seidlwinkltal wieder in seine Heimat zurück.

Das Bruchstück des Goldhalsrings vom Seidlwinkl in der Rauris (4. Jh. v. Chr.). Hundert Jahre dauerte seine Irrfahrt nach seinem Auffinden im Jahr 1874.

Reich muss Hallstatt einst gewesen sein, auch wenn vieles geplündert, von neuem verwertet und aufgeschmolzen und so wieder einem neuen Kreislauf zugeführt wurde. 1959 findet man am Dürrnberg bei Hallein in der Nähe der Bergstation der Salzbergalm ein Prunkgrab eines Fürsten. Mit dabei ein winziger Kahn aus Gold, mit zwei goldenen Rudern. Aus Terrakotta geformt, hatte man einen ähnlichen schon am Kärntner Magdalensberg gefunden. Übte hier der Totenkult aus der griechischen und ägyptischen Mythologie seinen Einfluss aus?

Wir hatten uns auf die Spuren des Goldes und der Goldsucher gesetzt. Wir hatten den heutigen Goldwäschern bei ihrer Arbeit zugeschaut. Nicht viel hat sich im Laufe der Jahrtausende geändert. Wir haben die Schatzgräber beobachtet und einzigartige Funde gesehen. Die ans Tageslicht gebracht wurden und wieder verschwanden. Die verkauft oder abgeräubert wurden. Die aus Angst vor Strafen unter der Hand dahinwanderten. Die Fülle dieses Goldes hat unsere Erwartungen weit übertroffen. Wir mussten tief in den Untergrund gehen und haben trotzdem nur einen winzigen Teil dessen gesehen, was ans Tageslicht kam. Doch dieser kleinste Teil hat uns die Macht dieses Edelmetalls über die Jahrtausende vor Augen geführt.

Vom Aufstieg des Menschen

Das Fenster der Vorzeit wird geöffnet

Wer zählt die Völker, nennt die Namen · Von heutigen uralten Bräuchen · Christian Jürgensen Thomson und seine Eingebung · Die unerkannten Bronzekopien · La Téne gibt einer Zeit den Namen

Archäologie, du schwere Wissenschaft!

Der keltische Waffenfund von Förk · Die Finder als Don Quichotte · Ein Museum blamiert sich · Der tiefe Sturz der Finder · Die lustigen Schatzsucher von Frög · Die neugierigen Badegäste · Die bleiernen Reiter · Großfunde muss man erahnen

Das verlorene Volk der Räter

Der Brandopferplatz am Schlern · Sie schleuderten ihnen ihre Kinder entgegen · Geheimnisvolle Sonnenkreise · Sommerfrische vor 8000 Jahren · Die ersten Bergtoten

Die Leute im Salz

Die stinkende Mumie im Hallstätter Friedhof · Johann Georg Ramsauers Glück · Eine genaue Funddokumentation · 1000 Gräber für die Ewigkeit · Die Durezzahöhle · Oskar Hossé nimmt sein Geheimnis mit ins Grab · Es grinsten uns die Totenschädel entgegen · Gingen die Menschen freiwillig in den Tod? · Der Strettweger Kultwagen als Gulaschgefäß · Ein ägyptischer Skarabäus und ein falscher Herkules auf den Bergen

Mumien aus dem Eis

Die Jagd nach dem Mann vom Rieserferner · Schüler werden zu Archäologen · Wozu ein Steigeisen · Der Kleiderfund am Rieserfernergletscher · Gottfried Leitgeb sucht eine Mumie · Der Mann aus dem Eis · Es war ein Musikprofessor · 5000 Jahre und immer noch lebendig · Wem gehört der Fund · Ein Museum für den Eismenschen · Ötzieis und Ötzipizza · Das Ehepaar Simon im Angesicht des Gesetzes

Steine, die die Welt bedeuten

Studenten als Steinzeitkünstler · Die steinzeitlichen Muschelsammler

Als einige Höhlenforscher in Kärnten neue Zugänge zu Höhlen erforschen wollten, starrten ihnen plötzlich menschliche Skelette entgegen. War es eine Kulthöhle der Kelten, oder wurden hier wirklich Menschen geopfert?

In der Nähe von Monaco am Mittelmeer steht ein imponierendes Bauwerk, das Tropaeum Alpinum. Der römische Kaiser Augustus ließ es 6 vor Christus errichten, 50 Meter hoch türmte man die Marmorquader auf, um an die Spitze eine Bronzestatue dieses römischen Kaisers zwischen zwei Gefangene zu stellen. Darunter setzte man eine glorreiche Siegerinschrift. Ein halbes Hundert von Völkern aus den Alpen wird aufgezählt, das sich endlich nach hartem Kampf den Römern unterworfen hatten. Das Tropaeum Alpinum stellte den Beginn einer neuen Zeitrechnung dar. Der Sieg von Kunst, Kultur, aber vor allen Dingen Macht über die »kulturlose« Vergangenheit. Die Eisen- und Bronzezeit, die Steinzeit. Von diesem Zeitpunkt an, so glaubten die Römer, ging der Mensch sehend und bewusst durch sein Leben. Davor war man noch Tier. So wird es auch in den heutigen Museen gesehen. Die Kelten und Steinzeitmenschen aufgebahrt zwischen Dinosauriern und Urzeitechsen.

So wollen wir es halten. Wir wollen zurückgehen in die Geschichte. Den Menschen, dieses unbekannte Lebewesen kennen lernen, das erst seit ein paar Jahrtausenden eine Revolution im Tierreich ausgelöst hat. Die Erfindung des Geistes und die Entdeckung der kulturellen Werte hat er vollbracht. Doch wie vollzog sich die Menschwerdung? Welche Zwischenstufen gab es? Wir wollen es wissen.

In den Alpen ist alles möglich. Eigentlich hätte man meinen mögen, diese Wüsten aus Stein und Eis bildeten eine in sich geschlossene politische und landschaftliche Einheit, und doch verteidigen heute noch sechs verschiedene Staaten und zwei Fürstentümer alle für sich allein und manchmal gegeneinander ihre eigenen Vorstellungen eines besseren Daseins. Nicht einmal zu einer einzigen gemeinsamen Sprache haben es die Alpenbewohner gebracht. Wie kaum irgendwo anders auf dieser Welt kollidieren manchmal innerhalb von nicht einmal fünfzig Kilometer Entfernung drei und mehr Sprachen, und jedes Volk pocht darauf, seine eigenen Wurzeln über die Jahrtausende zurückverfolgen zu können. Das Französische, das Rätoromanische und das Ladinische, das Italienische und Slowenische wetteifern damit, Erklärungen für den Ursprung bestimmter Wörter zu finden. Dazu haben wir die Vielzahl der deutschen Sprachen. Denn das Deutsch ist auch nur ein Überbegriff. Wer versteht heute noch das Schwyzerdütsch, das schon bald für die Deutschsprachigen ebenso zur Fremdsprache wird, wie es das Holländische schon ist? Das babylonische Sprachen- und Kulturgewirr hätte in den Alpen jede Ursache gehabt, als dessen Ursprungsland aufgenommen zu werden. Zudem hat jedes Tal noch ihre eigenen Helden und Heiligen, von denen ihre großen Taten über Jahrhunderte weitererzählt, mit Übertreibungen verklärt, und schließlich Allgemeingut eines Tales wurden. Von den französischen Seealpen bis hin vor die Tore Wiens gibt es klimatische Unterschiede, und so unterschiedliche geologische Begebenheiten, dass heute noch eine Heerschar von Wissenschaftlern damit beschäftigt ist, mit immer neuen Deutungen aufzuwarten. Und trotzdem gibt es neben sehr vielem Trennenden auch viel Einheitliches. Der Hauptalpenkamm erfüllte nie die von den südlichen und nördlichen Flachländern so erhoffte

Gegenüberliegende Seite: Bräuche und Kult werden von den Vätern auf die Söhne weiter übertragen. Nur Männer dürfen in Urnäsch in der Schweiz als »Sylvesterkläuse« durch die Landschaft ziehen und vor den Höfen ihre eigenartig typischen Gesänge zum Besten geben. Ganz oben rechts: Die berühmte römische Marmorskulptur in der Pfarrkirche von Lendorf bei Klagenfurt mit einer Frau in keltischer Tracht mit typisch keltischem Schmuck. Traditionen wurden noch lange weitergeführt. Ganz oben links: Schwierigkeiten einer Zuordnung bereitet die in der Kirche von St. Donat am Zollfeld in Kärnten eingemauerte Figur. Wahrscheinlich ist auch sie keltischen Ursprungs. Unten links: Teile eines Bronzekessels aus dem 2.–3. Jh. v. Chr., der beim Pflügen zum Vorschein kam (Südostalpen). Vielfach wirken die Gesichter verzerrt und fratzenhaft, wie auch beim Krieger, oben, ausgestellt im Naturhistorischen Museum in Wien (5. Jh. v. Chr.).

trennende Funktion. Wenn es galt, die eigenen Pfründe in den Bergen zu verteidigen, verstanden sich aostanische Bergbauern und wallisische Älpler gleich gut wie die Nordtiroler mit den Südtirolern.
Von wem stammten die spärlichen Überreste, die im Laufe der Zeit gefunden wurden? Welche Volksstämme lebten hier, und welche Sprache hatte sich als erste entwickelt? Von dieser Welt aus Stein, diesen Alpen, wurden sie magisch angezogen: die Ligurer und Kelten, die Etrusker und Veneter, Räter, Römer, Awaren und Slawen, die Bajuwaren und Alemannen. Sie hinterließen Spuren im Wortschatz, in Bauten und in ihrer kulturellen Tätigkeit. Die Völker bekriegten sich untereinander und verbündeten sich, um kurze Zeit später wieder zu zerfallen und von der nächsten anrennenden Horde zermalmt zu werden. Keine Zeit kann ohne die Vergangenheit aufbauen. Alles ist im Laufe der Jahrhunderte gewachsen, hat sich entwickelt und angepasst und trägt trotzdem in der Tiefe noch die Wurzeln des Früheren. Finden sich auch heute noch Spuren einstiger uralter Welten? Das wollen wir weiterverfolgen.
Urnäsch im Schweizer Kanton Appenzell: Es ist der 13. Jänner. Die Schwelle zum Jahr 2000 ist schon überschritten und trotzdem zieht an diesem Tag wieder eine Heerschar von »Sylvesterkläusen« von Bauernhaus zu Bauernhaus. Man feiert das neue Jahr. Wie viele andere protestantische Gemeinden hatte sich auch das schweizerische Ausserrhoden strikt geweigert, die im Jahr 1582 durch Papst Gregor eingeführte Kalenderreform einzuführen.
Zwar war während der napoleonischen Besatzungszeit der neue Kalender mit Gewalt aufgezwungen worden, aber die Bevölkerung fuhr unverdrossen weiter fort, den »Alten Silvester« am 13. Jänner zu feiern. Bloß als Alibilösung und um das Beste aus dieser misslichen Situation zu machen, wurde – wenn auch im bescheidenen Ausmaß und ohne besondere Zuneigung – der »Neue Silvester« am 31. Dezember mitgefeiert.
Kirche der heiligen Juliana im Fassatal. Hier am Fuß der südlichen Dolomiten thront seit Urzeiten auf einem Felsen ein kleines Kirchlein, dessen Bedeutung von vielen der achtlos Vorbeigehenden nicht erkannt wird. Zwei Mal im Jahr feiert man dieser heiligen Juliana zu Ehren ein Fest. Einmal, am 3. Juni, lässt man noch die »alte Juliana« hochleben, während man das zweite Mal, am 16. Februar, das Fest im christlichen Glauben feiert. Niemanden der zahlreichen, festlich gekleideten Fassaner stört dieses Doppelfest. Sie sind glücklich, dass diese Heilige so oft Unwetter und Katastrophen hatte vorübergehen lassen. Zu ihr wandte man sich, wenn Kriege ausgebrochen waren, wenn die Natur verrückt spielte oder kein Getreide auf den Feldern wuchs. All die Bittgänge hatten ihre Richtigkeit, und man war der heiligen Juliana immer dankbar, dass sie ihre Fittiche so sorgsam über das Tal ausbreitete. Ein Großteil der christlichen

Es scheint eigenartig zu sein, mit welch verbissener Energie Menschen ein Leben hinter dem Leben suchen. In einem Reich der Dämonen und Mythen finden sie etwas, was ihrem kurzen Wirken einen Sinn gibt: das ewige Dasein. Im Südtiroler Toblach ziehen Teufel im Dezember durch die Straßen, in Santa Lucia in den südlichen Dolomiten wird die »Donazè«, die wilde Frau, verbrannt. Im Kult wird der Wechsel der Jahreszeiten ausgedrückt.

Feste baut sich auf noch frühere, heidnische Feiern auf. Diese wurden umgeändert, angepasst, sehr oft aber war es die christliche Religion selbst, die den heidnischen Kult einfach übernahm, und als von »Jesu Christi gewollt« einführte. In der Bandbreite der Riten und des Kults bewegt sich ein weiter Bogen, der von den überall in den Alpen stattfindenden Prozessionen über die Tänze bis hin zu den gemeinsamen Gesängen und Maskenbräuchen reicht.
Den Ausdruck »colere« prägten die Römer, und er bedeutete »hegen und pflegen«. Als Nebenprodukt war so gleichzeitig auch die Kultur mit gemeint. Und je mehr man den Kult gemeinsam hegte und pflegte, desto mehr gedieh er auch. Wie sollte man die mächtigen übernatürlichen Kräfte und all das, was mit menschlichem Verstand nicht greifbar war, doch noch einer rationellen Erklärung zuführen. Man verlagerte einfach alles auf eine höhere Ebene: Die vielen Naturphänomene sowie die Grausamkeiten des Lebens und des Sterbens, wurden dem Mythos zugeschlagen.
Heerscharen von Wissenschaftlern haben, in ihrer Sehnsucht, die Wurzeln vieler Bräuche in archaischer Zeit zu finden, mit mühseligen Studien versucht, Dokumente und Beweise dafür zu finden. Und sie sind trotzdem allesamt gescheitert. Heidnischer Sonnenkult wurde angerufen und besonders urwüchsiges Brauchtum als Reste früherer Naturgottheiten erkannt. Brauchtum trägt nun einmal die eine Gewissheit in sich, dass es sich verändert, angepasst und modernisiert und trotz aller Neuheit immer noch die Wurzeln der Vergangenheit in sich trägt, die aber allmählich immer mehr verwischt werden. Ein Merkmal der Alpentäler ist nun einmal, dass in all den Jahrhunderten nie besonders viel geschrieben und aufgezeichnet wurde. Vielleicht ist dies auch gut so. Müssen wir überhaupt alles wissen? Trotz aller logischen Zusammenhänge sehen wir immer noch, wie vieles irrational abläuft und es uns selbst unerklärlich scheint. Irgendjemand aus einer Gruppe fängt mit einer Idee an, die anderen kopieren, erweitern, gestalten um, und plötzlich ist etwas zur Realität geworden, was im nächsten Augenblick wieder verschwinden kann. Wieso sich ganz bestimmte Trends dann über Jahrhunderte verfolgen lassen, wissen wir sehr oft nicht.
Das Faszinierende an vielen Bräuchen und Formen des Zusammenlebens ist, dass sie nicht eingeordnet werden können und nicht berechenbar sind. Wieso leben die Bewohner der Alpen so? Was sind die Hintergründe dafür? Zum Glück erfahren wir vieles nicht. Welchen Sinn hätte es auch, darüber nachzudenken, warum sich eine solche Anzahl eigentlich überflüssiger und sinnloser Bräuche und Feste erhalten hat. Sie werden dauernd angepasst, unmerklich modifiziert und weisen so als Summe jahrtausendealtes Gedankengut auf.
Wie oft mussten Menschen zum Wohle der Allgemeinheit geopfert werden, um die Götter zu besänftigen? Je mehr wir

Feier zu Ehren der heiligen Juliana in Vigo im Fassatal am 16. Februar. Viele Kirchen wurden an der gleichen Stelle heidnischer Tempel erbaut, uraltes Brauchtum wurde mit der christlichen Religion verschmolzen, immer wieder verändert und lebt auch heute noch fort. Links unten: Renate Pizzinini aus dem Gadertal vor ihren Totemskulpturen. Schon im Jahr 1559 wurde in der Gegend um Mauls in Südtirol dieser dem Gott Mithras gewidmete Stein gefunden. Der römische Gott Mithras verkörperte den Wechsel der Jahreszeiten.

Diese keltische Frau wurde mitsamt ihrem Schmuck begraben. Noch immer schmiegen sich die Bronzereife um die Knochen. Solche Szenen geben einen faszinierenden Einblick in die Bestattungsrituale, die vor Jahrtausenden stattfanden.

in die Geschichte zurückwandern, desto mehr wird uns bewusst, dass über allem ein Band des Irrationalen steht. Warum feiern diese Völker? Warum verbergen sie sich hinter Masken, hüllen sich zu besonderen Anlässen in die ausgefallensten und prachtvollsten Gewänder? Feste gehören zum archaischen Erbe der Menschen und sie begleiten uns ein Leben lang: die Feier der Geburt, die Heirat, die Prozession des Todes. Dazu kommen noch eine Unzahl von Feiern, die den Wandel der Natur markieren: das Vertreiben des Winters, die Sonnenwende, das Erntefest. Und so verändern sich auch die Menschen: Sie werden zu Hexen und Teufeln, zu Engeln, zu dämonischen Gestalten. Sehr oft sind bereits die Plätze, wo diese Feste gefeiert werden, von tiefer Bedeutung. Und das schon seit Jahrtausenden.

Die Sonne und der Mond, wie sehr haben uns die beiden Pole immer in den Bann gezogen. Als unbesiegbare Sonne wurde der Gott Mithras von den alten Römern hoch geehrt und geschätzt. Der Sonne anzugehören bedeutete Leben, der Mond dagegen brachte den Tod. Beide zusammen ergaben das ewige Leben, die Wiedergeburt, das Sterben und Geborenwerden, einen ewigen Kreislauf. Auch Mithras feierte in den kalten Winterfesten seine Auferstehung, und so brauchte es wenig Fantasie, um diesen Kult im Zeichen des christlichen Gottes wiederauferstehen zu lassen. Im Antlitz der Sonne zu stehen, wer wünschte sich das nicht: Das ging sogar so weit, dass sich Ludwig XIV. zum »Sonnenkönig« erkor und sein Kunstschloss Versailles überall mit Sonnensymbolen dekorieren ließ.

Was zieht aber überhaupt die Menschen hin zur Vergangenheit? Warum nicht in die Zukunft? Ist es ein Hort der Sicherheit und des Bewährten, sich in die alten Bräuche und Kulte zu retten? Ist es ein Zurück, hin zum Schoß der Mutter Natur? Es ist eine eigenartige Welt!

Um Christi Geburt hatten die Römer durch List, Gewalt und Weitsicht die Völker der Alpen zum größten Teil unter ihre Kontrolle gebracht. Wenige Jahrhunderte zuvor, im Jahr 387 vor Christus, waren die Kelten noch vor Rom gestanden, und nur die berühmten schnatternden Gänse hatten noch Schlimmeres verhindert. Im Laufe der Zeit ist es gelungen, durch systematische Grabungen, Zufallsfunde sowie aus sprachlichen Überbleibseln mosaikartig eine Welt zusammenzufügen, die ein leidliches Bild von jenen ersten Alpenvölkern ergeben, die immer noch missverstanden werden.

Der Däne Christian Jürgensen Thomson, geboren am 29. Dezember 1788, hätte eigentlich in die Fußstapfen seines Vaters als Reeder treten sollen. Doch er interessierte sich für alles in der Welt, nur nicht für den Kaufmannsberuf. Stundenlang konnte er den Bauern zuschauen, wie sie ihm alte Münzen und andere Altertümer brachten, und ihn auf die Probe zu stellen versuchten, welche Bewandtnis es mit diesen Gegenständen habe. Als er dann im Jahr 1816 zum kümmerlich bezahlten Sekretär eines Vereines wurde, der sich um die Sicherung und Aufbewahrung von Altertümern bemühte, kannte seine Leidenschaft keine Grenzen mehr. Mit Übereifer machte er sich daran, endlich Ordnung in ein System unterschiedlichster Gegenstände aus Eisen, Bronze und Stein zu bringen. Und so begann er, was auch nahe liegend war, die Begriffe Steinzeit, Bronzezeit und Eisenzeit nach den Materialien zu prägen, die hauptsächlich in einer bestimmten Epoche verarbeitet wurden. Die Unterteilung begann sich allgemein durchzusetzen, auch wenn die Übergänge

fließend sind und auch nur annähernd bestimmt werden können.
Eine typische Erscheinung des Alpenvorlandes sind seine Seenlandschaften, ein typisches Vermächtnis aus der Eiszeit. Sie ziehen sich wie kleine Juwele über Slowenien, Österreich, Italien, Deutschland, Frankreich und die Schweiz. Einer davon, nicht einmal zu den Bedeutenden gehörend, weil weder besonders groß, noch sonst durch irgendwelche einzigartigen Naturwunder hervorstechend, ist der Zürichsee in der Schweiz.
Als in den Jahren 1853 bis 1854 der Zürichsee besonders tief sank, freuten sich viele der Bauern an den Ufern über zusätzliche landwirtschaftliche Flächen und nahmen diese Bodenvermehrung als ewige Gegebenheit hin. Dass ihre Freude nur kurz währte, sei dabei nur nebenbei erwähnt. Auf jeden Fall machten sich die Bauern sehr rasch auf, um die ausgetrockneten Flächen zu vermessen und aufzuteilen. Dabei fielen ihnen im Ort Obermeilen eine Unzahl alter Pfähle, die im morastigen Grund steckten, besonders ins Auge, deren Herkunft sie sich nicht erklären konnten. So wandte man sich, wie so oft in solchen Fällen, an die einzige Person im Dorfe mit einem großen Allgemeinwissen, den Dorflehrer Johannes Äppli. Zur Überraschung aller fand dieser zudem noch von Menschenhand geschaffene Gegenstände aus Stein, Lehm, Holz und Knochen. Zwar steckten sie zum großen Teil im Schlamm und waren unansehnlich, doch Äppli war sich seiner historischen Stunde bewusst und verständigte sofort seinen Freund Ferdinand Keller, Vorsitzender der Antiquarischen Gesellschaft in Zürich. Denn auch an anderen Seen hatte man ähnliche Entdeckungen gemacht.
Ferdinand Keller, geboren 1800, gilt heute noch als der Begründer der Schweizer Vorgeschichtsforschung, doch von nun an sollte er sich voll und ganz diesen Funden widmen. Bald stellte sich heraus, dass diese hölzernen Pfosten einstige Überreste von Häusern waren, die ihre Erbauer vor 4000 Jahren in der Jungsteinzeit hier an den Ufern dieser Seen errichtet hatten. Standen diese Häuser auf Pfählen im Wasser oder hatte man sie in Ufernähe in den Boden gerammt, um damit einen Untergrund für die Bauten zu schaffen? Diese Frage ließ sich nicht so leicht lösen. Ferdinand Keller tendierte zur ersten Möglichkeit und wurde fortan nicht müde, seine »Pfahlbauten« im Wasser zu propagieren. Er fand in der Öffentlichkeit ein wohlwollendes Publikum für diese Thesen, entsprach dies doch mehr dem allmählich aufkommenden romantischen Hintergrund von einem Leben in der Idylle. Ferdinand Keller wurde zum viel bejubelten Medienmann und begann sogar als Krönung seiner Laufbahn eine eigene Zeitschrift, die »Pfahlbau-Berichte«, herauszugeben, in der weitere neue Erkenntnisse über das Leben in der Steinzeit publiziert wurden.
Doch mittlerweile hatte man auch an vielen anderen Seen die Überreste solcher Pfahlbauten gefunden, allein in der

1937 wurden vom Archäologischen Arbeitsdienst der Schweiz in Lüscherz Ausgrabungen vorgenommen. »Pfahlbauten« wurden dabei ausgegraben.

Schweiz fanden sich innerhalb kürzester Zeit an die 200 solcher Siedlungen. Und so sehr auch Ferdinand Keller dagegen ankämpfte, fanden sich immer mehr Beweise, dass es sich um ufernahe Siedlungen handelte. Immer öfter musste der eifrig verfochtene Begriff »Pfahlbauten« dem aufkommenden Wort »Ufersiedlungen« weichen. Von der Jungsteinzeit bis zur Bronzezeit bauten die damaligen Ackerbauern ohne größere Veränderungen solche rechteckigen Häuser, wobei noch nicht endgültig geklärt ist, ob die Pfähle verhindern sollten, dass die Bauwerke im Morast versanken oder ob sie angehobene Fußböden besaßen. Zehntausende von Gegenständen hat man bei Ausgrabungen gefunden, hauptsächlich Werkzeuge aus Stein und Keramik, aber auch andere leicht vergängliche Gegenstände wie Holz, Kleidung, Tuch und Nahrungsmittelreste.
La Tène, am Ufer des Neuenburger Sees in der Schweiz gelegen, sollte aber zum Inbegriff einer Epoche werden und damit in die Geschichte eingehen. Es war eine verträumte Landschaft, als man im Jahr 1868 begann, die rundum liegenden Flüsse zu regulieren. Auch hier sank in der Folge der Seespiegel um einige Meter ab, und zum Erstaunen aller trat plötzlich eine bisher unbekannte vergangene Welt voll magischer Pracht und Faszination zutage. Zwar waren schon ab 1751 immer wieder eiserne Schwerter und »halb versteinerte Pfähle« zutage getreten, und es hatte sich manch einer aufgemacht, nach »Alterthümern« zu suchen,

Herbert Witting vom Archäologiezentrum Frög begutachtet ein rituell verbogenes keltisches Schwert. Es wurde in Kanziani in Kärnten ausgegraben. So huldigte man den Göttern und hoffte auf weitere Siege in den Schlachten. Dass Stammesfehden in den vorchristlichen Jahrhunderten auf der Tagesordnung standen beweisen solche Funde.

aber das Jahr 1868 sollte in die Geschichte der europäischen Archäologie eingehen.
Ferdinand Keller stand nun schon am Zenit seines Lebens. Er war 68 Jahre alt, aber immer noch rüstig, als er auf die Funde aufmerksam gemacht wurde, und alsbald begann – von der Vision der großen Entdeckung übermannt – hier selbst zu graben. Die Gegend musste schon seit der Steinzeit besiedelt gewesen sein – Reste von Pfahlbauten bewiesen dies –, doch was hier besonders auffiel war die gewaltige Anzahl von gut erhaltenen Waffen, wie Schwerter, Lanzen, Speere und Schilde, aber auch zahlreiche Geräte des normalen Lebens wie Sicheln und Sensen, Münzen und Schmuck, die zutage traten. Doch lange noch dümpelte La Tène still und stumm vor sich hin. Erst in den Jahren 1907 bis 1917 wurde in größerem Stil gegraben, und an einem einzigen Ort kamen plötzlich mehr als 2500 Gegenstände ans Tageslicht. Ein ungeheurer Fund, der die Fantasie der Wissenschaftler, als auch der Menschen der Umgebung sofort zu den ausuferndsten Spekulationen führte. Dies auch in Anbetracht der Tatsache, dass ein Großteil der Gegenstände noch nie genutzt worden war. Welche Bewandtnis hatte es damit? Handelte es sich um ein Opferdepot, wo man wertvolle Güter niederlegte, um den Göttern zu huldigen? Ein Händlerdepot? War hier zufällig wertvolles Gut im See untergegangen und nie mehr geborgen worden? Alsbald und aufgrund ähnlicher Funde begann sich die Deutung durchzusetzen, dass hier einst ein Ort des Kultes bestanden hatte.
Die Gegend um den Neuenburger See und den Bielersee wurde zum Ziel der Ausgräber, wobei die staatlichen Institutionen nichts anderes tun konnten, als den Funden nachzuhecheln. Noch 1941 schreibt O. Tschumi, einer der großen Schweizer Archäologen, dass die archäologische Erforschung dieser Gegend »eine förmliche Leidensgeschichte darstellt«. Denn es waren vor allen Dingen die Privatsammler, die sich durch einen unglaublichen archäologischen Enthusiasmus auszuzeichnen begannen. Dieses Gebiet wies von der Frühbronzezeit über 2000 Jahre lang eine ununterbrochene Geschichte auf. Die passionierten Privatsammler Emil Gehringer, Hans Ernst Hermann und Martin Lindt begannen in einem Wettrennen mit den staatlichen Stellen die Gegenden zu durchsuchen. Und sie leg-

Fotos mit Seltenheitswert. Feiern in feuchtfröhlicher Stimmung. Teile des sensationellen keltischen Waffenfundes liegen ausgebreitet auf einem Tisch. Mit Wein wird der Tag ausgiebig begossen. Die Finder sind sich ihres Zufallsfundes nicht bewusst. Einer jener Helme, der immer noch nicht aufgetaucht ist, wird stolz zur Schau getragen. Links unten: Der Gesamtkomplex der keltischen Waffen, der nach langen Irrwegen vom Kärntner Landesmuseum vom Römisch-Germanischen Museum in Mainz zurückerworben werden konnte.

ten Wert auf Ästhetik. Nur gute Stücke sollten ihre Sammlungen zieren, der Rest – Keramikscherben und andere Funde – konnte ruhig wieder der Erde anvertraut werden. Und einige Sammler gingen sogar daran, von besonders schönen Bronzefunden Kopien anzufertigen. So grübelt heute noch die Wissenschaft darüber, was Original und was Fälschung ist. Nur durch mühevolle Analysen kann dies noch festgestellt werden.

Zum ersten Mal konnte nun ein Zeitabschnitt einem Volk zugeordnet werden, den Kelten. Und der Ort La Tène ging in die Geschichte ein, um einen Zeitabschnitt abzugrenzen. Die La-Tène-Zeit. Vom 5. bis zum 1. Jahrhundert vor Christus beherrschte ein aus zahlreichen Stämmen bestehendes Volk Europa. Es war ein kriegerisches Volk, bei dem Handwerk und Handel hoch im Kurs standen. Die Schreibkunst allerdings lag darnieder. Und so gehören die Kelten immer noch zu einem der am meisten missverstandenen vorgeschichtlichen Völker Europas.

Vor uns steht Peter Markowitz. Er ist groß gewachsen, er redet nicht viel, er ist einer jener Menschen, die tausend Mal lieber schwere Arbeiten verrichten, als sich und ihr Inneres preiszugeben. Noch immer scheint er verängstigt zu sein, von jenem Geschehenen, das jedem anderen Ruhm und Ehre gebracht hätte, ihn aber zum Don Quichotte machte. Wir hören uns seine Geschichte an. Sie könnte sich so abgespielt haben, denn einige Hintergründe über eine der größten archäologischen Sensationen der Südalpen haben wir mittlerweile in Erfahrung bringen können.

Was geschah wirklich im Februar 1988 in Förk bei Nötsch im kärntnerischen Gailtal? Wie so oft durchstreifen der passionierte Laienarchäologe Peter Markowitz, von Beruf Hilfsarbeiter, seines Zeichens sogar engagiertes Gründungsmitglied des Historischen Vereins Velden in Kärnten, zusammen mit dem Dachdecker Martin Anderwald die Felder rund um die Burgruine Förk. In offizieller Manier hatte Markowitz schon oft bei verschiedenen Ausstellungen mitgeholfen und seine immer wieder »zufällig« getätigten Funde selbstlos zur Verfügung gestellt, was bisher auch immer auf das Wohlwollen der Behörden gestoßen war. Ein Großteil der in den Alpen getätigten Prachtfunde resultieren seit jeher auf einem banalen »Nadel im Heuhaufen«-Prinzip.

Peter Markowitz aus Kärnten, der Entdecker des legendären Waffenfundes von Förk. Wie wird einmal die Nachwelt solche Funde bewerten? Kann es gesetzliche Regelungen geben, die alle Beteiligten zufrieden stellen? Wie werden einmal in Zukunft bedeutende Entdeckungen dokumentiert und wissenschaftlich aufgearbeitet?

An einem Februartag gelang Markowitz und Anderwald dann ein Jahrhundertfund, der von hunderten von Laienarchäologen bis hin zu den Wissenschaftlern immer wieder erhofft wird und – was in der Natur der Sache liegt – nur wenige Male über die erlesene Anzahl der von Fortuna Geküssten eintrifft. Der Metalldetektor schlägt an, beide beginnen im Erdreich zu graben, immer lauter wird das Summen, bis sie in einem halben Meter Tiefe, zwischen Steinen und Erde verborgen, wirklich auf Dutzende von Schwertern, Helmen, Lanzenspitzen und andere Waffen stoßen. Schon die Vermutung eines außerordentlichen Fundes hätte sie dazu bewegen müssen, die zuständigen Behörden zu informieren. Da weder verrostete Autoteile noch eingegrabene neuzeitliche Waschschüsseln zutage traten, hätten sie annehmen müssen, dass sie eine historische Fundanordnung mit dem Bergen der verrosteten, sich aber immer noch in einem ausgezeichneten Zustand befindlichen Waffen zerstörten. Was nun folgte, wird sich wahrscheinlich nie mehr klären lassen, reiht sich aber klaglos in die Rubrik Nietzsches »fröhlicher Wissenschaft« ein, an deren Ende es viele Sieger und zwei dem Gespött der Medien und dem strengen Auge des Gesetzes preisgegebene Finder gab, denen es nicht einmal im Zuge der immer auswegloser werdenden Lage gelang, ihren Fund mit einer damit verbundenen engen Namensnennung in Verbindung zu bringen. Mochte bei vielen Funden auch das finanzielle Ergebnis für den Finder eher bescheiden ausgefallen sein, so rettete sich doch mancher Entdecker durch die enge Verknüpfung des eigenen Namens mit dem Fund zu ewigem Ruhm. Dies war bei der am 18. Dezember 1994 entdeckten und später nach Jean-Marie Chauvet benannten Chauvethöhle mit ihren fantastischen 35 000 Jahre alten Höhlenmalereien der Fall.
Vorerst einmal mussten Markowitz und Anderwald all ihr Können anwenden, um die vielen Waffen, vor allen Dingen Helme zu bergen. Dann wurde der Fund kameradschaftlich geteilt. Trotzdem reichte ihr Wissen nicht dazu, Hinweise über das Alter des Fundes herauszuanalysieren. Handelte es sich um mittelalterliche Waffen oder waren sie älter? Ein unter dem Deckmantel der Verschwiegenheit ausgeführter Besuch bei einem Kärntner Museum klärte sie mit deprimierender Klarheit allerdings auf, dass der Fund von geringem historischen Interesse sei. Nun begann das, was zum Grauen aller Archäologen wird. Der Fund begann eine Eigendynamik zu entwickeln. Auf feuchtfröhlichen Festen wurde mit den »Feuerwehrhelmen« geprostet und gefeiert, die Fundstücke selbst wurden zum Preis von Freundschaftsdiensten weiterübereignet. Wie bei vielen Findern zählt der Augenblick der Entdeckung mehr als das Fundstück selbst. Hätte auch nur einer der Beteiligten im Entferntesten geahnt, welchen wissenschaftlich wertvollen Fund jeder in den Händen hielt, niemand hätte auch nur einen Augenblick gezaudert, um den nun folgenden verhängnisvollen Werdegang anders zu lösen. Für alle Beteiligten, von den Behörden angefangen bis hin zu den Findern und ihren Freunden, wäre noch genügend Spielraum vorhanden

Peter Markowitz betrachtet im Landesmuseum für Kärnten in Klagenfurt die Rekonstruktion eines Kriegers. Er trägt die von Markowitz gefundenen keltischen Waffen.

gewesen. Einige Jahre später sollte der Chef des Kärntner Landesmuseums, Gernot Piccottini, zu Protokoll geben, dass er den Findern sofort 150 000 Euro »auf den Tisch geblättert« hätte, ganz abgesehen von möglichen Ehrungen und vollkommener Straffreiheit.
Doch um läppische 4000 Euro wanderte der Schatz an einen Kärntner Teppichhändler, von dort um 6000 Euro an einen Wiener Zahnarzt. Einige Fundstücke hatten sich inzwischen schon selbstständig gemacht. Ein passionierter Bergwerksforscher, Alfred Pichler, bekam von seinem Freund Peter Markowitz einige Teile, die er postwendend und sich des Wertes nicht bewusst einem Fachmann zur Restaurierung überließ. Der Fachmann gab Alfred Pichler die Stücke trotz intensiver Nachfrage nie mehr zurück. Der Helm verschwand und tauchte nie mehr auf. So blieben einige wenige Fotos eines feuchtfröhlichen Weingelages von diesem einzigartigen Stück als Erinnerung an die Nachwelt zurück. Der Wert der Objekte hatte sich mittlerweile vermehrt. Um 23 000 Euro wurden die Helme und Waffen

Die berühmten Bleifiguren von Frög. Unter abenteuerlichen Umständen gelangten sie ans Licht der Öffentlichkeit. Innerhalb kürzester Zeit waren alle Gräber ausgeräumt (5.–6. Jh. v. Chr.). Ganz oben: Auch dieses Hügelgrab soll demnächst ausgegraben werden. Was sich darunter verbirgt ist ungewiss.

nun in die Schweiz verkauft. Wieder reduzierte sich der Fund um einige Stücke. Sie landeten bei einem unbekannten Sammler in Berlin. Doch zum ersten Mal stießen nun richtige Kenner auf den Waffenfund. Experten des Römisch-Germanischen Zentralmuseums in Mainz trauten ihren Augen bei einem privaten Sammler in Genf nicht: Da lagen ein Dutzend Helme, unzählige Schwerter, Lanzenspitzen, Teile von Schilden und anderes Waffengerät aus der Keltenzeit zum Verkauf wohlfeil, um 170 000 Euro, herum. Es dauerte nicht allzu lange und der Kauf war perfekt. Mutmaßungen und Spekulationen über den Fundort verbanden die Archäologen aus Mainz zu einem sich ineinander fügenden Puzzlespiel. Anhand der Eigenheiten der Waffen wurde als Fundort Osttirol oder Kärnten angenommen. Im Februar 1991, drei Jahre nach der Entdeckung dieses keltischen Schatzes, ging das Römisch-Germanische Zentralmuseum an die Öffentlichkeit. Und in Kärnten begann sich ein Sturm der Entrüstung zu regen. Die Medien begannen darüber zu berichten. Allmählich wurde die Lage für Peter Markowitz und Martin Anderwald immer enger. Zeugen und Mitwisser gab es in Hülle und Fülle. Die es damals, vor drei Jahren, auch nicht erkannten, jetzt aber umso besser Bescheid wussten.

Karl Baron von Hauser versuchte im Wettstreit mit Badegästen und privaten Ausgräbern die Funde von Frög wissenschaftlich zu erforschen. Nicht immer hatte er dabei das nötige Glück und den Erfolg.

Kaum eine Marmorskulptur aus der Antike fasziniert uns so sehr wie der Kopf des sterbenden Galliers aus der Pergamongruppe. Erschüttert betrachten wir auch heute noch das mit unheimlichem Einfühlungsvermögen ausgearbeitete Kunstwerk aus der Antike. Selbst noch im Augenblick des Todes strahlt dieser keltische Krieger ein Bild ungeheurer Faszination aus. Das Bild der Kelten wurde hauptsächlich durch die griechischen und römischen Schriftsteller geprägt, die den heldenhaften Kampfgeist lobten. Krieg und Kult müssen tatsächlich bei den keltischen Völkern eine große Rolle gespielt haben, denn durchgehend revolutionierten und verfeinerten sie die Art der Kriegführung. Und so ist es nicht verwunderlich, dass Zeugnisse der Kampfkultur immer wieder zum Vorschein kamen.

Welche Bewandtnis hatte es nun wirklich um diese Waffen aus der Keltenzeit! Sie wurden auf eine Zeit um das 4. Jahrhundert vor Christus datiert. Die herausragenden keltischen Schmiedehandwerker hatten mittlerweile gelernt, mit dem Werkstoff Eisen umzugehen. Die bronzenen Gegenstände wurden damit verdrängt. Doch bis zu diesem Kärntner Fund hatte man in ganz Europa nur vierzehn Helme gefunden. Und nun tauchten auf einmal genauso viele

Badegäste in Velden um 1900. In einem lustigen Nebeneinander zwischen staatlichen Beauftragten und ihre Freizeit vertreibenden Badegästen wurden die berühmten Hügelgräber von Frög in Kärnten ans Tageslicht gebracht. Die Karikatur zeigt Grabungstechniken in der Frühphase der Archäologie. Hügelgräber wurden vielfach einfach angeschnitten. Schnelle Erfolge zählten vor Dokumentation. Ein Keramikgefäß – aus Frög in Kärnten. Auch dieser Kultwagen aus Blei hat eine abenteuerliche Geschichte hinter sich. Schon dreimal wurde er in veränderter Ausführung zusammengesetzt.

auf, und auch noch in einem Erhaltungszustand, den man sonst nur erträumt hatte. Eisen zersetzt sich im Laufe der Zeit, es rostet, doch hier war ein seltener Zufall eingetreten, der die herausragende Konservierung erst ermöglichte. Zur Zeit der Kelten war es Brauch, erbeutetes Gut den Göttern an besonderen Orten zu opfern. Und wahrscheinlich waren diese Waffen auch nichts anderes als Beutegut. Erst durch einen Brand im Heiligtum, wurden die Waffen für die Nachwelt in solch hervorragendem Zustand erhalten. Die Verzierungen und Ornamente der Schwerter sind heute noch zu erkennen, wie die verschiedensten Schmuckbeschläge der Wangenklappen an den Helmen. Zu jener Zeit standen die Kelten, ein bunt zusammengewürfeltes Volk, in voller Blüte und lernten dem aufkommenden Römerreich das Fürchten. Vielleicht auch durch ihre Raubzüge hatten sie es zu einer hoch stehenden Kultur gebracht. Sie standen vor den Toren Roms und erreichten wenig später sogar Sizilien. Besondere kulturelle Fähigkeiten sprachen die Römer den verhassten Kelten immer ab. Sie hätten keine Schrift gekannt. Dafür waren sie aber umso bessere Handwerker und vor allem Schmiede. Unübertroffen ist die Zahl der aufgefundenen Schmuckstücke, Handwerkszeug und natürlich der Waffen. Fast wie in einem Rausch mit nicht nachvollziehbarer Todesverachtung sollen sie sich, nach antiken Chronisten, in den Tod gestürzt haben, um dadurch den ehrenvollsten Weg ins Jenseits zu finden. Mit ihren rau tönenden Blasinstrumenten versuchten sie die Gegner einzuschüchtern. Den getöteten Feinden hieben sie die Köpfe ab, banden sie an ihren Pferden fest oder bewahrten solche Trophäen an besonderen Orten auf. Aus Ausgrabungen an verschiedenen Orten konnten solche Bräuche und Sitten nachgewiesen werden.

Das Kesseltreiben rund um die beiden Finder Markowitz und Anderwald begann nun richtig zu toben. Die Medien überboten sich in Übersteigerungen des Wortes »Raubgräber«, »Schatzgräber«, »Gauner«. War doch nicht sicher, ob das Zentralmuseum in Mainz jemals den Fund wieder herausrücken würde. Und zu welchem Preis? Man sprach von Summen von einer Million Euro. Um diesen Betrag könnten Teile des Fundes vom Land Kärnten zurückerworben werden. Für eine tatsächliche Analyse des gesamten Ablaufes, und einer kollektiven Mitschuld aller, konnten sich in dieser Phase weder Wissenschaft noch die Medien erwärmen. So mussten es die geprügelten und erniedrigten »Glückspilze« hinnehmen wie es die Allgemeinheit forderte. Im November 1991 wurden Markowitz und Anderwald wegen Veruntreuung und Sachbeschädigung zu zwei Jahren Haftstrafe bedingt verurteilt. Zudem bürdete man ihnen als Strafe noch genau jene Summe auf, mit der sie den Fund weiterverkauft hatten: 4000 Euro. Verhöhnt, dem Spott der Menge preisgegeben, nicht fähig, sich medial in Szene zu setzen, nahmen die beiden Finder das Urteil zur Kenntnis und akzeptierten schweigend die Gerechtigkeit eines Systems. Es hätte ja noch schlimmer kommen können.

Der Weg der archäologischen Forschung ist gepflastert mit Irrtümern und Episoden, die uns heute noch die Haare zu Berge stehen lassen. Vieles wurde im Laufe der Zeit zerstört. Also trägt im Grunde jeder Verlust von alten Fundge-

Schon vor 8000 Jahren zog es diesen steinzeitlichen Jäger in die südlichen Dolomiten, wo er auf über 2000 Meter Meereshöhe starb. Von seinen Kameraden wurde er unter einem Felsen beigesetzt. Ganz rechts: Im kleinen Museum von Selva di Cadore in den südlichen Dolomiten betrachtet Ugo Buogo die Rekonstruktion der Fundsituation des mit reichen Beigaben versehenen Grabes. Es dürfte sich um den Anführer einer Gruppe gehandelt haben. Der Fundort des Mannes von Mondeval auf 2150 m liegt im Einzugsgebiet der Gemeinde Selva di Cadore.

genständen dazu bei, das spärlich Vorhandene noch kostbarer und wichtiger zu machen.

Als im Jahr 1882 Friedrich Seidl, Besitzer eines kleinen Bräuhauses in Frög in Kärnten, einen Hügel vor seinem Haus ein wenig einebnen wollte, kam plötzlich ein »seltsam geformtes Instrument von einem glänzenden, mit dunkler Patina überzogenem Metalle« zum Vorschein. Weitere Fundstücke folgten, die er allesamt sofort verkaufte. Obwohl der Wirt nicht sehr viel von diesen Fundstücken hielt, machte die Nachricht schnell die Runde, und bald darauf begannen auch schon Schatzgräber nach noch wertvolleren archäologischen Gegenständen zu suchen. Als dann ein Jahr später der vom Unterrichtsminister ernannte Konservator Baron Hauser die Fundstelle besichtigte, konnte er nur resigniert feststellen, dass die Grabhügel »von unberufener Hand durchwühlt worden waren«.

Staatlich reglementierter Denkmalschutz existierte zu jener Zeit nur bedingt. Zwar hatte im Jahr 1850 Kaiser Franz Joseph eine kaiserlich-königliche »Central-Commission« gegründet, die zum großen Teil auf ehrenamtliche Mitglieder baute, doch eine richterliche Befehlsgewalt hatten auch sie nicht. Wie Karl Baron von Hauser waren diese Korrespondenten auf gut vorgebrachte Überredungskünste den jeweiligen Grundbesitzern gegenüber angewiesen, mehr konnten auch sie nicht tun. Doch die Grundbesitzer trachteten zumeist danach, ihren wohlwollenden Konsens in wohlklingender Münze abgelten zu lassen. Darüber hinaus standen die vom Staat eingesetzten Konservatoren noch in Konkurrenz zu anderen Schatzgräbern – die gleich legal aber mit wesentlich weniger Skrupeln gewappnet, genauso versuchten, Teile der Fundstücke rasch zu bergen. So stand alsbald Karl Baron von Hauser bei seinen von 1883 an durchgeführten Ausgrabungen, die sich allesamt nur auf die Sommermonate Juli und August beschränkten, sehr rasch in unerbittlicher Konkurrenz mit dem aus dem benachbarten Rosegg stammenden Steuereinnehmer Wilhelm Kokail und natürlich mit einer nie enden wollenden lustigen Heerschar von Badegästen aus Velden, denen die Schatzgräberei eine willkommene Abwechslung zum Schwimmurlaub bot.

Als erster wurde Wilhelm Kokail vom Glück geküsst: Er fand einen aus Blei geformten Wagen. Die dazugehörigen Zugtiere wurden in anderen Gräbern gefunden, aber, um den historischen Augenblick in höhere Sphären zu treiben, einfach zueinander gestellt. So kann Geschichte noch im letzten Augenblick verfälscht werden. Die dabei vorhandenen vielen Tongefäße und Keramikscherben standen aber Kokail im Weg, sodass er sie zusammen mit dem Erdreich einfach wegschaufelte. E. Lob, ein Ingenieur aus Velden, der mittlerweile auch auf eigene Faust grub, hatte gleichfalls Glück: Er fand zehn kleine Bleireiter, 20 kleine Bleivögel und sehr viel Keramik. Pechvogel blieb immer noch der vom Staat eingesetzte Baron Hauser. Er fand trotz intensiver Suche fast gar nichts. Ein Jahr später, im Frühsommer, wieder das gleiche Bild. Obwohl unter der Obhut des Barons neun Grabhügel

geöffnet wurden, barg der Inhalt nichts Weltbewegendes. Umso erfolgreicher aber waren die Badegäste aus Velden. Sie fanden vollständig erhaltene große Urnen, Messer, Ringe. Und dazu noch als Sensation einen unversehrten großen bronzenen Behälter, eine so genannte Situla. Fortdauernd erhöhte der Besitzer seine Grabungstarife für alle, und trotzdem schreckten vor allen Dingen die Badegäste vor keiner noch so horrenden Summe zurück.

Endlich begann sich auch für den unglücklich, aber emsig kämpfenden Baron von Hauser das Blatt zu wenden. 22 Grabhügel grub er aus, und förderte dabei zwei schöne Bronzegefäße, viele Bleifiguren und Schmuckstücke zutage. Doch immer unüberhörbarer wurden jetzt die Weherufe des Barons. Bitter beklagte er sich »wie Unberufene die Gräber durchwühlen und wichtige Fundstücke in allen Richtungen der Windrose verschleppen«. Selbst der Bierbrauer Friedrich Seidl ließ sich nun vom allgemeinen Schatzfieber hinreißen und vereinte landwirtschaftliche Tätigkeit mit archäologischer Suche. Stolz konnte er so den ersten Sommergästen im Jahr 1886 seine reichhaltigen Schaustücke präsentieren, darunter auch eine wunderschön und vollkommen erhaltene Fibel, die aber leider »eine fremde Dame, welche die Nadel mit der Hand aufbiegen wollte, zerbrach«.

Um den Badegästen endlich Paroli bieten zu können, stockte Baron Hauser sein Grabungsteam weiter auf, auch wenn die kaiserliche »Central-Commission« die Grabungen für immer sinnloser hielt und immer weniger Neigung verspürte, diese mitzufinanzieren. Mit vier Arbeitern gelang es Baron Hauser aber trotzdem in nur zehn Tagen, die enorme Anzahl von 16 Grabhügeln zu öffnen. Und er hatte Glück. Breit zerdrückte Urnen lagen dicht aneinander, und zwischen den Scherben kamen an die 200 Bleifiguren zum Vorschein. Dazu fanden die Ausgräber noch zwischen Knochensplittern eine Menge Bronzegegenstände und schöne farbige Schmuckperlen. Die flach gegossenen Bleifiguren – das hatte sich inzwischen

Menhir mit in den Stein geschlagenem Handabdruck. An der Hand abzählen kann man Zeugen erhaltener rätischer Inschriften. Rätisches Museum Chur.

Oben und unten: Fast im Gipfelbereich des Schlern fand man die Reste eines Kultplatzes. Keramikscherben, Knochen und andere Kunstgegenstände lagen zuhauf herum. Am Passo Giau finden sich an die vierzig im Boden versenkte Steinplatten mit eigenartigen Ritzgravuren. Wahrscheinlich gehen diese Zeichnungen auf vorchristliche, rätische Zeiten zurück. Über die Bedeutung dieser Kreise, die sich niemals wiederholen, gibt es immer noch keine gesicherten Erkenntnisse. Kulthandlungen sind als wahrscheinliche Erklärung heranzuziehen.

herausgestellt – waren an den Keramikurnen als Zier befestigt worden. Und gerade durch diese Bleifiguren, die für die Hallstattperiode zwischen 5. und 6. Jahrhundert vor Christus einzigartig sind, ist Frög in Kärnten berühmt geworden. Hauptsächlich die kunstvoll gearbeiteten Reiterfiguren aus Blei haben die Fachwelt fasziniert und dadurch Hinweise gegeben, welche Wertschätzung Pferd und Reiter zu jener Zeit hatten.

Baron Hauser hatte mittlerweile auch seine Grabungstechnik perfektioniert und rationalisiert. Mit spähendem Auge maß der sich nun als Fachmann fühlende Baron schon anhand äußerlicher Indizien ein treffendes Urteil zu. »Es muss genügen, wenn ... über den Charakter der auf jeder Parzelle befindlichen Gräber und deren Inhalt ein sicheres Urteil gefällt werden kann.« Nach zehn Jahren fröhlicher Grabungstätigkeit in engem Zusammenspiel zwischen den vom Staat ernannten Ausgräbern, Langeweile vertreibenden Badegästen und auf eigene Faust operierenden Schatzsuchern, hatte man die 116 vorhandenen Gräber nahezu geöffnet. Karl Baron von Hauser war es vorbehalten, das letzte Grab öffnen zu dürfen. Doch auch hier war ihm kein Glück beschieden. In vier Meter Tiefe entdeckten die Arbeiter einen riesigen Bronzekessel, der in einem hohlen Raum zwischen Steinplatten verborgen stand. Sie sahen ihn »durch die Fugen, ohne dahin gelangen zu können«. Als sie mit Mühe endlich die Steine beseitigt hatten, und sich am Ziel ihrer Wünsche wähnten, »ließ er sich doch nicht heben, denn bei jeder leisesten Berührung fielen Stücke der äußerst dünnen morschen Bronzewände herab«. Das einzigartige Stück zerfiel vor ihren Augen, und übrig blieb nur ein »zusammengebackener menschlicher Knochenrest, ... welcher einen starken Leichengeruch verbreitete«. 2500 Jahre hatte der Bronzekessel überstanden, nun war er endgültig zerstört, aber immerhin gingen mit diesem Missgeschick die ersten »planmäßigen« Ausgrabungen im Gräberfeld von Frög zu Ende.
Man hat sich immer schon schwer getan, das typische Alpenvolk herauszufiltern. Waren es die Räter? Wie weit

hergezogen ist dann die Deutung, dass dieser Name von einer Göttin mit Namen Raetia abstamme? Gleich wie der Name des anderen Gebirgsvolkes, das östlich davon im Raum Kärnten siedelte, die Noriker, der sich auf die Göttin Noreia zurückdeuten ließe? Dann hat es in der keltischen Religion noch eine dreieinige Erdmutter mit Namen Matreia gegeben. Der in den Alpenländern immer wieder vorkommende Name Matrei soll auf jene Stellen hinweisen, die dieser Gottheit einst geweiht waren. Geschriebenes haben diese Völker sehr wenig hinterlassen. Da waren schon die später die Alpen beherrschenden Römer wahre Meister in ihrer Selbstvermarktungsstrategie. Ihre Chronisten schrieben über fast alles, was irgendwo Wichtiges oder Unwichtiges geschah. Und da sie auch über die anderen schrieben, prägten sie bis heute das Bild dieser Völker. Natürlich zu ihren Gunsten.

Die Rätoromanen fühlen sich gerade wegen ihrer Sprache auch heute noch als die Ureinwohner der Alpen. Als direkte Nachfahren der Räter. Viele ihrer Wörter mögen auch auf vorrömische Ausdrücke zurückzuführen sein, besonders jene, die unmittelbar mit ihrer unwirtlichen Gegend zu tun haben. »Crep« für Felsen, »roa« für Mure oder »chamurz« für Gämse. Im Gegensatz zu den Norikern haben sich die Räter den Römern nicht freiwillig ergeben. Als im Jahr 44 v. Chr. der römische Statthalter Munatius Plancus die Räter besiegt, sollen, einer alten Sage aus dem Fassatal nach, die Frauen selbst noch ihre Kinder den römischen Truppen entgegengeschleudert haben. Spuren der Räter in den engen Tälern wurden auch gefunden und sogar nicht wenige, und jedes Mal drängt es selbst den Fachmann zur Frage: Was taten die vorgeschichtlichen Bewohner an solch unwirtlichen Stellen. Ein Musterbeispiel ist hier der Hügel von Sotciastel im Südtiroler Gadertal, wo schön gearbeitete Bronzegegenstände und Reste von Mauern auf einem Felsen gefunden wurden.

Doch wie soll man die ursprünglichen Rätoromanen einordnen? Ihr Ursprungsgebiet soll die einstige römische Provinz Raetia gewesen sein? Vom römischen Philosophen Porcius

Mit kunstvoll zugehauenen Steinen grenzte man die eigenen Gebiete ab oder verwendete sie als Weihesteine. Mit einer eigenen Sprache und Schrift. Auf dem Mont de Pore in den Dolomiten fand man auf 2100 Meter eine 2500 Jahre alte Stele mit einer Inschrift. Man hat sie zu deuten versucht: »Jeder, ausgenommen der im öffentlichen Auftrag hier an diesem Grenzweg angetroffen wird, hat sein Leben verwirkt.«

Der berühmte Bronzegürtel von Lothen bei St. Lorenzen (6. Jh. v. Chr.) im Südtiroler Pustertal. Er trägt typische Jagdmotive. In dieser Gegend wurden im Laufe der Zeit reiche Ausgrabungen getätigt, die auf eine dauerhafte Besiedelung von der Steinzeit an schließen lassen.

Rudolf Fellmann, Archäologe an der Universität Bern, drückt es aus: »Wir Archäologen sind nämlich alle Jäger und Sammler, denn wir sammeln gemeinhin die Reste auf, die andere Forscher vor uns liegen ließen.«

Cato wurde der rätischen Wein gelobt und gepriesen. Doch war dies die einzige Besonderheit? Paul Gleirscher, Archäologe am Landesmuseum Klagenfurt (Kärnten), sicher einer der versiertesten Kenner der Räterfrage, bleibt auch nur eine fast resignierende Erkenntnis. »Da insbesondere aus den Berichten der antiken Geschichtsschreiber keine klare Antwort auf die Frage, was unter den Rätern zu verstehen sei, hervorgeht, kann eine solche nur in Kombination mit den Resultaten der Sprachwissenschaft und der Archäologie versucht werden. Dabei bleibt ein Ergebnis dahingehend sehr relativ, als diese beiden Zweige der Geschichtsforschung in besonderer Weise auf einer zufälligen und weithin noch immer geringen Materialbasis aufbauen müssen.« Es fehlt also an Zeugnissen und Funden. Ein dankbares Betätigungsfeld für zukünftige Generationen.

Wodurch können wir heute einen Italiener aus Verona, einen Nordtiroler aus Innsbruck oder einen Schweizer aus Chur unterscheiden? Oder ihre Städte und Häuser? Sie sprechen und schreiben in verschiedenen Sprachen. Aber wenn diese verloren gehen? Wie schwer haben es dann zukünftige Generationen? Die Geschichtsschreiber der Antike berichten teilweise in widersprüchlichen Aussagen, dass zwischen Lago Maggiore und Piave, zwischen dem Bodensee und dem Unterinntal das Volk der Räter siedelte. Gleichzeitig nennen sie verschiedene Stämme, die in diesem Raum lebten: die Laianci, die Saevates, die Breuni und Genaunes, die Briganti und Bergalei, die Lepontii und Anauni, die Camunni und viele mehr. Aber sie nennen nie einen Stammesverband der Räter. An die hundertfünfzig »rätische« Inschriften hat man bisher entdeckt. Auch sind sich die Forscher weitgehend einig, dass das »rätische« Alphabet auf das Etruskische zurückzuführen ist. Richtigerweise frägt sich Reimo Lunz, einer der Väter der Südtiroler Urgeschichtsforschung, ob sich dann »noch andere Kulturelemente, kultisch-magische Vorstellungen, Sitten und Gebräuche aufzeigen lassen, die auf etruskische Vorbilder zurückgehen«. Die scheinen wieder zu fehlen.

So wollen wir uns auf das stützen, was in so genannten »rätischen« Gebieten gefunden wurde. Auf dem Mont de Pore in den südlichen Dolomiten wurden schon seit Urzeiten Erze abgebaut. Dort fand man auf 2100 Meter eine Stele aus dem 5. Jahrhundert v. Chr. mit einer Inschrift. Man hat sie zu deuten versucht: »Jeder, ausgenommen der im öffentlichen Auftrag hier an diesem Grenzweg angetroffen wird, hat sein Leben verwirkt.« Wurden die Schriftzeichen so richtig interpretiert? Fragen über Fragen? Trotzdem ist auffallend, wie sehr die Räter von diesen Bergen fasziniert waren. Im Sommer 1945 brechen die beiden Bozner Luis Oberrauch und Viktor Malfèr zu einer Wandertour auf den Schlern auf. Dieser Berg dominiert mit seiner wie abgeschnitten abfallenden Form weitum das Herz Südtirols. Der

Eine Gussform und ein Bronzebeil, gefunden in der ladinischen Gemeinde Pedraces. Auf dem Hügel Sotciastel stand schon im 14. Jh. v. Chr. eine Siedlung.

Jagdmotive stehen bei vielen keltischen Kunstwerken im Alpenraum im Vordergrund. So werden auch viele Zusammenhänge dieser Völker klarer. Auf diesem, im heutigen Slowenien ausgegrabenen Fundstück verfolgen ein Bogenschütze und ein Hund einen Hirsch. In Welzelach im Osttiroler Virgen wird eine Hasenjagd veranstaltet.

Schlern ist kein Berg, an dem man von einer Seite auf die andere wandern kann, um dort vielleicht bessere Weidegründe zu finden. Er dominiert einfach ein Tal. Der Aufstieg ist steil und anstrengend. In der Nähe des Gipfelplateaus, auf der Kuppe des Burgstalls, auf 2500 Meter Höhe finden sie plötzlich Tonscherben und verbrannte Knochensplitter. Später finden sie auch eine Bronzefibel. Die Masse der geborgenen Tonscherben fasziniert. Bis ins 1. Jahrtausend v. Chr. muss hier oben ein Kultplatz existiert haben. Weithin sichtbar waren die Feuer dieses Bergheiligtums zu sehen, wenn zu besonderen Anlässen Opfertiere und Trankopfer dargebracht wurden. Oder auch Menschen?

Wir wollen weitersuchen. In Este, in der Nähe der norditalienischen Stadt Padua gelegen, soll sich einst das Heiligtum der Raetia befunden haben. Im Museum lagert eine Unzahl hervorragender Situlas und anderer Objekte aus Bronze. Dazu noch Fundstücke, die dokumentieren, wie mannigfaltig der Mensch schon seit Urzeiten Handel mit anderen Völkern betrieb. Bernstein aus dem Norden wurde ebenso in den Gräbern von Este gefunden wie Gegenstände aus Griechenland. Sollte dieses Heiligtum den Rätern ihren Namen gegeben haben? Möglich ist alles. Auch Amerigo Vespucci gab Amerika seinen Namen. Zukünftige Generationen werden sich einmal fragen warum? Mit Paolo Fedele, einem Cortineser Hobbyforscher, brechen wir zur Bergwelt von Cortina im Herzen der Dolomiten auf. Er habe interessante Dinge gefunden. Die wenigsten wissen davon. Am Passo Giau hält er sein Auto an. Wir schultern die Rucksäcke und wandern steil hinauf. Immer wieder hält er inne, um große Steinplatten auf dem kargen Boden vorsichtig freizumachen. Allesamt tragen sie sonderbare Muster. An die zwanzig Steinplatten haben wir schon gesehen, jede ist anders. Von der Wissenschaft sind sie noch nicht entdeckt worden. Sie erinnern an magische Sonnensymbole. Wer hinterließ auf über 2000 Meereshöhe diese Symbole im Stein. Die Räter? Es könnte so sein. Nicht weit davon entfernt – in Mondeval de Sora, in der norditalienischen Alpenprovinz Belluno gelegen – durchstreifte im Jahr 1985 Vittorio Cazzetta die Gegend. Während eines Gewitters flüchtet er unter einen Stein und harrt auf Wetterbesserung. Um die Zeit totzuschlagen, gräbt er im lockeren Sand herum und findet plötzlich die ersten Knochenreste. 8000 Jahre sind sie alt, dies sollte sich später herausstellen. Wahrscheinlich wurde der Anführer einer Gruppe, die in den Sommermonaten hierher zog, um zu jagen, durch einen Jagdunfall getötet. Man begrub ihn hier oben, mit all seinen Besitztümern. Bergkristallklingen waren genauso darunter wie sorgsam gearbeitete Steinwerkzeuge oder Gegenstände aus Knochen. Dass die Dolomiten schon vor 8000 Jahren, und das dazu noch in den Höhen, besiedelt waren, hätte niemand für möglich gehalten. Der Fund von Mondeval wurde

Teile des spektakulären Fundes von Schmuck und Arbeitsgeräten von St. Lorenzen in Südtirol. Sehr oft wissen die Finder nicht, welche wichtigen Bindeglieder sie ans Tageslicht brachten.

Spannungsgeladen war das Verhältnis zwischen Archäologen und Denkmalämtern auf einer Seite und Laienforschern und puren Schatzgräbern auf der anderen schon immer. Bild oben: Der Südtiroler Archäologe Lorenzo Dal Ri in Diskussion mit einem Unbekannten auf dem Hügel Fassing bei St. Lorenzen. Der Metalldetektor wurde zur Wünschelrute der Neuzeit und eröffnete Blicke in verborgene Welten. Bedeutende rätisch-keltische Funde kamen hier ans Tageslicht und verschwanden trotzdem wieder, bevor sie von der Geschichtsforschung hätten eingeordnet werden können. Ein Mädchen trägt stolz eben gefundenen Schmuck. Unten rechts: Glücklicher Zufallsfinder: Sandro Fontanari. An einem einzigen Tag gelangen ihm und Vittorio Toller zwei Depotfunde am Hügel Fassing. Tief verwurzelt im Menschen ist der Trieb, durch den Fund von Schätzen oder Einzigartigem das Leben zu verändern. Rechte Seite: Teile des großen Bronzefundes von Fassing: Die wahren Hintergründe können wir nur vermuten. Fasziniert bleiben wir aber vor einer uns unbekannten und entfremdeten Welt stehen (5.–6. Jh. v. Chr.).

ab dem Jahr 1986 von verschiedenen Spezialisten ausgegraben und zählt mit zu den wichtigsten steinzeitlichen Funden der Alpen. Vittorino Cazzetta war kein langes Leben vergönnt. Zeit seines Lebens hatte er die Berge durchstreift, einige aufregende Beobachtungen und Entdeckungen gemacht, doch eines Tages zog es ihn, wie so oft, in die Berge. Dabei rutschte er im nicht einmal schwierigen Gelände aus. Ein banaler Sturz. Er kollerte einen Abhang hinunter und blieb mit gebrochenem Becken liegen. Man suchte Cazzetta verzweifelt und die Bergretter kamen auch ein paar Mal ganz in seiner Nähe vorbei, doch eben nicht so nahe, um seine Hilferufe zu hören. Seine Leiche fand man erst ein Jahr später. Irgendwann müssen sich in den Südalpen die Menschen auch in den Bergen sesshaft gemacht haben und andauerndes Gefallen an diesen Steinwüsten gefunden haben.

Der Tod und die Berge. Schon früh begann der Kampf. Am Monte Altissimo am Gardasee wurde in einer 75 m tiefen Felsspalte das Skelett eines Mannes entdeckt. Man datierte es ins 5. Jahrhundert v. Chr. Alle Vermutungen deuten darauf hin, dass er in diese Felsspalte stürzte. Handelte es sich um einen Jagdunfall? Ein wertvolles eisernes Dolchmesser lag bei ihm, der Mann hinkte, aber er dürfte trotzdem zu den Vornehmen dieser Sippe gezählt worden sein. Auf einem Fundstück aus Bronze, zufällig ans Tageslicht gekommen im Osttiroler Virgen, ist eine gleiche Jagdszene dargestellt. Ein keltischer Hasenjäger. So wird Urgeschichte faszinierend. Durch die Quervergleiche.

Paolo Fedele führt uns von einem Sonnenkreis zum anderen. Er scheint glücklich zu sein, sie jemandem zeigen zu können. Wir wollen auf diesen dürftigen Mosaiksteinen weiterbauen.

München. Wir lehnen in Gedanken verloren an einem Messestand. Plötzlich kommen zwei Italiener zu uns. Sie verwickeln uns in ein Gespräch, fragen uns, ob uns archäologische Funde interessieren. Wir wissen nicht recht, was wir tun sollten. Sie laden uns ein, bisher von niemanden gesehene Schmuckstücke aus dem Gebiet der Räter in den Dolomiten zu begutachten. Einige Tage später überwinden wir uns und fahren nach Pergine, einer Kleingemeinde im Trentino. Erwartungslos kommen wir dort an und sind überrascht. Man zeigt uns wunderbare Dinge. Bronzeschmuck der Räter, dazu Lappenbeile. In dieser Schönheit kannte sie noch niemand. Auch nicht in dieser Vielzahl. Wir wollen mehr davon in Erfahrung bringen. Es wird zur Spurensuche. Nur mühsam kommen wir weiter. Wir ersuchen den zuständigen Leiter des Denkmalamtes von Südtirol Lorenzo Dal Ri um Hilfe. Der Fund soll für Südtirol gerettet werden. Um mehr Licht in das von Sagen umwobene Volk der Räter zu bringen. Wir landen bei Sandro Fontanari und Vittorio Toller aus Pergine. Sie erzählen uns vom Tag, der ihr Leben veränderte. Es war ein Zufallsfund an einem Ort, wo es niemand vermutet hätte, an einem Tag, der so viel glückliche Zufälle aneinander reihte, dass man dies nur in ein Reich höherer Fügung einordnen konnte.

Im Südtiroler Pustertal thront über dem kleinen Dorf Sankt Lorenzen ein ehemaliges Kloster, die Sonnenburg. Weit herum prägt dieses alte Nonnenkloster die Landschaft. In südlicher Richtung des heute mit viel Sorgfalt renovierten Gebäudes führt ein enges finsteres Tal in das Herz Ladiniens. Auch in westlicher Richtung der Sonnenburg wurde,

Der österreichische Salinenbeamte Johann Georg Ramsauer – in Hallstatt wirkend – ging in die Geschichte als einer der »Archäologen« der Frühzeit ein. Das Salz lockte die Menschen schon sehr früh zu diesem Ort und brachte ihnen Wohlstand. Bild links: Einige vom hallstattzeitlichen Bergbau erhalten gebliebene Kienspäne. Sie wurden im Salz festzementiert. Rechts: Gefäße aus Keramik, obwohl zahlreich vorhanden, beachtete man im 19. Jahrhundert kaum und verwarf sie wieder. Erst im 20. Jahrhundert änderten sich die Grabungstechniken.

als Schuttmaterial für den Bau einer Straße benötigt wurde, ein keltischer Depotfund gemacht. Ein Großteil jener Zeugen hoch stehender Handwerkskunst landete schnell in Amerika, andere Teile in Berlin, und nur unter schwierigen Umständen konnten Teile davon zurückerworben werden. Mehr Erfolg war den Wissenschaftlern bei der unter dem Kloster liegenden römischen Siedlung Sebatum beschieden. Vorerst konnte bewiesen werden, dass auch die Römer sich hier an dieser Durchzugsroute niederließen. Doch für den Rest blieb vieles im Dunklen. Einzelne Kleinfunde traten beim Pflügen zutage, doch der Rest reichte keineswegs aus, um außerhalb der Fachwelt Aufsehen zu erregen.

Sorgfältig graben Archäologen in Hallstatt zwei Skelette frei. Zerbrechliches Gut wird noch an Ort und Stelle fixiert.

Bis in das Jahr 1975. Da grub der Südtiroler Archäologe Reimo Lunz wunderschöne, aus Serpentin gearbeitete, und wahrscheinlich nie benutzte Arbeitsgeräte frei. Vier verschiedene Arten von Steinbeilen waren darunter, eine Lanzenspitze aus Stein und sogar noch ein Kalkstein zum Nachschleifen dieser Geräte. Der Serpentin mag wohl von den umliegenden Pfunderer Bergen stammen. Bemerkenswert daran ist, dass dieser Ort wahrscheinlich schon seit 5000 Jahren besiedelt wurde. Von hier zum Fundort der bekannten Eismumie vom Similaun sind es 100 Kilometer, und auch nach Kärnten sind es durch das breite und offene Pustertal nur 100 Kilometer. So bleiben wir immer sprachloser vor der Tatsache, dass es schon sehr früh den Menschen in diesen unwirtlichen Alpen behagt haben muss. Sehr oft zogen die Menschen natürlich hindurch. Aber mussten es sogar die höchsten und gottverlassensten Übergänge sein, wo wir Menschen mit modernster Ausrüstung manchmal auch nur hinaufhecheln und vor den wilden Abgründen schaudern.

Als Sandro Fontanari und Vittorio Toller eines Tages in diese Gegend neben dem ehrwürdigen Kloster kommen, erwarten sie sich nichts. Auf einem unscheinbaren Hügel, unterhalb eines düsteren Weilers, Fassing genannt, fällt ihnen eine sonderbare Geländeform ins Auge. Sie beginnen zu graben. Nicht lange, dann kommen wunderbar gearbeitete Bronzeringe zum Vorschein, in ungeahnter Perfektion, allesamt mit Mustern. Keltische Torques sind darunter, Arm- und Halsreife, Gegenstände, die wahrscheinlich medizinischen Zwecken dienten. Dann fallen ihnen noch nicht fertig gestellte Schmuckstücke auf, so als hätte dieser keltisch-rätische Schmied – alles noch schnell vergrabend – in höchster Panik flüchten müssen. Was geschah im 5. Jahrhundert v. Chr. an dieser Stelle? War es ein Heiligtum oder eine Wohnstätte? Wir können nur Vermutungen anstellen. Doch Sandro Fontanari und Vittorio Toller sind noch nicht am Ende. Der Hügel unterhalb von Fassing hat an diesem Tag noch nicht alle Geheimnisse preisgegeben. Sie graben einige Meter entfernt. Ein Dutzend Beile kommt zum Vorschein, in Bronze und in Eisen. Perfekt gearbeitet, ohne Spuren von Nutzung. Die Gegend ist reichhaltig, ihre Zeugnisse einzigartig und viel versprechend, die Deutung allerdings schwierig.

Wir fahren ins Archäologiemuseum Südtirol nach Bozen. Gebannt bleiben wir an einer Blickpunktvitrine stehen. Ein schön gearbeiteter Bronzegürtel wird dort ausgestellt. Auch er wurde vor Jahrzehnten schon ans Tageslicht gefördert. Gefunden wurde auch er neben der Sonnenburg. Der unbekannte rätisch-keltische Künstler verzierte den Gürtel mit Hirschmotiven. Stand bei diesem unbekannten Volk der Räter die Jagd im Vordergrund? Es ist nicht von der Hand zu weisen, dass Hasen, Hirsche, Steinböcke in das Zentrum ihres Kults gerückt wurden. Es ist hier gleich wie bei allen archäologischen Fundstücken. Man möchte noch mehr wissen und bleibt auf halben Wege stecken.

Ob und unter welchen Umständen ein Schatz seinen Weg ins Museum findet, oder zumindest einer ehrlichen wissenschaftlichen Erforschung unterzogen werden kann, hängt dann von vielen Faktoren ab: den Findern selbst, den Denkmalämtern, der Interpretation der Gesetze und eventuellen anderen Beteiligten. Und hier gibt es überall Entscheidungsspielräume, die sehr oft nicht weit weg vom Kuhhandel oder einem arabischen Bazargeschäft laufen. Wenig ist einzuwenden, wenn der Nachwelt ein ehrliches Bild vermittelt werden kann. Noch einmal kehren wir zur Sonnenburg zurück. Die Gegend hat uns in den Bann gezogen. Welche Geheimnisse kommen in Zukunft dort noch zum Vorschein? Mit Sandro Fontanari, Vittorio Toller, mit den zuständigen Leitern des Denkmalamts Südtirol, Lorenzo Dal Ri und Umberto Tecchiati. Würde dieser Hügel noch mehr

Auch heute noch wird in Hallstatt gegraben. Unter der Leitung von Anton Kern, Konservator am Naturhistorischen Museum in Wien werden im Jahr 1999 drei hallstattzeitliche Gräber freigelegt. Das Skelett einer älteren Frau, um 700 v. Chr., tritt ans Tageslicht. Neben dem Schädel liegen Bronzenadeln. Sie sind Teil eines aufwändigen Haarschmuckes. Beim anderen Grab handelt es sich um ein reich ausgestattetes Brandschüttungsgrab (800 v. Chr.). Das Nichtwissen, was der nächste Augenblick bringen kann, die Spannung auf besondere Funde zu stoßen, spornen Archäologen wie Sucher immer wieder an.

preisgeben? Ein Schalenstein erregt kurz unsere Aufmerksamkeit. Dann gehen wir weiter. Von weitem zeigt uns Sandro Fontanari die Stelle. Wir kommen näher. Ein uns unbekannter Mann gräbt in Gedanken versunken tief im Erdreich. Er ist verdreckt. Ein Metalldetektor liegt neben ihm. Entgeistert schaut er uns an. Stammelt wirre Sätze. Bereitwillig öffnet er seine Taschen. Bronzeschmuckstücke kommen zum Vorschein. Auch diese herrlich gearbeitet. Wie reichhaltig muss doch dieser Hügel sein. Und gilt nicht einmal als archäologische Zone. Er sei in Deutschland Architekt erzählt uns der groß gewachsene bullige Mann, dessen wuchtiger Schnauzbart Angst einflößend wirkt. Ein leidenschaftlicher Ausgräber sei er. Als Ausgleich zum Beruf. Ob er an diesem Hügel schon mehr gefunden habe? Der Architekt beginnt gesprächig zu werden. Ja, so vieles, dass dem Denkmalamt die Augen übergehen würden. Wir staunen. Lorenzo dal Ri und Umberto Tecchiati werden hellhörig. War es möglich, dass hier Kohorten von Suchern sich die Hand gaben. Dass dieser Hügel so reichhaltig war? Es musste so sein. Ob auch er all diese wunderbaren Dinge der Allgemeinheit zugänglich machen würde? Warum nicht, entgegnet der Architekt. Telefonnummern werden ausgetauscht. Dann trennt man sich. Wir sind überrascht. Liegen hier die Schlüssel zum alten Rätien?

Der Architekt hält Wort. Eines Tages kreuzt er beim Südtiroler Denkmalamt in Bozen auf und bringt seine Zufallsfunde mit. Eine großzügige Geste. Doch behandeln die Landesdenkmalämter die Finder auch immer großzügig? Sehr oft nicht.

Wien, Naturhistorisches Museum, eines der großen Museen der Welt. Voll gestopft ist es mit Geschichte, die die Menschheit weiterbrachte. Wir tasten uns durch die Höhe-

Durch Quervergleiche, manchmal über weit entfernte Gebiete, entsteht mosaikartig eine jahrtausendealte Welt wieder. In Golling in Salzburg wurde durch einen angeworbenen »Metallspürer« ein Eisendepot aufgespürt. Grabungen in den Jahren 1974–1984 durch den Kustos des Museums Golling, Erich Urbanek, und den Landesarchäologen Ernst Prenninger brachten das Werkzeugdepot eines keltischen Grobschmiedes zutage. In Kärnten dagegen wurden Bergwerksgeräte zum Abbau von Erz entdeckt. So können Schlüsse auf den hoch stehenden Bergbau und die Erzverarbeitung gezogen werden.

punkte archäologischer Forschung. Hierher wanderten die besten Funde aus einem Ort, der namensgebend für eine ganze Epoche wurde: Hallstatt. Dieser beschauliche Marktflecken im österreichischen Salzkammergut wurde zum Troja der Alpen. Doch wir kennen keinen König Priamos und keinen Homer, der uns darüber berichtet hätte. Was hier gefunden wurde, war unendlich an der Zahl und blieb trotzdem namenlos. Der Prähistoriker Anton Kern im Naturhistorischen Museum zeigt uns die heutigen Grabungsfotos. In Hallstatt wird immer noch gegraben, wenn auch nicht mehr mit solcher Euphorie und Leidenschaft wie im vorigen Jahrhundert. Denn in Hallstatt liegt eine der Wiegen der europäischen Archäologie. Und sie ist verbunden mit einem großen Namen. Er war kein Archäologe, er war kein Fachmann, er war Salinenbeamter. Sein Name: Johann Georg Ramsauer.

Als man am 1. April 1734 in einem Stollen des Hallstätter Salzbergwerkes die mumifizierte Leiche eines sehr alten Bergknappen findet, vermerkt man zwar, dass die Schuhe an den Füßen einen »sehr yblen Geruch« verursachten, und man sich deswegen auch beeilte, den Elenden schnell im Hallstätter Friedhof zu begraben, doch maß man diesem Fund keine besondere Bedeutung zu. Auch nicht bei anderen im Salz gefundenen mumifizierten Leichen.

Im November 1846 verständigt man den Salinenbeamten Johann Georg Ramsauer, dass bei der Öffnung einer Schottergrube verschiedene »Antiken« zum Vorschein gekommen seien. Eine an sich belanglose Nachricht, die aber doch zur systematischen Erforschung einer der wichtigsten Fundstätten vorchristlicher Besiedelung führte. Denn Johann Georg Ramsauer, am 7. März 1795 in Hallstatt geboren und dort aufgewachsen, ist sich sofort dieses histori-

Bahnbrechend und revolutionär für jene Zeit war die von Johann Georg Ramsauer eingeführte Funddokumentation. Da es Fotoapparate noch nicht gab, wurden die Gräber mittels Aquarelltechnik aus verschiedenen Perspektiven gezeichnet. Heute noch gehören diese Zeichnungen zu den Kostbarkeiten des Naturhistorischen Museums in Wien, stellen sie doch Meilensteine archäologischer Forschung dar.

schen Fundes bewusst, der sein Leben ändern und ihn vom Beamten zu einem der führenden »Archäologen« Europas aufsteigen lassen sollte. Hallstatt war um diese Zeit ein armseliges Nest »mit einigen Einwohnern und abscheulichen, wegelagernden Kretinen« wie ein Schriftsteller als einzigen Höhepunkt vermerkte. Der Salzbergbau war das einzige Lohnenswerte, in dieser von der Sonne so verschmähten Landschaft. Und Johann Georg Ramsauer war durch Fleiß, Können und eine Portion Erfindungsreichtum in der Hierarchie der Bergarbeiter aufgestiegen, bis er es zum Betriebsleiter des Hallstätter Salzbergbaues brachte. Um seine 22 Kinder mit drei verschiedenen Frauen durchzubringen, war er aber immer angewiesen, durch Nebeneinkünfte sein durchaus stattliches Einkommen aufzubessern. Und das tat er dann mit dem Sammeln von Versteinerungen aus den nahe gelegenen Bergen, die er mit Gewinn an Wissenschaftler verkaufte. Hauptsächlich waren Ammoniten, die zu den größten der Alpen zählen. Aber auch aus den Versteinerungen gefertigte Kandelaber und Vasen erwiesen sich als hochbegehrt und dementsprechend teuer.

Doch mit dem Auffinden der »Antiken« begann bei Ramsauer das Schatzgräberfieber zu erwachen. Er ließ sofort weitergraben und stieß alsbald auf sieben Skelette in geordneter Lage und bei jedem auf einen zerdrückten Tontopf, der Bronzeschmuck enthielt. Der Salinenbeamte Ramsauer wuchs über sich hinaus. Er ließ von diesem »Leichenbegräbnis« detailgetreue Zeichnungen anfertigen, und als im nächsten Sommer – 1847 – der Kustos des Museums Francisco-Carolinum aus Linz, Georg Weishäupl, nach Hallstatt reiste, um die Funde näher zu begutachten, war dieser voll des Lobes über die sorgfältige Ausgrabungsarbeit des tüchtigen Salinenbeamten. Zufrieden bemerkt Weishäupl, dass Ramsauer »die sorgsamste Überwachung theils selbst übernommen, theils angeordnet, sodass nichts ohne seine Aufsicht gewonnen oder gesucht werden darf«. Dies war auch vonnöten, interessierten sich auch schon andere für diese Funde, deren wahre Bedeutung erst allmählich ans Tageslicht kam, »denn erst neulich hatte ein fremder Reisender, der sich bei Herrn Bergmeister selbst nicht meldete, die Arbeiter durch Anbietung von Goldstücken zu verleiten gesucht, ihm so alte Gegenstände zu verschaffen«. Der Kustos gab Ramsauer den wertvollen Ratschlag, ein Grabungsjournal mit Angabe des Tages, Ortes und Fundes sowie einer fortlaufenden Nummer anzulegen. Was dieser auch tat. Jahr für Jahr führte so Ramsauer seine Grabungen durch, eisern hielt er sich an die Anordnungen der Dokumentation und als Bergmann war er geradezu zum Ausgräber prädestiniert. Auch wenn er den Keramik- und auch den Eisenfunden kaum eine Bedeutung zumaß, und sich dafür umso mehr auf die Bronzegeräte und den Schmuck konzentrierte. Als er 1863 in Pension ging, hatte er 980 Gräber geöffnet und eine solch große Anzahl von Gegenständen geborgen, dass Johann Georg Ramsauer sogar im Jahr 1873, einem Jahr vor seinem Tod, miterleben konnte, wie der schwedische Archäologe Hans Hildebrand bei einem Kongress in Stockholm den Vorschlag unterbreitete, die ältere vorrömische Eisenzeit Mitteleuropas Hallstattzeit zu benennen. Schon bald darauf bürgerte sich der Name »Hallstattzeit« als eine bedeutende urgeschichtliche Periode zwischen 800 bis 450 v. Chr. ein. Doch wer war das Volk, das die Toten in solch Prunk und Ehren bestattete? Eine Antwort auf die Frage, ob es Kelten oder Illyrer waren, steht immer noch aus. Auf jeden Fall wurden die Bewohner dieser Siedlung nahe dem Salzbergwerk durch das anderswo so dringend benötigte Salz reich und wohlhabend. Gold war darunter, auch Bernstein in großer Zahl. All dies zeigt auf, wie weit reichend damals getauscht und gehandelt wurde, und wie hoch stehend die handwerkliche Kunst dieser Zeit war. Gefertigt von einem Volk, das in den Alpen ihresgleichen suchte.

Je mehr aus den Gräbern ans Tageslicht gebracht wurde, desto zahlreicher eilten illustre Gäste aus nah und fern herbei. Der Tod, die Schatzsuche und die Wissenschaft vereint

T. II b.
12 6 0 1 2 3 4 5 6 Fuss
519
522
528
555
557
559
569
572
573
577
574
586
587
588
600
606
605
607
911
608

Der Kärntner Archäologe Paul Gleirscher bei Ausgrabungen am Tscherberg in Kärnten. In diesen hallstattzeitlichen Gräbern wurden Bergkristalle mit Brandspuren entdeckt. Immer wieder kommen völlig unerwartete Fundobjekte zum Vorschein.

in einem, zog die europäischen Königs- und Kaiserhäuser magisch an. 1855 erlebte Johann Georg Ramsauer dann seine Sternstunde. Der habsburgische Kaiser Franz Joseph I. und Kaiserin Elisabeth besuchten die Grabungen. Vorsorglich hatte der immer um gute Öffentlichkeitsarbeit bemühte Salinenmeister ein besonders reichhaltiges Grab für den großen Augenblick aufgespart. Und just in dem Augenblick, als sich die neugierigen Augen des Kaiserpaares auf die Gräber 504 bis 507 richteten, kamen sensationelle Grabbeigaben zutage. Der österreichische Kaiser dankte es dem tüchtigen Leiter der Ausgrabungen mit der Verleihung des Goldenen Verdienstkreuzes. Überall, wo es nur möglich war, warb Ramsauer für seine Ausgrabungen. Bereitwillig streckten Gönner und Kaiser ihm größere Geldbeträge zu. Ramsauer zeigte sich mit der Überlassung von Funden dafür mehr als erkenntlich. Und nach und nach mussten die österreichischen Museen ihren Obolus entrichten. Fühlte sich doch Ramsauer zur Hälfte als Eigentümer der Schätze. Der Salinenmeister Johann Georg Ramsauer und später der Bergarbeiter Isidor Engl waren keine Archäologen und lieferten doch für ihre Zeit vorbildhafte Dokumentationen in Form von Aquarellbild, Plan und Beschreibung, die selbst die stratigrafische Einordnung nicht vermissen lassen. Und wäre nicht von höherer archäologischer Stelle aus Wien der Aufruf eingelangt, nicht so pedantisch genau zu sein und sich mehr auf das Wertvolle zu beschränken, wer weiß wie aktuell – auch heute noch – wären die Ausgrabungen gewesen. Dass von 1500 »irdenen Gefäßen« nur 50 geborgen wurden und der Rest im Abraum landete, ist gerade unter der Weisung aus Wien zu verstehen, sich auf das Wesentliche zu konzentrieren. Denn immerhin stellten die Ausgrabungstechniken von Ramsauer schon einen Meilenstein in der Archäologie dar! Noch um 1830, als bei Hallstatt ein großes Bronzedepot von »mindestens 50 kg«, bestehend aus Sicheln, Beilen, Lanzenspitzen, Schwertklingen gemacht wurde, verkaufte man den Fund postwendend an einen Schmied zum Einschmelzen. Als Johann Georg Ramsauer am 1. Jänner 1874 stirbt, hat er das Troja der Alpen zum großen Teil ausgegraben und wertvolle Einblicke in eine vergangene, uns sehr oft unverständliche Welt geöffnet.

Wie dornig war doch der Weg, den die Archäologie zu durchschreiten hatte! Da bot sich Julius Erdmann August Naue, Historienmaler aus München und selbst ernannter Prähistoriker an, zu helfen, und stellte als Referenz in den Vordergrund, »dass ich heuer über zweihundert Grabhügel öffnete und in streng wissenschaftlichen Weise« ausgrub. Seine Schnelligkeit und Skrupellosigkeit machte ihn in Bayern zum anerkannten Fachmann. Und vor allen Dingen wollte man die Funde bei sich zu Hause haben, »denn ich fürchte, dass selbe wahrscheinlich in ein Museum kommen«, wie Krazary ein weiterer dieser selbst ernannten »Prähistoriker«, verzweifelt niederschreibt.

Die aufgezählten Funde sind nur einige vielleicht besonders spektakuläre, die den Kelten zugerechnet wurden. Tausende andere, in den Augen der Archäologen weniger wichtige, traten zutage. Wie viele Schätze lauern noch unter der Erde? Zum Glück. Sie sind die Basis für zukünftige Generationen. Mit neuem technologischen Wissen werden diese bearbeitet werden. Genau wie die heutigen Wissenschaftler über jene der Vergangenheit ob ihrer Unkenntnis und ihrer Räubermethoden den Kopf schütteln, werden auch die nächsten Generationen ihre Vorgänger als Ignoranten abstufen. Doch waren die Kelten wirklich ein solch unzivilisiertes sich jeder Kultur verschließendes Volk? Die Funde beweisen das Gegenteil. So füllten sich in den letzten Jahrzehnten zwar die Regale der Museen, Denkmalämter und teilweise sogar vieler privater Raubgräber mit staunenswerten Schatzfunden, über den Sinn und das Warum vieler Gegenstände aber tappen wir noch immer im Dunklen.

Die warmen Quellen und auch die überall in dieser Gegend verstreuten Höhlen in der Nähe von Villach in Kärnten müssen nicht erst seit der Gegenwart die Menschen magisch fasziniert haben. Sein Leben und auch seinen Fanatismus in die Erforschung dieser Höhlen stellte der 1882 geborene Kärntner Oskar Hossé. Er fand eine Unzahl neuer faszinierender Höhlensysteme, doch ungeklärte Besitzverhältnisse und die Aussicht auf schnellen Reichtum führten bei den für eine touristische Vermarktung am meisten in Frage kommenden Höhlen zu Plünderung, Zerstörung und Verwüstung. Einige Male wurde sogar Oskar Hossé der Zugang zu den von ihm entdeckten und wissenschaftlich zu erforschenden Höhlen untersagt. So zog sich ein vergrämter Hossé immer mehr zurück und wurde zum enttäuschten Einzelgänger. Am 25. Mai 1943 sollte für ihn noch einmal eine Sternstunde erstrahlen. Er wandte sich mit der sensationellen Nachricht an die Presse, eine 1700 Meter lange, einzigartige Höhle in dieser Gegend entdeckt zu haben, die es durchaus mit der damals schon berühmten Adelsberger Grotte in Slowenien aufnehmen könne, und der er den Namen »Babenberger-Höhle« gegeben hatte. Wieder setzte ein jahrelanger Streit um die Vermarktungsrechte ein. Im Jahr 1954 verstarb Oskar Hossé, der kämpferische Höhlenforscher, und er nahm das Geheimnis um seine »Babenberger-Höhle« mit ins Grab, ohne irgendjemanden eingeweiht zu haben.

Am 29. Dezember 1989 beginnen die Kärntner Jakob Durchner, Karl Lagger und Andreas Consolati, Mitglieder des Landesvereines für Höhlenkunde, mit der Grabarbeit am Tscheltschnigkogel oberhalb von Warmbad Villach. Sie räumen wie wahllos in einer Bodensenke die halb verfaulten Äste und den Humus weg, um einen neuen Höhleneingang zu suchen. Dabei ahnen sie nicht, dass ihnen ein Fund gelingt, der die Fachwelt in Erstaunen versetzen wird. Keine Spur von einer Höhle ist zu sehen, aber mit Beharrlichkeit verfolgen sie die Spalte immer tiefer. Allmählich beginnt sich vor ihnen ein ansehnliches Loch aufzutun, das sie vorerst einmal mit einem Namen versehen. »Durezza«, ein Wort aus dem Italienischen, das »Harte« oder »Widerspenstige« bedeutet, scheint ihnen am sinnvollsten zu sein. Als erstes finden sie Tonscherben, doch diese können auch von einem Blumentopf stammen. Sie graben weiter, acht Meter tief tut sich schon das Loch auf, und sie haben alle Hände voll zu tun, um das immer wieder hereinbrechende Erdreich abzusichern. Die Beharrlichkeit und der Wille, etwas Einzigartiges zu finden treibt sie, wie so oft, weiter. Und wirklich: Plötzlich, wie aus heiterem Himmel, starrt sie ein erster menschlicher Schädel an. Weitere folgen. Dazu noch menschliche Knochen, viele Hundeskelette und andere Haustiere. An die 140 menschliche Schädel, vom Kind bis zum Erwachsenen, von Männern und Frauen treten zutage. Welche Bewandtnis hat es mit dieser Schachthöhle? Herrschten hier Kannibalen, oder stand der Kult im Vordergrund? Wie alt waren diese Knochen? Der Leiter der Abteilung Ur- und Frühgeschichte am Landesmuseum in Klagenfurt Paul Gleirscher ist erstaunt, als die ersten Messungen vorliegen. Die Knochen sind 2500 Jahre alt. Zwischen 500 und 300 vor Christus, während der Hallstattzeit, mussten hier Menschen geopfert worden sein. Freiwillig und nackt. Die Knochen zeigen keine Einwirkung von Gewalt, nur zwei Gewandnadeln wurden gefunden. Oder waren es doch Menschen, die einfach durch einen natürlichen Tod ums Leben kamen? Nicht auf einmal starben diese Menschen, sondern über einen Zeitraum von 100 bis 250 Jahren. Doch damit waren Tür und Tor für Hypothesen geöffnet. Wurden die Kinder und Erwachsenen mit einem Seil erdrosselt? Von tödlichem Rauch erstickt? Sie wehrten sich nicht. Waren sie überzeugt davon, durch ihr Opfer den anderen reiche Ernte, Schutz vor Feinden oder Gnade vor den Göttern zu erwirken? Meist wurden die Menschen zur Keltenzeit nach dem Tod eingeäschert und – mit wertvollen

Herwig Pucher, ein Kärntner Höhlenforscher, beim Durchkriechen eines engen Loches in der Nähe der »Durezza-Höhle« in Kärnten. Die Arbeit ist gefährlich und anstrengend.

Die »Durezza-Höhle« liegt oberhalb von Warmbad Villach, am Tscheltschnigkogel. Wegen ihrer schwierigen Erforschung wurde sie von den erst entdeckenden Höhlenforscher so benannt.

Sie zogen aus, um neue Höhlen zu erforschen und fanden zufällig einen Schacht, der zu einem der großen Fragezeichen keltischen Kultes in den Alpen wurde. Ob in der »Durezza-Höhle« freiwillig Menschen geopfert wurden, Personen bestattet wurden oder sonstige Kulthandlungen vorliegen, wird sich sehr schwer ergründen lassen. Die Bergetätigkeit liest sich wie ein spannendes Tagebuch. Oben links: Jakob Durchner befördert mit dem Kübel den Lehm und die darin enthaltenen Knochen ans Tageslicht. Der Schacht wurde so immer tiefer. Unten rechts: Wie ein Zaungast kontrolliert Gernot Piccottini, Kärntner Landesarchäologe (mit Zigarette) die Arbeiten der sich aufopfernden Truppe. Am Ende kamen an die 140 menschliche Schädel jeden Geschlechts und jeder Altersgruppe angehörend zum Vorschein. Andere Seite: Nur zwei Bronzefibeln und ein Bronzereif, traten zutage, was den ganzen Fund in eine Aura des Geheimnisvollen hüllte. Andere Seite ganz unten: Ein Abschiedsfoto der verdreckten und von Strapazen gezeichneten Höhlenforschergruppe dokumentiert hautnah Archäologie als Wühlen im Dreck der Vorfahren. In der Höhle kamen auch Hundeskelette zum Vorschein.

Schnabelkanne vom Dürrnberg. Hallstattkultur. Hier besticht vor allen Dingen die kunstfertige Verarbeitung. Die Authentizität des Herkules vom Hochtor am Großglockner gehört immer noch zu den nicht geklärten Begebenheiten. Wurde er erst in der Gegenwart hierher gebracht? Oder gab es schon in vorchristlicher Zeit hier oben ein Heiligtum? Hier steht Meinung gegen Meinung.

Grabbeigaben versehen – in Hügelgräberfeldern bestattet. Auf jeden Fall berichtete schon Cäsar, der immer akribisch beschreibende und besonders seine Taten würdigende Chronist von den Kelten in Gallien, dass »das ganze Volk der Gallier viel von rituellen Handlungen und Magie hält. ... Dabei bedienen sie sich der Druiden als Opferpriester. Denn sie glauben, die unsterblichen Götter seien nur dadurch zu versöhnen, dass man ein Menschenleben für ein anderes opfert.«

Kult und Religion gehören zum Irrationalen und zeichnen den Menschen vor dem Tier aus. Und gerade dies macht eine Deutung so schwierig. Man ist nur auf Mutmaßungen und Spekulationen angewiesen. Eingestanzte Szenen auf Gürtelblechen geben weitere Hinweise. In festlichem Aufzug, Zusammengehörigkeitsgefühl stärkend, schreitet die Menge dahin. Vorneweg der zu Opfernde. Er scheint es freiwillig zu tun, und ohne Druck. Auf einem Silberkessel, gefunden in Gundestrup in Dänemark, sieht man noch einen Hund als Opfertier, gleichfalls in der vornehmen Runde. Die Götter der Unterwelt warten schon auf das Opfer, das höheren Ehren geweiht ist. In den Schoß der Erde soll der Glückliche versenkt werden.

Schon 1852 war es in Strettweg in der Steiermark einem einfachen Bauern vorbehalten, eines der kostbarsten Kultobjekte der Keltenzeit herauszupflügen. Auf einem 35 Zentimeter langen und 18 Zentimeter breiten Wagen aus Bronze stehen verschiedene nackte Männer und Frauen sowie berittene Krieger in voller Kampfausrüstung. Hinten und vorne halten diese Männer wie eine Trophäe jeweils einen zehnendigen Hirschen. Überragt wird der Wagen aber von einer fast doppelt so großen, 23 Zentimeter hohen, nackten Frau, die eine schwere Schale trägt. Und hier beginnen wieder die Rätsel und deren Deutungen. Der Kultwagen soll im 7. Jahrhundert v. Chr. gefertigt und könnte im Hinblick auf einen Fruchtbarkeitskult verehrt worden sein. Im 1. Jahrhundert v. Chr. wurde er dann wahrscheinlich als Grabbeigabe für einen Keltenfürsten verwendet. Können wir jemals mehr erfahren? Es wird schwierig sein. Aber noch mehr: Wurde der aus vielen Einzelteilen zusammenmontierte Fund richtig zusammengesetzt? War es ein Kultwagen oder der einfache Untersatz eines Essgefäßes. Der Hang des Menschen geht dahin, jedes Fundstück in die Nähe des Kultes zu rücken. Und wenn dieses Objekt einst zu nichts anderem als zu einem Gulaschtopf diente? Vieles werden wir nicht mehr in Erfahrung bringen können. Aber jeder Fund, so falsch wir ihn auch heute interpretieren, bringt uns weiter.

Besonders aber die Herzen der Alpenbewohner höher schlagen ließen Funde, die in außerordentlichen Höhen oder auf Passübergängen gemacht wurden. Denn hier kamen – zur allgemeinen Beruhigung, dass es auch vor tausenden von

Jahren Menschen so hoch oben aushielten – noch eine Fülle anderer Fragestellungen hinzu. Was machten Menschen der Urgeschichte so hoch oben? Was suchten sie? Oder war es doch nichts anderes als Fälschung? Dass sehr oft ein Makel des Anrüchigen übrig blieb, ist nicht von der Hand zu weisen.

Erste Dokumentationsfotos archäologischer Grabungen in den Alpen aus den Jahren 1905–1913. Oben: Herzogin Paul Friedrich von Mecklenburg fiel durch ihre besonders unkonventionellen Grabungsmethoden auf. Sie grub hauptsächlich in Slowenien, aber auch in Hallstatt (unten Aufnahme aus dem Jahr 1907). Die Herzogin stand stets durch ihre auf schnelle Erfolge ausgerichtete Arbeitsweise im Kreuzfeuer der Kritik.

Im Sommer 1954 findet der Salzburger Mineraliensammler Peter Schwegel beim Abstieg von der Rojacherhütte zwischen Sonnblick und Goldberggletscher in Kärnten einen ägyptischen Skarabäus. Das Rätselraten beginnt. Was taten die alten Ägypter in dieser Gegend? Man unterbreitet dem renommierten Ägyptologen Komorzynski den Fund, der die Hieroglyphen als jene Ramses II. entzifferte. Die Sensation schien perfekt zu sein, doch fand der Wissenschaftler einiges an der Schreibweise des Namens auszusetzen. Als das Max-Planck-Insitut für Kernphysik in München wegen einer Altersdatierung bemüht wird, war das Ergebnis ernüchternd: Es handelte sich einzig und allein um eine rezente Nachbildung.

Ähnliches vermutete man bei dem im perfekten Zustand bei den Bauarbeiten zur Großglockner-Hochalpenstraße beim Hochtor im Jahr 1934 gefundenen Herkules. Lange wogte der Kampf hin und her. War er echt oder war er gefälscht? Zwei leider allzu früh nach dem Bau verstorbene Ingenieure hätten diesen Herkules, so vermutete man, bei einem Antiquitätenhändler in Lienz in Osttirol gekauft und dann am Passübergang im Schutt versteckt. Sie wollten dem Straßenplaner Wallack eine besondere Freude bereiten, glaubte doch dieser felsenfest daran, dass er auf einer urgeschichtlichen Straße trassiere. Nun gut. Der Herkules wurde ausgegraben, als römische Statue erkannt, dann im Jahr 1975 vom Restaurator des Naturhistorischen Museums in Wien, Prof. Klee, als renaissancezeitliche Fälschung zurechtgestutzt. Doch was geschah dann im Jahr 1996? Da fand man wirklich am Übergang der Großglockner-Hochalpenstraße einige keltische Münzen und mehrere Fragmente weiterer römischer Statuen.

Auch der 2000 Meter hoch gelegene Pass Lueg in Salzburg gehört sicher nicht zu den Alpenpässen, wo man sich spektakuläre Funde erwarten könnte. Und trotzdem fand man schon im Jahr 1838 mehrere Bronzegegenstände, darunter wohl einen der schönsten und am besten erhaltenen bronzezeitlichen Helme der Keltenzeit. Überall, besonders an den Wangenklappen, finden sich kunstvolle Verzierungen, und da ähnliche Helme aus Italien stammten, hätte man eigentlich annehmen können, dass sie von dort importiert wurden. Doch eine Spektralanalyse brachte es an den Tag. Der Helm wurde aus einheimischem Kupfer, vom Salzburger Mitterberg, gearbeitet. Puzzle reiht sich an Puzzle. Es muss also doch eine hoch stehende einheimische Handwerkergilde zur damaligen Zeit gegeben haben. Die Kelten hinterließen uns nicht nur besonders schön verarbeitete Erzeugnisse kunsthandwerklicher Tätigkeit. Dazu auch noch Begriffe, auf die wir heute noch bauen, was aber zum großen Teil in Vergessenheit geraten ist. Wer würde heute noch beim Namen »Mineral« an ein keltisches Wort denken? Und bei allen Zusatznamen wie »Mineralien«, »Mine« und dergleichen?

Die Geschichte der Archäologie in den Südalpen ist aber auch die Lebensgeschichte der Prinzessin Marie Gabriele Ernestine von Windisch-Grätz. Bekannt wurde sie nicht mit diesem Namen. 1881 heiratete sie Herzog Paul Friedrich zu Mecklenburg-Schwerin. Und als Herzogin mit dem untypisch weiblichen Namen Paul Friedrich von Mecklenburg wurde sie berühmt und berüchtigt. 1905 begann sie ihre Grabungstätigkeit in Magdalenska Gora, dem Magdalenenberg, im heutigen Slowenien gelegen. 48 Jahre ist sie schon alt, vergrämt wegen des frühen Todes ihres Sohnes Paul Friedrich, der im Alter von nur 22 Jahren starb. Sie stürzt sich ins Abenteuer Archäologie. Mit ihren fülligen Körpermaßen, ihrem übergroßen Hut, ihrer Schürze beginnt sie zu graben, so als sei dieses Metier nichts anderes als ein riesengroßer Haushalt. Wie eine Besessene gräbt sie – legt in zehn Jahren tausend Gräber frei, birgt an die 20 000 vorgeschichtliche Fundstücke. 1907 gräbt sie in Hallstatt, die meiste Zeit aber liegt in Slowenien das Land ihrer urgeschichtlichen Träume. Museumskustoden schlagen ob ihrer Methoden die Hände zusammen, bezichtigen sie der

Die Gegend um den Rieserfernergletscher in Südtirol auf 3000 Meter Meereshöhe. Erstaunlich ist, dass hier oben Kleidungsstücke aus einer Zeit zwischen 5. und 7. Jh. v. Chr. vom engagierten Hüttenwirt Gottfried Leitgeb geborgen werden konnten. Im Archäologiemuseum Südtirol in Bozen werden sie ausgestellt. Was bisher noch nicht – trotz angestrengter Suche des Hüttenwirtes – zutage kam, waren Mumie oder Skelett-Teile des Trägers dieser Kleidungsstücke.

»Raubgräberei«. Sie dagegen spricht von »Kriegszustand«. Sie kämpft gegen die Wissenschaftler, bitter beklagt sie sich, dass diese nichts anderes im Sinn hätten, als die »Landbevölkerung aufzuhetzen«. Die Herzogin arbeitet wie ein Panzer. Schrifttum ist für sie ein Gräuel, exakte Grabungsdokumentation ebenso. Sie fotografiert nicht die Fundsituationen, sie lässt die Fotografen sich selbst fotografieren, wie sie gräbt, wie sie wühlt, wie der Lehm sie verschmutzt. So geht die Herzogin von Mecklenburg in die Geschichte der Archäologie ein. Und sie ist notorisch klamm an Geld. Denn die Ausgrabungen, die sie ausführt, kosten Unsummen. Hunderte Arbeiter stellt sie ein. Bis sie eines Tages, in absoluter finanzieller Not, beschließt, an ihren Verwandten, Kaiser Wilhelm II. zu schreiben. Sie bezirzt ihn, lässt ihm wertvolle Fundstücke zukommen und wartet ab. Dann, eines Tages im Jahr 1913, kommt der Brief. 100 000 Mark will er seiner Cousine zur Verfügung stellen, eine enorme Summe, betrug doch der gesamte Grabungsetat für Bayern in diesem Jahr nur 8000 Franken. Herzogin Paul Friedrich zu Mecklenburg fühlt sich erlöst. Noch intensiver gräbt sie, noch gewaltiger, aber sie hat dazugelernt. Sie lässt nun die besten Archäologen kommen. Sie beginnt leidlich zu dokumentieren. Doch 1918 ist auch ihr Traum zu Ende. Kaiser Wilhelm muss abdanken, 1929 stirbt Herzogin Paul Friedrich verarmt. Ihrer Tochter aber gelingt es, auf abenteuerlichen Wegen diese große südalpine archäologische Sammlung zu versilbern. Kein deutsches Museum bringt die Riesensumme auf. Das amerikanische Peabody Museum in Cambridge und das Ashmolean Museum in Oxford schlagen zu und verleiben sich die berühmte Sammlung der Herzogin von Mecklenburg ein.

Was fand nun die Herzogin zumeist in den hallstattzeitlichen Tumuli, den Hügelgräbern Sloweniens? Sie fand Waffen, sie fand Helme, sie grub den berühmten Brustpanzer von Sticna, in Krain, aus dem 6. Jh. v. Chr. aus. Sie brachte Geräte des alltäglichen Lebens einer hoch stehenden Zivilisation ans Tageslicht, wunderbare Bernsteinketten, die alle darauf hinweisen, wie mannigfaltig die Geschäftsbeziehungen in den Jahrhunderten vor Christi Geburt abliefen.

Warum wir vieles wissen? Sehr oft gehört die Beharrlichkeit und ein fixierter Wille dazu, der auch dann noch einzigartige Funde erträumt, wenn längst schon die anderen all dies als aussichtslose Hirngespinste eines Einzelnen abtun. Dass über den 2850 m hohen Rieserfernergletscher in Südtirol vor fast 3000 Jahren Menschen gingen und als Sensation schön gearbeitete, aber unter normalen Umständen äußerst vergängliche Kleidungsstücke zum Vorschein kamen, haben wir einem Badewirt, der archäologisches Fundgut an seine Badegäste großzügig verteilte, Baufirmen, die ihre Funde vernichteten, vergebens anrennenden Archäologen und Behörden und vor allen Dingen einem fixierten Hüttenwirt zu verdanken, der einfach davon träumte, vor seiner Hochgebirgshütte eine urzeitliche Mumie zu finden. Vom Fund der Mumie träumt der wackere Wirt immer noch, den viel bedeutenderen Rest fand er aber auf dem Gletscher vor seiner von Stürmen umtosten Haustür.

Als es im Jahr 1841 den Domherren von Trient, Kanonikus von Tschiderer, anlässlich eines Ausfluges in ein entlegenes Tal bei Olang in Südtirol verschlug, entdeckte er durch Zufall eine schon von den alten Römern benutzte Schwefelquelle von neuem. Wieso es überhaupt die Römer in

dieses düstere Tal verschlug, bleibt ein Rätsel. Auf jeden Fall begann man die als Bad Bergfall genannten wertvollen Quellen nochmals zu fassen, und der Badwirt setzte alles daran, um das heilsame Wasser auch dementsprechend zu vermarkten. An die 80 Münzen, viele Fingerringe und merkwürdige Bronzedrahtstifte, die vielleicht sogar medizinische Geräte darstellten, traten zutage und wurden vom geschäftstüchtigen Wirt an seine besten Gäste als Belohnung verteilt. Es konnte sich dabei durchaus um Weihegaben auf erfolgte Heilungen, vielleicht von Hautkrankheiten oder anderen Gebrechen, handeln. Auf jeden Fall hatte gegen Ende des 19. Jahrhunderts das große Tiroler Landesmuseum Ferdinandeum in Innsbruck alle Mühe, um noch einzelne Belegstücke von den wohl betuchten Badegästen zu erwerben.

Der nächste Racheakt gegen die archäologische Forschung erfolgte dann später im Jahr 1962, als Bauarbeiter beim Bau einer Hochspannungsleitung nicht weit davon entfernt, in einem kleinen Dorf namens Rasen, auf vollständig erhaltene Urnen, Bronzebeile und andere Gräberfunde stießen. Um ihre eigene Arbeit nicht zu gefährden, wurde natürlich strikter Auftrag erteilt, diese Funde geheim zu halten, und als endlich einige ehrenamtliche Bodendenkmalpfleger davon Kunde erhielten, bekam die Forschung wenigstens einige der kostbaren Fundgegenstände für kurze Zeit zu Gesicht. Mehr nicht. Denn die in gutem Glauben handelnden Archäologen vertrauten den Transport des Fundmaterials nach Bozen wieder einem Bauarbeiter der Firma an. Trotz schwörender Beteuerungen des Herrn Edifizi, er habe die Urnen und Bronzegegenstände an richtiger Adresse abgegeben, kamen sie dort nie an und gelten seitdem als verschollen.

So blieb dem Denkmalamt nichts anderes übrig, als nun selbst mit eigenen Grabungen zu beginnen. Da aber im Jahr 1962 in Südtirol ausgebildete Archäologen fehlten, wurden einfach von Frau Professor Giulia de Fogolari aus Padua geschichtlich interessierte Studenten aus einer Schule für diese Sommerbeschäftigung rekrutiert. Zwei dieser Studenten, Haymo Pallua und Reimo Lunz, ließen sich auch in der Folge von diesem Metier so faszinieren, dass sie wirklich begannen, Vor- und Frühgeschichte zu studieren und so allmählich wissenschaftliche Grabungsdokumentation und die nötige Sorgfalt mit einbringen konnten. Das zeigte sich in den Folgejahren sofort an den Funden. Unzählige Brandgräber mit reichhaltigen Beigaben aus der Hallstattzeit, also dem 6. bis 7. Jahrhundert vor Christus, wurden freigelegt. Darunter kam im Sommer 1964 im Grab Nr. 44 neben einem Lappenbeil, einem Eisenmesser ein einzigartiges Steigeisenpaar zutage. Was mochte der ursprüngliche Besitzer dieser Hochgebirgsausrüstung angefangen haben? Für die Arbeit auf den Äckern schien sie eher ungeeignet zu sein. Was dann aber? In welche Höhen zog es vor fast 3000 Jahren diesen Mann? Das Rätsel blieb viele Jahre ungelöst.

Inzwischen fand dieser Fund von Rasen im Pustertal in der wissenschaftlichen Welt Europas auch die entsprechende Anerkennung, vor der eigenen Haustür allerdings bekümmerte dies kaum jemanden. Die Fundplätze wurden nicht einmal unter Denkmalschutz gestellt, und so ist es nicht zu verübeln, dass die Bauern diese fruchtbaren Äcker immer wieder kräftig durchpflügten und neben Kartoffeln auch erlesenere Dinge ernten konnten.

Gottfried Leitgeb hatte es zwar als Hüttenwirt auf die unwirtliche Rieserfernerhütte auf fast 3000 Meter Meeres-

Das Ehepaar Simon aus Nürnberg mit dem ersten, vom berühmten Mann aus dem Eis geschossenen Foto aus dem Jahr 1991. Das Auffinden dieser Mumie im Jahr 1991 bedeutete eine Sternstunde der Archäologie. Die Geschichte rund um den »Ötzi«, wie er alsbald genannt wurde, füllte die Medien weltweit.

höhe verschlagen, wo an manchen wenigen Sommertagen bergbegeisterte Touristen eine dringend benötigte Raststation vorfanden, sein Herz aber schlug schon seit seiner Kindheit für die archäologischen Funde rund um seine Heimat. Doch im Winter, wenn er unten im Tal war, bedeckte Schnee die Landschaft, und den Sommer verbrachte er mit Idealismus auf der Berghütte, um sicher keinen der spärlich eintrudelnden Gäste darben zu lassen. So blieb ihm nichts anderes übrig, als hoch oben seine Schatzgräberleidenschaft voll auszukosten. Hier etwas zu finden, war weit schwieriger, als die berühmte Nadel im Heuhaufen zu entdecken. Doch er ließ sich nicht beirren. Einen ersten Höhepunkt – wenigstens in seinen Augen – erfuhr er, als er Trümmer eines im Zweiten Weltkrieg abgestürzten Flugzeuges fand. Er war glücklich darüber, einige seiner Freunde auch, doch darüber hinaus riss es kaum jemand anderen mit. Sein Glücksjahr kam dann im Sommer 1992. Gottfried Leitgeb fand einige verschrumpelte alte Strümpfe aus Gewebe. Wie alt sie waren, konnte er nicht herausfinden, sie konnten genauso gut nur einige Jahrzehnte im Eis des Gletschers gelegen sein. Auf jeden Fall nahm er sie mit in die Hütte, wo sie liegen blieben und sich durch weitere Fundstücke vermehrten. Beinlinge aus Leinengewebe waren darunter, dann auch dicker gearbeitete Textilien, die durch die Einbindung von dunklen Zwirnen farbliche Muster bekamen. Schließlich und endlich auch gewobene Schuhe, die mit verschiedenen Streifen zusammengenäht, sich oben verschnüren ließen. Auch wenn die Gewebe von den ursprünglichen Trägern mehrmals repariert und geflickt worden waren, machten sie durchaus einen vornehmen Eindruck. Zwei volle Jahre blieben so die Funde oben auf seiner Hütte. Manch einem interessierten Gast zeigte Gottfried Leitgeb seine Schätze, doch er erntete nie mehr als desinteressiertes Kopfnicken. Dann, in einem Akt von Selbstsicherheit, wandte er sich endlich an das Amt für Bodendenkmäler in Südtirol. Routinehalber wurden die Kleider nach Zürich zu einer Radiokarbon-Analyse geschickt.

Zwei Monate später kam die Auswertung, und sie wurde zur Sensation: Mit 98,7 Prozent Wahrscheinlichkeit, dies ergaben die Messergebnisse, stammten die Kleidungsreste aus der Zeit zwischen 795 bis 499 vor Christus. Somit aus der älteren Eisenzeit. Bestand zwischen dem Steigeisen, das in einem Grab unten im Tal gefunden wurde, und dem Träger dieser Beinkleider ein Zusammenhang? Was suchte der Mensch in dieser Einöde aus Fels und Eis? Warum entledigte sich dieser Mann seiner Kleidungsstücke? Starb er womöglich hoch oben? Alles Fragen, die keine Antwort erfuhren. Jahrelang kroch der Wirt in alle Gletscherlöcher auf der Suche nach einer Mumie im Eis. Oder wenigstens den Knochenresten. Denn wenn die leicht vergänglichen Beinkleider vorhanden waren, dann mussten sich die Knochen erst recht erhalten. Doch trotz angestrengtester Suche fand der Hüttenwirt vom Rieserferner niemals den vermutlichen Träger dieser Kleidungsstücke.

Ein Foto das um die Welt ging. Das erste, vom Ehepaar Simon geschossene Foto nach dem Entdecken des aus dem Eis herausragenden Körpers. Erst Tage später kam die Sensation ans Tageslicht. Zuerst maß man dem Leichnam keine besondere Bedeutung bei und selbst die Fachwelt rätselte über das Alter dieses Mannes. Gerade am Fund des »Ötzi« sieht man, welch große Zufälle bei archäologischen Einzigartigkeiten eine Rolle spielen.

Doch das Unerwartete stellte sich alsbald ein. Und es kam unter Umständen zu Stande, bei denen uns auch heute noch die Haare zu Berge stehen und wir nur entgeistert beobachten können, wie unvorhersehbar Archäologie sein kann. Denn spannend wird sie nicht nur durch den Fund selbst, sondern durch die Fundumstände.

Was suchten nun die ersten Menschen wirklich in diesen Bergen? Wir haben oft genug gesehen, dass diese Berge im Laufe der Jahrtausende wirklich Menschen magisch anzogen. Waren es die Schätze und Erze? Das Wild? Die Mineralien? Wir kommen nur mit Deutungen weiter. Auf jeden Fall waren diese Berge kein Durchzugsgebiet, durch das die menschlichen Horden in aller Eile und auf einigen wenigen bekannten und leicht erreichbaren Pässen so schnell als möglich durchhechelten. So staunen wir jedes Mal, wenn uns das Glück des Augenblicks wieder einen Spalt das Rad der Geschichte zurückdrehen lässt, und wir Einblick in frühere Epochen erhalten. Ist es doch unser ureigenster Trieb, alles zu ergründen und vor allen Dingen auf die Spur zu kommen, von woher wir Bergbewohner eigentlich stammen könnten.

Donnerstag, 19. September 1991. Das deutsche Ehepaar Simon verlässt beim Abstieg von der Finailspitze zur Similaunhütte auf über 3000 Meter Meereshöhe im Vinschgau den markierten Weg. Plötzlich entdecken sie in einer mit Gletschereis und Schmelzwasser gefüllten Felsmulde, eine mit dem Kopf und Teilen des Oberkörpers aus dem Eis ragende Leiche. An sich noch nichts Weltbewegendes. Sie melden ihren Fund dem Hüttenwirt Markus Pirpamer, und damit wäre der Fall für sie erledigt gewesen. Der am nächsten Tag eingeflogene österreichische Bergungstrupp geht vorerst einmal davon aus, endlich den Leichnam des seit 1941 vermissten skurrilen Musikprofessors Carlo Capsoni bergen zu müssen. Ein auf einem nahe liegenden Felssims liegendes Bronzebeil führt sie aber zu dem noch mehr erleichternden Schluss, dass dieser Tote doch mehr als hundert Jahre alt sein müsse. Es könne sich um einen napoleonischen Krieger handeln, auf jeden Fall beschwichtigen die Medien, dass es sich um keinen Menschen handle, der noch letzthin unter den Lebenden weilte. Ein leichtes Aufatmen geht durch die Bevölkerung der umliegenden Täler. Also doch keiner der Ihrigen. Der Schlechtwettereinbruch und der fatale Umstand, dass dem zur Bergung verwendeten Schrämhammer der Strom ausgeht, entmutigt die Bergetrupps derart, dass sie zur Überzeugung kommen, dieser Leiche keine besondere Wichtigkeit mehr zuzumessen. Eigenartige Brandmale am Rücken sowie die Vermutung, dass dieser Tote auch noch gefesselt sei, veranlasst dagegen die zuständigen österreichischen Behörden, ein strafrechtliches Verfahren einzuleiten, um ein mögliches Fremdverschulden nachweisen zu können. Man findet eigenartige Dinge und macht sich trotzdem keine besonderen Gedanken darüber: nicht über den Feuersteindolch

Rekonstruktion des Mannes aus dem Eis. In dieser Kleidung dürfte er sich vor 5300 Jahren präsentiert haben.

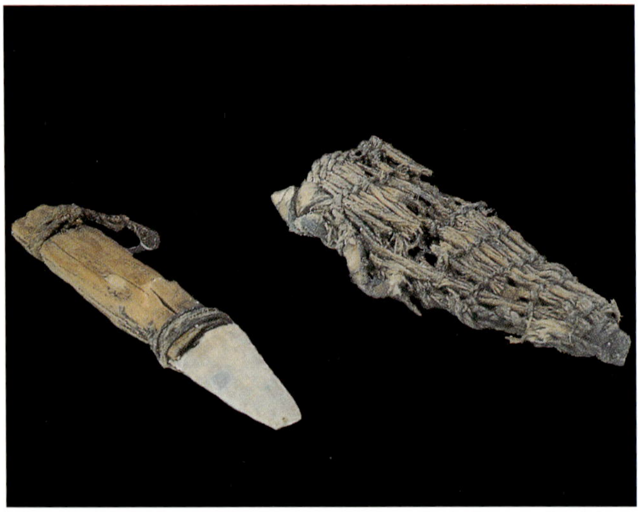

Silexdolch mit Grasscheide des »Mannes aus dem Eis«.

mit Holzgriff, nicht über die Schnüre, Riemen, Lederreste oder einen Becher aus Birkenrinden. Der Tote wird freigepickelt, die linke Hüfte und der linke Oberschenkel zerfetzt, in einen Plastiksack gesteckt und ins Ötztal hinunter geflogen. Dort wird er in einen Sarg gepackt, der linke Arm so zurecht gebrochen, dass er dort auch Platz findet. Die Italiener sind froh, dass er doch noch auf österreichischem Gebiet zum Sterben gelangte – so ersparten wenigstens sie sich den aufwändigen Transport. Doch dann die Sensation: Konrad Spindler, Professor für Urgeschichte in Innsbruck, den man ohne besondere Vision gerufen hatte, erkennt sofort das wirkliche Alter und die Bedeutung dieses Fundes. Diese Mumie ist 5000 Jahre alt! Die Medien setzen die Nachricht an die erste Stelle ihrer Berichterstattung, die Südtiroler Landesregierung beginnt vorsichtshalber anzufragen, ob diese Leiche nicht doch auf italienischem Gebiet gelegen haben könnte. Und die österreichischen Behörden melden sich vorsorglich und kulant beim Ehepaar Simon, um anzudeuten, dass sie als rechtmäßige Finder Anspruch auf die vom Gesetz vorgesehenen Prämien hätten. Nun muss aber vorerst einmal genau vermessen werden. Und siehe da! Grenzen werden manchmal nicht nach der direkten Linie gezogen, sondern machen aufgrund der Geländeerfordernisse Kurven und Umwege: Der Ötzi, wie diese namenlose Leiche sofort von den ersten Anhängern getauft wurde, gehört eindeutig den Südtirolern. So kommt manchmal die Jungfrau zum Kinde. Eine Werbemaschinerie und Vermarktungsorganisation beginnt sich in Bewegung zu setzen.

Dass aber Mumien und Leichen immer schon in diesen Bergen gefunden wurden, nur dass man darüber keine Gedanken verschwendete, beweisen die Aufzeichnungen des französischen Abenteurers Belsazar Hacquet in seinem 1784 erschienenen Buch mit dem hochtrabenden Titel »Mineralogisch-botanische Lustreise von dem Berg Terglou in Krain zu dem Berg Glokner in Tyrol«: »Gewiss ist es, dass dergleichen Eismumien in diesen Gegenden, besonders aber in Tyrol keine seltene Sache sind.« Und Hacquet ergreift das Mitleid. »Wie es einem andächtigen römischen Flüchtling hier soll ergangen sein, der 2000 Jahre im Eis lag, und eben so gut ohne Wunderwerk aufbewahret blieb«, schreibt er, vom Schicksal ergriffen.

Wissenschaftler haben diese Gletscherleiche, diesen Ötzi, diesen »Frozen Fritz«, wie ihn die Amerikaner liebevoll in ihre Arme zu schließen versuchten, untersucht, klassifiziert, mit feinen Pinzetten Hautpartikel aus seiner ledrigen Haut herausgezupft. Die Stadt Bozen wurde zum Ausstellungsort gekürt und stand sofort im Bann seines Helden. Mit seiner Hasenscharte stiert der Ötzi von den T-Shirts, die Touristen zu Tausenden kaufen, und wer besonders hungrig ist, kann noch schnell die Ötzi-Pizza hinunterwürgen. Ein Devotionalienhandel ohnegleichen wurde in die Wege geleitet. Es gibt den Ötzi in Marzipan, und es gibt das Ötzi-Eis. So wird der Ötzi ausgebeutet. So wird mit einem Toten Profit gemacht. Dann, nach stundenlangem Anstehen in der Zuschauerschlange, wird man ins Museum eingelassen und steht vor dem Allerheiligsten. Der Besucher kann dann sekundenlang mittels eines kleinen Guckloches Kontakt mit der traurigsten Leiche dieser Welt aufnehmen.

Doch die Überraschungen sind noch nicht zu Ende. Und der Werdegang dieser berühmtesten Mumie der Welt gibt Einblick in eine Welt, die so menschlich ist, dass Geschichte erst durch die Anekdoten Eingang in aller Menschen Seelen findet. Zehn Jahre untersuchen die besten Wissenschaftler auf ihren Gebieten diese Leiche. Und rätseln über die Todesursache. Hunderte Theorien werden aufgebracht. Bis nach zehn Jahren ein gänzlich unbekannter Mediziner aus dem Bozner Krankenhaus nach Auswertung früher gemachter Röntgenbilder im Rücken des Toten eine steinerne Pfeilspitze ausmacht. Zehn Jahre lang haben sich Wissenschaftler blamiert. Nun erst werden die letzten Stunden dieses Menschen uns noch tragi-

Was bei vielen archäologischen Funden Wahrheit oder Fälschung ist, werden wir sehr oft nicht in Erfahrung bringen können. Viele archäologische Glanzlichter bildeten aber den Stoff, aus dem die Märchen sind, die Fundgeschichte war sehr oft spannender als das Objekt selbst. Sensationelle Erkenntnisse werden oft erst viele Jahre später gemacht. Dass im Rücken des Mannes aus dem Eis eine Silexspitze steckte, die sehr wahrscheinlich zum Tod führte, wurde erst zehn Jahre später durch einen Röntgenarzt aus dem Krankenhaus Bozen entdeckt.

scher vor Augen geführt. Es muss ein Kampf stattgefunden haben. Tiefe Schnittwunden an den Händen werden nun ausgemacht. Der für den Ötzi (und auch für alle anderen Morde) zuständige Südtiroler Pathologe Eduard Egarter-Vigl versucht den Ablauf der letzten Minuten zu dokumentieren. Aus 80 Meter Entfernung wurde der Pfeil abgeschossen, trat steil von unten in die Schulter des Mannes ein. Tödlich verwundet, dürfte er noch geflohen sein. Zu jener einsamen Stelle hoch oben in den Bergen, wo er starb. Und durch einen glücklichen Zufall, 5000 Jahre später, wieder aufgefunden wurde.

Doch wie hat diese Leiche das Leben der Finder verändert. Wir brechen auf, um diese in der Nähe von Nürnberg aufzusuchen. Das Ehepaar Simon liebt die Berge. Überall hängen Fotos von ihren Bergtouren. Es sind ganz normale Menschen, ohne Starallüren. Göttin Fortuna ließ an diesem einen Tag ihr Füllhorn mit verschwenderischer Güte auf dieses Ehepaar Simon fallen. Sie fanden den Ötzi, ein Foto ging durch die Welt.

Vorsichtig und bescheiden begannen sie bei der Südtiroler Landesregierung um eine Anerkennung ihres Glücksfundes anzufragen. Es liegt in der Natur der Tatsache, dass bei großen Funden das Glück immer eine überragende Rolle spielt. Doch wäre die Leiche jemals von jemand anderem gefunden worden? Hätten vielleicht in den nächsten Tagen Vögel die Leiche bis zur Unkenntlichkeit verunstaltet? Der bald darauf hereinbrechende Winter alles zerstört? Es begann ein langjähriger Rechtsstreit. »Es steht nicht eindeutig fest, ob die Eheleute Simon tatsächlich die Ersten waren, die auf die Leiche am Hauslabjoch gestoßen sind«, teilt am 16. Februar 1994 die Rechtsabteilung der Südtiroler Landesregierung mit. Beharrlich weigert man sich, das Ehepaar als Finder anzuerkennen. Man wirft ihnen sogar vor, »ohne Genehmigung des Eigentümers oder des Besitzers fremden Grund betreten zu haben und auf diesem die Sache gesucht« zu haben. Doch es kommt in den nächsten Jahren noch knüppeldicker. Man will sie sogar des Betruges überführen: »Die Eheleute Simon haben sich darauf beschränkt, ein Foto zu schießen. Sie unternahmen nichts, um den ›Toten‹ und eventuelle Beifunde zu schützen.« Und alles schließt in der Feststellung, »dass es sich um einen Leichnam handelt, dem kein materieller Wert im herkömmlichen Sinn beigemessen werden kann«. Resignierend teilt der Landeshauptmann von Südtirol den vergrätzten Findern mit, dass »allein für die Erhaltung des ›Similaunmannes‹ Unsummen ausgegeben werden, die bei weitem die Einnahmen übersteigen«. Können wir das glauben? Eine Zeitung gerät uns in die Hand: die »Dolomiten, das Tag-

In diesem Bergwerk aus der Jungsteinzeit, in Mauer bei Wien gelegen, wurde der begehrte Hornstein abgebaut. Daraus wurden Steinklingen und andere handwerkliche Geräte gefertigt. Einige von den Steinzeitmenschen geschlagene Schächte sind heute noch zu erkennen. Hornstein wurde dann über weite Strecken transportiert. So findet man in den Alpen Hornstein, der hunderte Kilometer weit entfernt abgebaut wurde. Zwei Hobbyforscher bewegen sich auf den Spuren der Steinzeit.

blatt der Südtiroler«. »Goldgrube Ötzi« steht dort als Schlagzeile. Wir lesen weiter. »Die Gletschermumie ›Ötzi‹ ist für Südtirol und vor allem für Bozen eine wahre Goldgrube. 257 000 Touristen besuchten im vergangenen Jahr das Archäologiemuseum. 150 000 davon kamen nur wegen des Museums nach Bozen und bescherten der Stadt einen Umsatz von mehr als vier Millionen Euro.« Wir kommen über die gegensätzlichen Aussagen aus dem Staunen nicht mehr heraus.

So haben die wenigen Meter, die es der »Mann aus dem Eis« nicht mehr schaffte, die andere Grenze zu erreichen, 5000 Jahre später die unterschiedlichen Gesetzgebungen in den einzelnen Staaten, Provinzen und Kantönchen, das Menschlich-Allzumenschliche in den Vordergrund geschoben.

Die Geschichte macht die Geschichte. Nicht die Wahrheit. Das war schon immer so. Legenden müssen erst geboren werden, Geschichtsverfälschungen obendrein. Das sind die modernen Märchen, an die unsere Jugend glauben kann. Archäologie als Märchen. Sehr oft ist es so.

In der Nähe von Schaffhausen in der Schweiz liegt das berühmte Kesslerloch. 1873 begann dort der Realschullehrer K. D. Merk mit einigen seiner Schüler diese Höhle zu erforschen. Und er wurde auch sofort fündig. Er fand Steinwerkzeuge, aber auch Tierknochen. Weltberühmt aber wurde die Ritzzeichnung eines weidenden Rentiers, was für die damalige Zeit Neuland war, hatte man doch bisher angenommen, dass der Mensch in seinem Kampf ums Überleben keine Zeit für Muße und Kultur fand. Von überall her pilgerten nun die Schaulustigen, um noch mehr solcher Kunstwerke aus der Steinzeit zu bestaunen. Merk hatte inzwischen begonnen, professionelle Arbeiter in seine Dienste zu stellen, und als diese sahen, welche Freude der Professor mit diesen geritzten Tierknochen hatte, versuchten sie zuerst einmal selbst, sich künstlerisch zu betätigen und begannen die Knochen mit Ritzzeichnungen zu versehen. Doch das Ergebnis war unbefriedigend – sie schafften es einfach nicht, formvollendete Figuren auf die Knochen zu bringen. Ein Schüler kam den Arbeitern zu Hilfe, der alsbald anhand von Zeichnungen in einer Jugendzeitschrift begann, diese auf die Knochen zu übertragen. So entstanden nun zur Freude und Befriedigung aller, Ritzzeichnungen von einem Bären und einem Fuchs. Sorgsam versteckten sie die Knochen nun im Lehmboden der Höhle, wo sie auch alsbald wieder gefunden wurden. Niemand kann sich vorstellen, wie groß die Freude und das Entzücken des immer berühmter werdenden Lehrers Merk war, als er die Funde zutage förderte und alsbald auch die sensationellen Funde in verschiedenen Fachzeitschriften publizierte. Doch sehr bald kam die Wahrheit ans Tageslicht. Für Merk begann nun ein Spießrutenlaufen ohnegleichen, da man ihn der Mitwisserschaft bezichtigte. Erst eine gerichtliche Untersuchung konnte den völlig niedergeschlagenen Professor rehabilitieren, doch mittlerweile war sein Ruf schon so ruiniert, dass er die restliche Zeit seines Lebens zurückgezogen und einsam lebte. Für die Menschen der Steinzeit bedeuteten die Höhlen Schutz vor wilden Tieren und den Unbilden der Natur. Manchmal waren es bloße Halbhöhlen, vorspringende Felswände, so genannte »Abris«, die der Mensch auf den freien Seiten mit Fellen, Baumstämmen und Laub abdichtete und die ihm so genügend Schutz boten. Sehr oft aber zog er den Wildherden hinterher, wenn die eigenen vor der Haustür zu unergiebig geworden waren oder die ganze Sippe brach im späten Frühjahr auf, um in den Sommermonaten hoch hinauf in die Berge zu ziehen.

Es war ein langer Lernweg des Menschen. Als 1885 der berühmte Berliner Arzt und passionierte Archäologe Rudolf Virchow nach Bozen in Südtirol reist, bekommt er bei einem Kaufmann, in Kartonen abgepackt, Hornsteinsplitter aus den Lessinischen Bergen bei Verona angeboten. Er betrachtet sie näher und bemerkt fast überall Spuren menschlicher Bearbeitung. Der Kaufmann pries ihre Fähigkeit als Zündsteine, den Archäologen begeisterten die Spuren steinzeitlicher Menschen. Schnell wurden sie handelseins. Denn in den Lessinischen Bergen, wo die Alpen erst allmählich herauswachsen, siedelte sich der Mensch noch früher an. Hier verschwanden die Spuren der Eiszeit schneller.

Professor Alberto Broglio von der Universität Ferrara kommt im Jahr 1998 aus dem Staunen nicht heraus. In der Höhle von Fumane, in den Lessinischen Bergen neben Verona, fördern seine Ausgräber eine Muschel nach der anderen heraus. Über 500 sind es am Ende. Es handelt sich um Meeresmuscheln, die vor ungefähr 35 000 Jahren Menschen aus dem 80 Kilometer entfernten Meer hierher schafften. Die Neandertaler waren inzwischen ausgestorben, doch auch sie hatten viele Spuren in dieser Höhle hinterlassen. Eine Fülle von bearbeiteten Steinen war zutage getreten. Doch diese – zu den ersten neuzeitlichen Menschen gehörende Gruppe – hatte die Muscheln mit besonderem Geschmack ausgesucht: Die Hälfte aller Muscheln fielen durch ihre besondere Rotfärbung auf. Sie kommen auch im Mittelmeer nur selten vor. Dienten diese Muscheln als Halsketten? Die meisten hatten Löcher. Oder für andere ornamentale Verwendungszwecke?

Auf jeden Fall grenzte es an ein Wunder, dass es den Wissenschaftlern gelang, trotzdem so viele Informationen aus dieser Höhle herauszuholen. Schon im 19. Jahrhundert wurde bei einem Straßenbau eine Unzahl von Knochen und Artefakte ans Tageslicht befördert, dass der Ort im Volksmund den Namen »Knochenplatz« erhielt. Doch niemand machte sich weitere Gedanken um die Bewandtnis all dieser Knochen. Um 1960 wurde die Straße nochmals verbreitert, und dabei fielen dem Lehrer Giovanni Solinas steinzeitliche Geräte in großer Zahl auf. Dienstbeflissen meldete er die Funde dem Konservator des Paläontologischen Museums in Verona, Professor Angelo Pasa, der eine erste Grabung vornahm. Doch schon bald darauf schlief die Grabungstätigkeit ein und die Höhle wurde zum Spielplatz verschiedenster Vandalen. Da half es überhaupt nichts, dass zwei Sicherungsmauern hochgezogen wurden. Sie wurden zerstört und das Innere weiterhin auf der Suche nach besonderen Kostbarkeiten verwüstet. Endlich im Jahr 1988 ging man daran, nach besonderen Sicherungsmaßnahmen, die Höhle systematisch Jahr um Jahr zu untersuchen. Bis es endlich zur Sicherheit wurde, dass besonders in dieser Höhle eine Gruppe von Menschen vor 35 000 Jahren, wie an keiner anderen Stelle Europas, Gefallen an Meeresmuscheln fand. Doch damit ist die Geschichte noch nicht zu Ende. Man grub weiter und fand in den Folgejahren plötzlich auf dem Boden mit rotem Ocker bemalte Gesteinsbrocken. Man hob sie auf, betrachtete sie, und erkannte eine menschliche Figur. Sie trug Hörner. Stellte sie einen Schamanen dar? Einen Wunderheiler? Diese Steinplatten mussten von der Decke heruntergebrochen sein. Würden noch weitere Felszeichnungen zum Vorschein kommen. Vor dieser Höhle begannen die Alpen. Zog es die Menschen gar schon in dieser Zeit dorthin?

Nur in einer anderen Höhle scheint der urzeitliche Mensch die gleichen Vorlieben für Muscheln aus dem Mittelmeer verspürt zu haben. In der Nähe von Krems, in der Hundssteighöhle, fand sich auch in gleichaltrigen Schichten eine Unzahl von Muscheln. 450 Kilometer vom Mittelmeer entfernt. Die Umgebung von Krems, genauer der Ort Willendorf, sollte schon viel früher in die Geschichte eingehen. Zwar fand man schon im 19. Jahrhundert eine Unzahl von Steinwerkzeugen, die aber achtlos weggeworfen wurden, doch am 7. Juli 1908 nutzte man die historische Stunde. Ein Beamter des Naturhistorischen Museums in Wien, den man als Beobachter des Eisenbahnbaues abkommandiert hatte, fand im Erdreich eine kleine Frauenstatue aus Kalkstein, an die 10 Zentimeter hoch, mit großen Brüsten und breitem Gesäß. Zwar war das Gesicht nur angedeutet, dafür aber hatte der Künstler die Haarpracht mit äußerster Sorgfalt herausgraviert. Es war eine Sensation, denn die Statue wurde vor 24 000 Jahren gefertigt. Warum sich dafür der Name »Venus von Willendorf« einbürgerte, lässt sich nicht mehr nachvollziehen. Auf jeden Fall gefiel der Name und wurde für eine Unzahl anderer ähnlicher in Frankreich, Tschechien und Russland gefundener Statuen auch angewandt.

Von den Eiszeiten

Der Alpengletscher

Georges Cuvier und das Aussterben der Mammuts · Louis Agassiz macht Furore in Neuchâtel · Ein Eismeer in den Alpen · Cécile Agassiz wird schwermütig · Die Ode an die Eiszeit

Die Drachenhöhlen

Höhlenbärenkult und Einhornmedizin · Die erzählenden Knochen von Emil Bächler · Student Rosenmüller traut sich · Die Drachenhöhle von Mixnitz · Höhlenbären als Dünger · Einhorn als Medizin · Conrad Gesner ordnet die Drachen in sechs Gruppen · Der Lindwurm von Klagenfurt

Höhlenbären der Conturines

Die Dolomiten bergen keine Höhlen · Die Sagenwelt des Willy Costamoling · Kleine Höhlenbären hoch oben in den Bergen

Das Mammut von Siegsdorf

Die buddelnden Schüler · Das zehnjährige Schweigen des Bernard Bredow · Es war ein Zirkuselefant · Wer hat etwas zu verbergen? · Was können ausgestorbene Tiere alles erzählen? · Ein Mammut tötet Kaiser Friedrich I. · Mammuts aus dem Permafrost

Ein Mammut im Schnee. Bernard Bredow aus Siegsdorf versucht mit experimenteller Archäologie in seinem Mammutheum den Besucher auf die Urzeit einzustimmen.

Eigentlich möchte man annehmen, dass das Wissen um die Eiszeiten, die vor einigen tausenden von Jahren Europa bedeckten, etwas vom Selbstverständlichsten sei. Gab es doch überall Spuren zuhauf. Waren es nicht schon die griechischen und römischen Naturforscher, die sich mit vielerlei Dingen befassten, so konnte man doch zumindest annehmen, dass in unserem kollektiven Urwissen noch etwas davon vorhanden sei. Doch nichts davon ist wahr.

Als im Frühjahr 1832 der berühmte französische Baron Georges Cuvier, vor den hochrangigsten Naturwissenschaftlern Europas einen Vortrag über die »Große Kette des Lebens« hielt, erkannte er zwar richtig, dass sich die Mammuts von allen heute lebenden Elefanten unterschieden, doch beim Warum des Aussterbens bewegte er sich auf Glatteis. Ihm war zugetragen worden, dass man in Sibirien im Boden eingefrorene Mammuts gefunden hat. Die Deutung konnte also nur sein, dass sie durch eine gewaltige Kältewelle ausgelöscht worden waren. Neben dem ungestüm viele der Theorien von Cuvier ablehnenden Papst der deutschen Naturwissenschaften, Alexander von Humboldt, hörte still und sittsam ein blutjunger, aber nichtsdestotrotz schon in Fachkreisen bekannter Schweizer Naturforscher diesen Ausführungen zu. Sein Name: Louis Agassiz. Trotzdem wurden die Theorien von Cuvier, dass regionale Katastrophen neue Welten hervorbrachten, Flora und Fauna veränderten, auch noch in den nächsten Tagen begeistert gefeiert. Allerdings musste sich der berühmte 63-jährige Baron, der die französischen Revolutionen wie auch Napoleon gleichermaßen hoch geachtet überlebt hatte, schon am nächsten Tag ins Bett legen und starb vier Tage später zur Bestürzung aller an Cholera.

Mit dem Tod von Cuvier war auch die Karriere von Louis Agassiz in Paris beendet. Er hätte dort seine bahnbrechenden Studien über fossile Fische zu Ende führen können. So musste er heilfroh sein, dass ihm wenigstens mit Hilfe einflussreicher Gönner eine Stelle im niedergekommenen Schweizer Provinzstädtchen Neuchâtel angeboten wurde. Doch Agassiz war um nichts verlegen. Ob London oder Paris oder Neuchâtel, er zog ein, als habe die Welt nur auf ihn gewartet. 25 Jahre war er mittlerweile alt, doch das hinderte ihn nicht, sofort in diesem Städtchen die Gesellschaft für Naturwissenschaften mit insgesamt sechs Amateurmitgliedern und ihm als Leiter ins Leben zu rufen, einen eigenen Illustrator namens Joseph Dinkel eigens zur Abbildung seiner versteinerten Fische einzustellen, und als Letztes – da sich kein Verleger für seine Werke fand – sich sogar eine ei-

1886 wurde das Bergobservatorium am österreichischen Sonnblick auf 3100 m Meereshöhe erbaut. Seit damals wurden regelmäßig Klimabeobachtungen durchgeführt. Obwohl es sich im Winter eiszeitlich präsentiert, konnte im 20. Jahrhundert eine kontinuierliche Erwärmung beobachtet werden.

gene Druckerei zu leisten. Dass der wie ein Sturmwind operierende Jüngling immer betonte, er sei geboren um zu forschen, und könne sich nicht damit beschäftigen, Geld zu verdienen, trug auch nicht unbedingt zur Verbesserung seiner immer dramatischen Finanzlage bei.

Zwei Jahre später, im Jahr 1834, trat dann etwas ein, das später einmal Agassiz herausragende Rolle im Olymp der Naturwissenschaften mit festigen sollte. Zu diesem Zeitpunkt allerdings ging der Segen noch sang- und klanglos an ihm vorüber. Auf einer Tagung in Luzern vertrat Jean de Charpentier, seines Zeichens Salzminendirektor als Broterwerb, aber Naturwissenschaftler aus tiefster Neigung, die Ansicht, dass die Schweiz einst hunderte Meter tief von Gletschern begraben gewesen sei. Die wenigsten Naturwissenschaftler der damaligen Zeit konnten ihren Lebensunterhalt damit verdienen. Zumeist handelte es sich dabei um von Haus aus finanziell gut abgesicherte Exzentriker, wie Leopold von Buch oder Alexander von Humboldt, der es aber auch bis zu seinem Lebensende schaffte, all seine großen Besitztümer so weit für seine wissenschaftlichen Forschungen einzusetzen, dass er in den letzten Jahren noch auf die Zuwendungen reicher Mäzene angewiesen war. Die meisten Wissenschaftler aber vegetierten als unterbezahlte Lehrer mehr schlecht als recht dahin. Zwar saß an diesem historischen Juli 1834 auch Louis Agassiz unter den Anwesenden bei dieser Tagung, doch die Ausführungen von Charpentier waren ihm viel zu hypothetisch und wurden durch keine Fakten untermauert. Es vergingen noch einmal zwei Jahre, bis Agassiz endlich nach Bex ins Rhonetal zu seinem Freund Charpentier reisen konnte. Der immer unruhige Agassiz tat dies mehr auch nur deswegen, weil er seine schwermütige deutsche Frau Cécile mit der ebenfalls deutschen Frau von Charpentier zusammenführen wollte. Cécile, die er in Neuchâtel in einer der wenigen freien Minuten kennen gelernt hatte, konnte einfach nichts mit dem übersprühenden Leben von Agassiz anfangen. Und so war dieser Ausflug eher als letzte Hoffnung aus einer ausweglosen Krise, denn als Forschungsreise gedacht. Doch es dauerte nur wenige Stunden, bis Louis Agassiz wieder zum rastlosen Forscher geworden war. Das was Jean de Charpentier ihm zeigte, waren wirklich die Fakten einstiger gewaltiger Gletscher. Fünf Monate verbrachte nun Agassiz damit, um Zermatt und das Matterhorn, den Mont Blanc und das Mer de Glace zu bereisen. Im blinden Eifer untersuchte er die Abbrüche der Gletscher des Rhonetals, wie auch die einzelnen Ursachen, die zu ihrer Entstehung hätten führen können. Und wieder blieb Cécile mit ihren Kindern allein zurück und konnte nur hoffen, dass ihr Mann manchmal und zufällig bei ihr vorbeischaute.

Der Schweizer Louis Agassiz machte zuerst als Pionier auf dem Gebiet der Erforschung fossiler Fische auf sich aufmerksam, bevor er sich den Gletschern zuwandte. Der Rhonegletscher fasziniert auch heute noch die Besucher. Für die Touristen wurden lange Gänge in das Eis gegraben.

Als Agassiz endlich nach Neuchâtel zurückkehrte, war er zu einem gewandelten Mann geworden. Kaum noch interessierten ihn die versteinerten Fische, er wollte sein Leben in den Dienst der Gletscherforschung stellen. Und als kurz darauf, im Februar 1837, sein Schulkamerad, der Pflanzenforscher Karl Schimper, ihn besuchte und aus seinem Koffer eine »Ode an die Eiszeit« herauskramte, war sein Glück vollkommen. Die »Eiszeiten« waren es, die Europa einst in ihrem Würgegriff gefangen hielten.

Doch wer geglaubt hätte, die europäische Forscherelite hätte nur auf die Entdeckung dieser Phänomene gewartet, der wurde schnell eines Besseren belehrt. Es sollten noch Jahrzehnte der Irrungen und Wirrungen vergehen, bis sich endlich der Gedanke durchsetzen konnte, dass vor einigen tausend Jahren fast ganz Europa unter einem dicken Eispanzer begraben lag. Doch nicht nur das: Man lernte die Phänomene der Eiszeiten immer besser kennen. Gletscherfindlinge im Central Park in New York bestätigten genauso das Vorhandensein von Eiszeiten wie die 1872 in Luzern entdeckten Gletschertöpfe. Louis Agassiz reiste in die Vereinigten Staaten, ließ sich dort nieder und wurde zu einem gefeierten Naturwissenschaftler. Überall suchte er nach Schramm- und Schleifspuren, um die Beweise für die »große Pflugschar Gottes« zu vergrößern. Dann ging es Schlag auf Schlag. In einem dreibändigen Werk »Die Alpen im Eiszeitalter« führten im Jahr 1909 die Autoren Albert Penck und Emil Brückner die vierteilige Gliederung der Eiszeiten in Würm, Riß, Mindel und Günz,

Ganz links: Zwei Wagemutige lassen sich von der fantastischen Eiskristallwelt im Sonnblickgebiet begeistern.
Gletscherformationen im Grimselgebiet in der Schweiz. Allmählich weichen die Gletscher in den Alpen zurück.
Forscher des Museums für Naturkunde der Stadt Dortmund vermessen die Eiskristalle und versuchen die Ursache der Bildungsbedingungen dieses seltenen Phänomens zu ergründen.

nach kleinen Alpenflüssen ein. Vier große Eiszeiten und unzählige kleinere – immer wieder unterbrochen von Warmperioden – haben die Landschaften geprägt.
Vor 2 Millionen Jahren erfolgte der Beginn einer großen Klimaänderung: Eine starke Abkühlung der Erdoberfläche führte in weiten Teilen der Erde zur Bildung von mächtigen Eisschilden. Die Temperaturen waren um bis zu 5 Grad Celsius niedriger als heute, während ein bis zu drei Mal größeres Gebiet weltweit von Eis bedeckt war. Die nördlichsten Teile Europas und die Alpen wurden fast vollständig von einem dicken Eispanzer bedeckt. Es wurde zu einer Katastrophe für Pflanzen und Tiere. Mehrmals kippte in den nächsten zwei Millionen Jahren das Klima. Dicke Eispanzer umhüllten die Gebirge. Ausgehend von den höchsten Erhebungen rückten die mächtig angeschwollenen Gletschereisströme in die Täler, entwickelten sich zu Talgletschern, überflossen wie zäher Sirup die Pässe, Seitentäler und Wasserscheiden und verbanden sich zu einem zusammenhängenden Netz, aus dem nur die höchsten unvergletscherten Gipfel herausragten. Bis zu zwei Kilometer versanken die Täler der Alpen unter einem Panzer aus Eis. Und doch verwunderte es, dass sich gerade auf den höchsten Gipfeln eine wenn auch bescheidene Pflanzen- und Tierwelt erhalten konnte. Einigen Steinbrecharten und Spinnen gelang es auf den eisfreien Gipfeln durch besondere Schutzmechanismen zu überleben. Nunatakker nannten die Eskimos diese eisfreien Gipfel. Auf ihnen bildete sich eine einzigartige Pflanzenwelt, die sich so an das kalte Klima anpasste, dass sie selbst nach dem Verschwinden der Gletscher nicht mehr im Stande war, andere, tiefer gelegene Nischen zu besetzen.
Die Eiszeiten haben die Alpen geprägt. Doch genauso gab es in diesen Jahrtausenden ein pulsierendes Leben in den Alpen. Das wollten wir kennen lernen. Was tat sich in den letzten Jahrzehnten auf diesem Gebiet? Wo wurde Neuland betreten, und wo lagen die Meilensteine? In den Räumen der Universität für Paläontologie in Wien lagern in den Räumen die sorgfältig gereinigten Reste einer Unzahl von Höhlenbären. Alles liest sich wie eine Ahnengalerie der bedeutendsten Funde auf diesem Gebiet. Schon seit Jahrzehnten hat sich Professor Gernot Rabeder, der anfänglich Biologie und Mathematik studierte, und über fossile Kleinsäuger seine Doktorarbeit schrieb, dem Studium der

Höhlenbären verschrieben. Es ging ihm wie vielen anderen Studierenden. In der Paläontologie gibt es wenige Bereiche, die eine Breitenwirkung bei einem Massenpublikum erzielen. Die Dinosaurier sind darunter, dann noch einige eiszeitliche Tiere wie das Mammut, das Wollnashorn und eben der Höhlenbär. Alles andere lässt sich sehr schwer verkaufen. Für den Rest ist stille Arbeit im engen Kämmerchen angesagt. Während sich jedoch das Mammut zumeist in den weiten ebenen Steppen ausbreitete, wurde der Höhlenbär zum eiszeitlichen Symboltier der Alpen schlechthin.
Dies lag einmal daran, dass man in den verschiedensten Höhlen manchmal hunderte von Höhlenbärenskeletten fand. Über die Jahrtausende konnten sich die Skelette naturbedingt darin besser erhalten als von anderen Tieren, die irgendwo im Freien starben. Diese Unzahl von Höhlenbärenschädeln führte alsbald dazu, zwischen urzeitlichen Menschen und den Höhlenbären ein besonderes Naheverhältnis hineinzuinterpretieren. Ob dies zu Recht oder Unrecht geschah, darüber zerstritten sich im Laufe der Zeit ganze Forschergenerationen. Gab es wirklich einen Bärenkult? Und wie und mit welchen Hinweisen konnte dies untermauert werden? Es gab Befürworter und Gegner aus den verschiedensten Lagern.

Der erste, der besondere Gemeinsamkeiten zwischen Höhlenbär und Menschen herauszudeuten versuchte, war der Schweizer Emil Bächler. In den Jahren 1904 bis 1908 erforschte er das Wildkirchli, eine 1500 Meter hoch gelegene Höhle in der Ostschweiz. Dass er neben Höhlenbärenknochen auch menschliche Steingeräte fand, stellte für die damalige Zeit eine Sensation dar. Als Emil Bächler dann noch gemeinsam mit Theophil Nigg in den Jahren 1917 bis 1923 im so genannten Drachenloch – auf stattlichen 2475 Metern gelegen – auf Schädel von Höhlenbären stieß, die eigenartig zwischen großen Steinplatten lagen, wurde es für sie zur Bestimmtheit, dass hier ein Bärenkult des Urmenschen vorlag. Die Schädel schienen eine wohl definierte Ausrichtung aufzuweisen, das konnte nur Kult sein. Bei einem Einzelschädel steckte sogar ein großer Oberschenkelknochen im Schädel. Die beiden Forscher wurden auch in den Folgejahren nicht müde, Beweise für ihre Theorien auch in anderen Höhlen ausfindig zu machen und was sein musste, weil es einfach nicht sein konnte, wurde immer mehr untermauert. Mal fanden sich Bruchstücke von Knochen, die als Knochenwerkzeuge interpretiert wurden, dann wieder Schädel in besonders geschützten Felsnischen.

Am Paläontologischen Institut der Universität Wien begutachtet Professor Gernot Rabeder, einer der führenden Höhlenbärenspezialisten, einen Schädel dieser ausgestorbenen Tierart. Dadurch, dass Höhlenbären einen Großteil ihres Lebens in Höhlen verbrachten, sind in Europa eine Fülle von Knochenfunden getätigt worden. Da manchmal Höhlenbärenschädel in eigenartiger Stellung aufgefunden wurden (unten eine Rekonstruktion aus der Petershöhle in Deutschland), ging man davon aus, dass der eiszeitliche Mensch einem Bärenkult huldigte.

Da immer sehr wenige Steingeräte gefunden wurden, ging man davon aus, dass es noch vor der Steinzeit eine weitere Epoche, »Knochenkultur« genannt, gegeben haben musste. Da die Reste von Menschen und Tieren unmöglich während der Eiszeiten in diese Höhlen gelangt sein konnten, begann hauptsächlich Emil Bächler nach einer Warmzeit zu suchen. Diese dürfte vor 120 000 bis 130 000 Jahren eingetreten sein. Funde von primitiven Steingeräten wiesen auf den Neandertaler hin. So war auch dieses Rätsel gelöst. Der Neandertaler bewohnte zu dieser Zeit hochalpine Höhlen, und war einem Höhlenbärenkult verfallen. Zu gleichen Ergebnissen kam ganz unabhängig in den Jahren von 1914 bis 1928 der deutsche Konrad Hörmann, der in der Petershöhle in Mittelfranken genauso Steingeräte, Feuerstellen und zwischen Steinplatten eingekeilte Schädel vorfand. Der wackere Forscher ging sogar noch weiter und nannte die Petershöhle ein »Heiligtum altpaläolithischer Horden«.

So mag es nicht verwundern, dass alsbald in jeder Höhle, in der Knochen gefunden wurden, das Hauptaugenmerk auf die Lage der Schädel gerichtet wurde, und sehr oft gelang es auch wirklich, inmitten hunderter regellos herumliegender Schädel genau jene zwei bis drei Schädel zu finden, die aus irgendwelchen Gründen eine besondere Anordnung vermittelten.

Die Geschichte des Höhlenbären allerdings begann schon viel früher. Jahrelang hatte sich der Erlanger Pfarrer Johann Friedrich Esper mit einer im Bezirk Gaillenreuth gelegenen Höhle befasst, aus der eine Unmenge fossiler Knochen zutage kamen. Im Jahr 1774 ging er mit einem Werk an die Öffentlichkeit, in dem er zwar auf die ihm unbekannten »vierfüssigen Tiere« aufmerksam machte, es aber nicht wagte, diesen Tieren einen eigenen Namen zu geben. Diese Zoolithen, wie damals versteinerte Knochen genannt wurden, führten ihn zwar näher ans Ziel, als alle vorhergehenden Forscher, die die Knochen als Reste von Drachen abtaten, aber näher als zu den Überresten von Eisbären reichte es auch für den forschenden Pfarrer nicht.

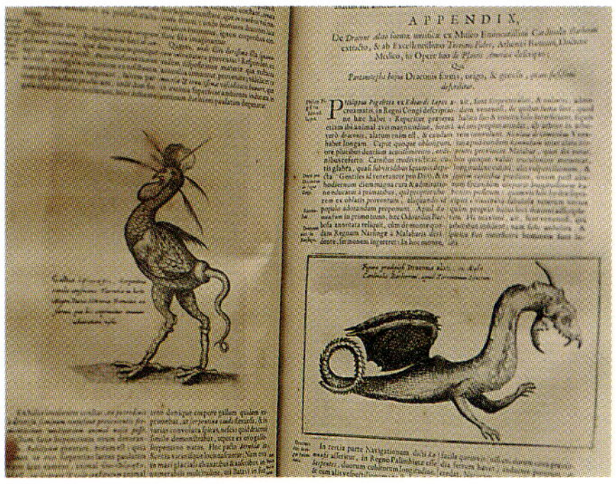

Athanasius Kircher unterteilte in seinem um 1650 erschienenen Buch »Mundus subterranus« die Drachen in sechs Kategorien. Über Jahrhunderte hielt sich so der Glaube an Drachen und andere Fantasiegestalten.

Mutiger war da schon 20 Jahre später der erst 23-jährige Student Johann Christian Rosenmüller. Er kam in seiner Doktorarbeit zum Schluss, dass es sich um heute nicht mehr existierende Bären handelte, und da diese Skelette in Höhlen gefunden wurden, nannte er die neue Art »Ursus spelaeus« – »Höhlenbär«. Rosenmüller war es auch, der dem Sintflutgedanken einen Riegel vorschob und richtig erkannte, dass die Knochen nicht durch die Einwirkung von Wasser in die Höhlen eingeschwemmt wurden, sondern das Wesen des Höhlenbären darin lag, eben einen Großteil seines Lebens in Höhlen zu verbringen.

Doch dies sollte erst der Beginn der Erforschungsgeschichte des Höhlenbären sein. Befreit hatte man sich einmal zum Teil vom Glauben an frühere Drachen und Riesen, auch wenn noch immer einem Großteil der Höhlen absonderliche Namen anhafteten. Das ging vom Drachenloch über das Wildemannlisloch in der Schweiz bis hin zur Drachenhöhle in Österreich. Vom Mittelalter an verkaufte man die angeblichen Stirnfortsätze des Einhorns als hochpreisiges Heilmittel gegen fast alle Krankheiten. Besonders begehrt war natürlich das »unicornu fossile«, das sich vom »unicornu falsum«, dem falschen Einhorn, dadurch unterschied, dass an Stelle von Zähnen heutiger Tiere, wie des Narwales, nur fossile Knochen verwendet werden durften. Sie wurden zerstampft und fein zermahlen als Pulver verkauft. Stoßzähne des Mammuts gehörten ebenso dazu wie die Zähne des Höhlenbären.

Die berühmtesten Naturforscher ihrer Zeit, wie Albertus Magnus oder der Schweizer Conrad Gesner, versuchten durch wissenschaftliche Abhandlungen und durch Zeichnungen die Existenz von Einhorn und Drachen zu untermauern. Von der Existenz der Drachen felsenfest überzeugt war auch noch der Geistliche Athanasius Kircher, dass er in seinem Hauptwerk »Mundus subterranus« diese in sechs verschiedene Gruppen einordnete. Ohne zu zögern übernahm Kircher in diesem Buch einen im Jahr 1667 verfass-

1678 zeichnet der Deutsche Otto von Guericke zum ersten Mal überhaupt ein fossiles Wirbeltier. Es sollte die Rekonstruktion eines Einhorns sein. Das Einhorn galt als Kostbarkeit ohnegleichen und wurde mit Gold aufgewogen.

ten Bericht von Elias Georgius Loretus über die in der Nähe von Mixnitz in der Steiermark befindliche Drachenhöhle, wo dieser sich ausgiebig über die Knochen von Riesen ereiferte. Ungefähr in dieser Zeit war in der so genannten Lindwurmgrube am Kärntner Zollfeld der Schädel eines Wollnashorns zutage gefördert worden, sodass sich alsbald eine Legendenbildung zu ranken begann, die dazu führte, dass im Jahr 1582 der Bildhauer Ulrich Vogelsang den Auftrag erhielt, für die Klagenfurter Bürger eine Rekonstruktion dieses Drachens aus einem Grünschieferblock zu fertigen. Der Sage nach soll dieser Drache in der Gegend von Klagenfurt in einer Höhle gelebt, und von Zeit zu Zeit Angst und Schrecken über die Einwohner verbreitet haben. So blieb nichts anderes übrig als einen furchtlosen Ritter auszusenden, der das Ungetüm, dabei selber sein Leben lassend, zur Strecke brachte. Der kurzfüßige aber Furcht erweckende Lindwurm wurde zum viel bewunderten Wahrzeichen von Klagenfurt, den dazugehörenden Schädel stellte man stolz im dortigen Museum aus, bis endlich im 19. Jahrhundert der österreichische Paläontologe Franz Unger das wahre Wesen des Drachen fand. Es handelte sich um nichts anderes als um ein eiszeitliches Wollnashorn, aber das interessiert auch heute noch die wenigsten Menschen.

Schon am 15. Juni 1387 ließ sich der Pfarrer Otto von Bruck an der Mur im hintersten Teil der Drachenhöhle stolz mit seinem Namenszug verewigen. Und es verwundert auch nicht weiter, dass bis ins 18. Jahrhundert es niemand wert fand, am Vorhandensein von Drachen zu zweifeln, oder die einzelnen sich in den Höhlen befindlichen Knochen weiter zu untersuchen. Als der Höhlenbär in Deutschland schon einige Jahrzehnte beschrieben war, führte man im Jahre 1806 noch den österreichischen Erzherzog Rainer zur viel besuchten Drachenhöhle, um ihn mit dem Skelett eines Drachen in Erstaunen zu versetzen. An die 150 Personen empfingen die kaiserliche Majestät am Eingang der Höhle, um ihm die »Thierart, die noch keiner von den vielen Naturforschern und Kennern, die ihn besahen, anzugeben wusste« zum Besten zu geben.

Die wissenschaftliche Erforschung der Drachenhöhle ließ noch einige Zeit auf sich warten und begann auch nicht so, wie man es sich eigentlich vorgestellt hätte. Im Ersten Weltkrieg begann sich der Mangel an Düngemitteln im öster-

Dieses als Drache montierte Katzenskelett schenkte man Kaiser Rudolf II., der postwendend davon auf einem Gemälde eine lebensechte Rekonstruktion anfertigen ließ. Der Schweizer Naturforscher Konrad Gesner beschrieb in seiner Veröffentlichung eine Fülle von Drachen.

reichischen Kaiserreich mit verheerenden Folgen bemerkbar zu machen. Die ausländischen Quellen, besonders die südamerikanischen Guano-Vorkommen waren blockiert, und als Folge davon begannen überall die Nahrungsmittelerträge zu sinken und die ersten Hungersnöte aufzutreten. So blieb nichts anderes übrig, als verzweifelt nach den letzten Phosphatquellen zu suchen. Man fand sie in Form der in verschiedenen Höhlen, besonders aber in der steirischen Drachenhöhle, abgelagerten Höhlenbärenknochen. Bis zu einem Viertel betrug der Phosphatanteil der Drachenhöhle, und so begann man eine Seilbahn zu bauen, um tonnenweise wertvollen Höhlenbärendünger ins Tal zu befördern. Obwohl immer wieder besonders ausgeprägte Schädel den Abbau überlebten und aufbewahrt wurden, war dies einer wissenschaftlichen Erforschung sicher nicht dienlich, aber wie immer heiligt der Zweck die Mittel. Bis zum Jahr 1924 war dieser einzigartige bergmännische Abbau von Höhlenbärenknochen in Betrieb, dann wurde er aufgegeben, und zum ersten Mal konnte sich die Wissenschaft wirklich ungehindert an die Erforschung dieser geschichtsträchtigen Höhle machen. Doch noch immer kämpfte man mit den Tücken der Knochen. Die in Leim getränkten Skelett-Teile zerfielen zum Großteil nach dem Austrocknen oder es bildeten sich Risse. Größere Teile wie Schädel wurden rasch geborgen, um dann später feststellen zu müssen, dass gerade die Anordnung eventuelle Hinweise auf einen Höhlenbärenkult hätte geben können. Denn nur wenige hundert Meter vor dem Eingang der Höhle hatte man inzwischen einen Lagerplatz der Urmenschen zusammen mit Steinwerkzeugen, verbrannten Knochen und Werkzeugen aus Höhlenbärenknochen entdeckt.

Denn immer noch wogte der Disput über die Existenz eines steinzeitlichen Höhlenbärenkults hin und her. Der Wiener Pater Wilhelm Schmidt war inzwischen sogar so weit gegangen, anhand dieses Kultes den kühnen Schluss zu ziehen, dass der Glaube an einen einzigen Gott die ursprünglichste Form der Religion sei. Waren nicht die geometrisch geordneten Höhlenbärenschädel die ersten Opfergaben an den einen Gott?

Immer öfter fand man in den Alpen die Zeugnisse des Menschen in Höhlen, die auch Höhlenbärenknochen enthielten. In der Salzofenhöhle im Toten Gebirge auf über 2000 Meter ebenso wie in vielen anderen französischen oder slowenischen Höhlen war dies gleich der Fall. Doch hatte dies zu bedeuten, dass Mensch und Höhlenbär gleichzeitig diese Höhlen benutzten? Nun erst besann man sich, dass man über viel zu lange Zeit die Knochen und die Artefakte aus dem Zusammenhang gerissen hatte. Mochten auch Bär und Mensch die Höhlen besiedelt haben, doch genauso gut konnte es sein, dass beide sich aus dem Weg gingen oder der Mensch erst viel später in solche Höhlen eindrang. Und meist war dies auch so der Fall. Was waren die Höhlenbären überhaupt für Tiere? Der Höhlenbär selbst war trotz seines Furcht erregend aussehenden Gebisses ein

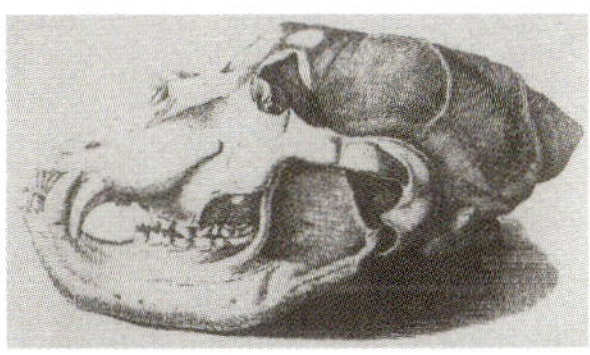

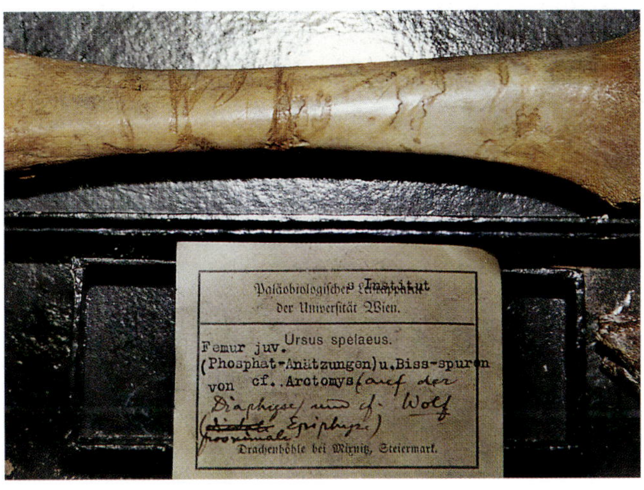

Im Jahr 1794 beschrieb der Doktorand Johann Christian Rosenmüller zum ersten Mal den Höhlenbären und nannte ihn »Ursus spelaeus« (oben links mit Erstbeschreibungsexemplar). Bekannt geworden ist die in der Steiermark liegende Drachenhöhle von Mixnitz, nicht nur wegen der Höhlenbärenfunde, sondern auch wegen der Spuren von Menschen (unten links). Martina Pacher vom Paläontologischen Institut der Universität Wien beim Studium der Knochen.

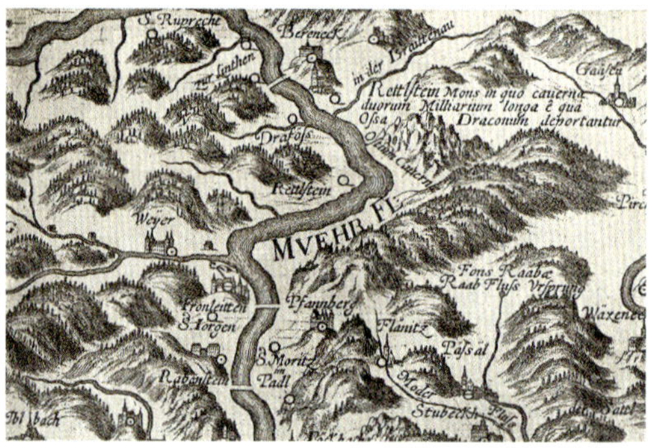

Ganz oben: Besucher der Drachenhöhle von Mixnitz haben ein Feuer entzündet. Jahrtausendealte Welten werden so wieder mystisch wachgerufen. Oben links: In der steirischen Drachenhöhle von Mixnitz wurden in der Zeit des Ersten Weltkrieges Höhlenbärenknochen zwecks Düngergewinnung für die Landwirtschaft abgebaut. Erst danach ging man daran, diese einzigartige Höhle wissenschaftlich zu erforschen. Oben Mitte: Athanasius Kircher übernahm in einem Bericht aus dem Jahr 1664 eine erste Beschreibung der Drachenhöhle. Er glaubte, dass sich dort Drachen, Riesen und andere furchtbare Lebewesen befänden. Oben rechts: Der Eingang der Drachenhöhle von Mixnitz aus dem Jahr 1747.

Pflanzenfresser. Die Ursprünge aller Bären lassen sich ungefähr 20 Millionen Jahre zurückverfolgen. Dann gehen ihre Merkmale in anderen Tieren auf. Im Laufe der Zeit spaltete sich eine Unzahl von Bären ab: Eisbären und Pandabären, Braunbären und eben der Höhlenbär. Sein Vorkommen ist aber erstaunlicherweise nur auf Europa beschränkt. Die Linie des Höhlenbären endet vor 16 000 Jahren. Welche Gründe zu seinem Aussterben führten, darüber streiten sich noch immer die Wissenschaftler. Denn er starb nicht am Ende der Eiszeit, sondern 5000 Jahre früher, während einer Kaltzeit aus. Mit den im Herbst angesammelten Fett- und Energiereserven zog er sich zur Winterruhe in die Höhlen zurück, wo auch die Weibchen ihre Jungen zur Welt brachten. Unbestritten ist, dass es Naheverhältnisse zwischen Menschen und Höhlenbären gab. In einigen französischen Höhlen, besonders in der erst 1992 entdeckten Chauvethöhle, wurden Höhlenbären von den urzeitlichen Menschen abgebildet. Dass aber gerade der Mensch zum Aussterben des Höhlenbären durch eine intensive Bejagung beitrug, ist sicher auszuschließen. Es kann zwar sein, dass er gelegentlich gejagt wurde, aber sonst dürfte er eine sehr untergeordnete Rolle als Jagdtier gespielt haben.

Für Willy Costamoling aus dem Südtiroler Gadertal änderte sich das Leben am 23. September 1987. Leidenschaftlich suchte er sein Leben lang Fossilien, dazu noch die so genannten Travenanzespuppes: eigenartige Lößagglomerate, die sich zuweilen in den wenigen kleinen Höhlen der Dolo-

Der Lindwurm zu Klagenfurt in einer Zeichnung aus dem späten 18. Jh. Der wahre Hintergrund dieses Drachens blieb den meisten Bewunderern verborgen.

miten finden. Es gibt immer noch Zufälle, wo man eigentlich annehmen könnte, dass sie heute nicht mehr möglich seien. Die Dolomiten sind ein riesiger Tummelplatz für Touristen, Kletterer, Abenteurer und Wanderer. Es war daher wohl auszuschließen, dass hier noch Aufsehen erregende Entdeckungen gelingen konnten, besonders an solchen Orten, die eigentlich leicht zugänglich waren.

An jenem Septembertag zieht es den Hotelier Costamoling aus Corvara, einer kleinen ladinischen Dolomitengemeinde, über die Schotterrinnen im Gebiet der Conturines magisch immer höher zu einem riesengroßen Felstor auf 2750 m Meereshöhe. Nicht weit davon entfernt führen seit jeher Touristensteige vorbei, auf denen in den Sommermonaten die Fremden, beeindruckt von der Landschaft und ihren Naturwundern, dahinwandern. Sicher haben schon Tausende das riesige Höhlentor hoch oben knapp unterhalb der Spitze der Conturines gesehen, und vielleicht hat auch bei manch einem Wanderer ob des schwarz-drohenden Schlundes die Fantasie zu spielen begonnen. Doch nicht einmal die herumstreifenden Jäger hatte es jemals dazu getrieben, die Schwelle dieses Tores zu überschreiten, um zu ergründen, was sich dahinter wohl verbergen möge.

Auf jeden Fall: Willy Costamoling aus Corvara überwindet seine innersten Ängste, um im Schein seiner matt leuchtenden Taschenlampe mühsam Meter um Meter die glitschigen Steinplatten emporzuklettern. Ein falscher Schritt, und niemand hätte ihn – auch bei einer harmlosen Verletzung – mehr gefunden. Endlich erreicht er den obersten Punkt der Höhle. Hatte er sich noch mühsam über den steilen Gang gekämpft, so präsentiert sich ihm nun eine Halle wie in einem mittelalterlichen Schloss. Überall wohin seine Taschenlampe auch ihren schwachen Schein wirft, sieht er mächtige Tropfsteine, während ihm vom Boden wie Zeugen einer anderen vergangenen Welt plumpe gelbliche Schädel entgegenstarrten.

Willy Costamoling erkennt, dass der Boden der Höhle mit Tausenden von Knochen und Skelett-Teilen übersät ist. Vorsichtig nimmt er den ersten Schädel in die Hand und betrachtet ihn musternd. Was sind das für Skelette? Er findet keine Erklärung dafür. Plötzlich wird ihm bewusst, dass er nicht einmal die nötigsten Hilfsmittel bei sich trägt, um die Höhle bis zu ihrem Ende hin zu durchforschen. Zu steil gingen in dieser Kathedrale aus Stalaktiten und Stalagmiten die versinterten Wände an allen Seiten in die Höhe, während sich weiter oberhalb von neuem dumpf starrende Seitengänge auftun. Schnell packt er einige Knochen und Schädel in seinen Rucksack und hastet wieder hinaus ins vertraute Leben.

Von seinen Familienangehörigen konnte er sich keine Hinweise über die Herkunft der Skelette erwarten. Im Dorf Corvara machte die Kunde von der Entdeckung des merkwürdigen Schatzes sehr schnell die Runde. Ein zurückgezogen lebender Hobbypaläontologe aus dem Gadertal, Rico Rottonara mit Namen, bringt Willy Costamoling endlich auf die richtige Spur. Es sind die Reste des legendären Höhlenbären. Warum sie so hoch oben, auf fast 3000 Meter Meereshöhe, in dieser Höhle liegen, klärte sich erst in den darauf folgenden Jahren auf.

Bald dringt die Kunde dieses Fundes an das Institut für Paläontologie der Universität Wien, dem weltweit führenden Institut in der Höhlenbärenforschung. Die ersten Grabungen unter der Leitung von Universitätsprofessor Gernot Rabeder werden vorgenommen und bringen sofort Erstaunliches zutage. Vor allem handelt es sich um die bei weitem höchst gelegene Höhlenbärenhöhle der Alpen. Der Großteil der gefundenen Knochenreste wurde vor ungefähr 45 000 Jahren hier eingebettet, ein Teil allerdings wies auf eine Besiedelung dieser Höhle durch Höhlenbären schon vor über 100 000 Jahren hin. Und schon mit der Datierung wurde Neuland beschritten. Wie konnte es sein, dass mitten im Würm, in einer Wärmeschwankung der letzten Kaltzeit, die Bären das Hochgebirge bewohnen konnten? Trotzdem waren diese Höhlenbären durchschnittlich kleiner und primitiver als jene des Tieflandes. Nun stellte sich heraus, dass es neben der Conturineshöhle auch andere hoch gelegene Höhlen gab, in denen dies zutraf. Der Begriff »hochalpine Kleinform« wurde geprägt, und am Ende wurde dieser Bär sogar einer eigenen Art zugeordnet: »Ursus ladinicus«.

Für Willy Costamoling änderte sich mit dem Fund der Höhlenbären sein Leben. Er begann sich in den Dienst der Sache zu stellen, begann Geld für weitere Forschungen zusammenzusuchen, koordinierte die fast alle Jahre herbeieilenden Forscher. Jahrelang jagte man ein Phantom. War es

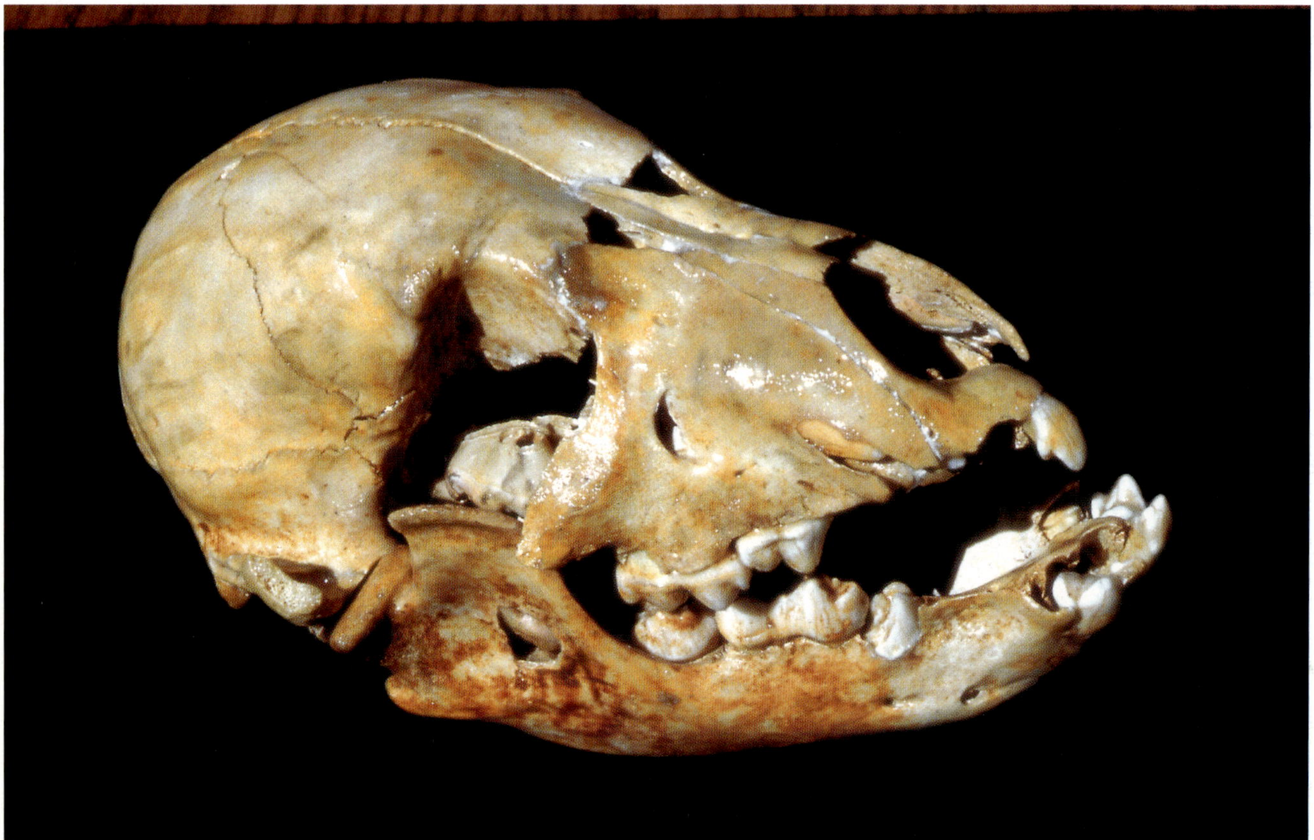

Rechte Seite: Gedankenverloren betrachtet Willy Costamoling, der Entdecker der Höhle, die im magischen Licht erstrahlenden Tropfsteine in der Conturineshöhle im Südtiroler Gadertal. Im magischen Blau erstrahlen die Tropfsteine in der Conturineshöhle. Man gab ihnen Namen aus der ladinischen Sagenwelt. »Die Rajetta« soll ein magischer Zauberstein gewesen sein. Höhlen gelten in den Dolomiten als absolute Seltenheit. Oben: Neueste wissenschaftliche Untersuchungen haben ergeben, dass es sich um kleinere Höhlenbären handelt, als die weiter unten in den Tälern. So wurde ein eigener wissenschaftlicher Name eingeführt: »Ursus ladinicus«.

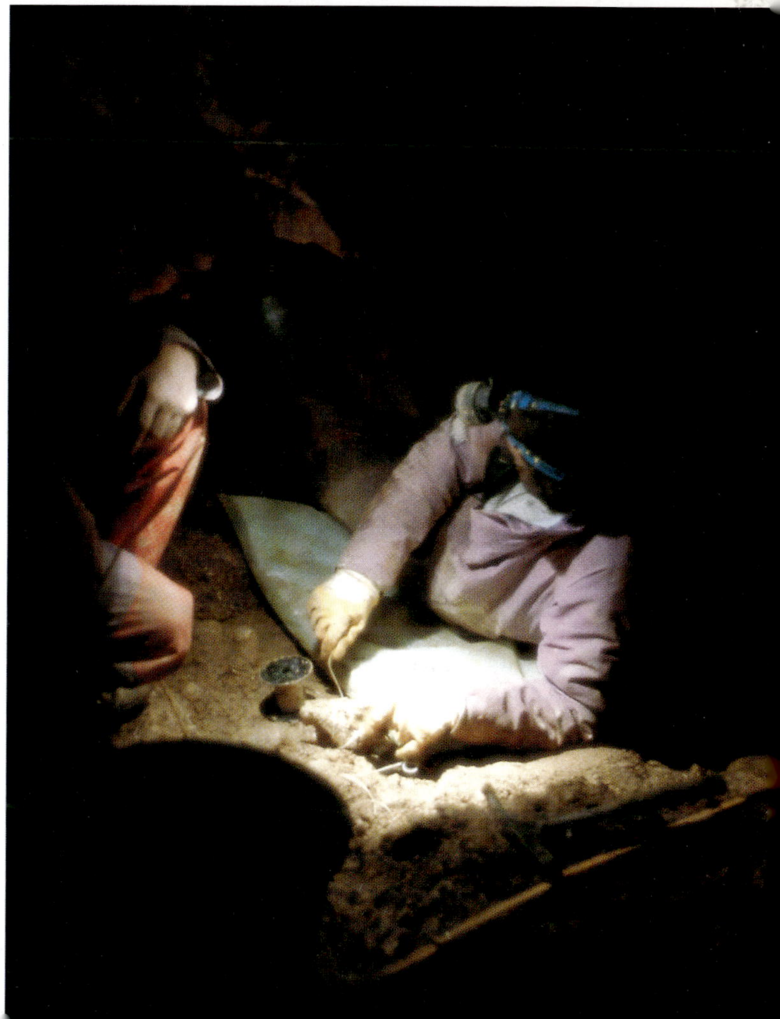

Willy Costamoling aus dem Gadertal, der Entdecker der Conturineshöhle betrachtet die Ausgrabungen der finnischen Paläontologin Kati Huttonen.

das wissenschaftlich aufbearbeitet im Naturkundemuseum Siegsdorf imposant auf die Besucher herabblickt, als innig gelebtes Mensch und Natur-Verhältnis auf der anderen Seite im Mammutheum, wiederum in Siegsdorf, präsentiert wird.
Es geschah an einem Oktobertag im Jahr 1975, als der sechzehnjährige Bernard Bredow und sein elfjähriger Freund Robert Omelanowski mit einem selbst gebastelten Metallsuchgerät das Bachbett des Gerhartsreiter Grabens in der oberbayrischen Gemeinde Siegsdorf hinaufwanderten. Im Zweiten Weltkrieg gab es hier bis in die letzten Kriegstage noch erbitterte Kämpfe; Tote, Verfolgungen und Menschen, die bereit waren, sich dem letzten Befehl Hitlers zu opfern. Die Waffen und die Munition fielen den Sterbenden aus der Hand und wurden von Laub, Erde und Lehm überdeckt. Doch es waren keine Gegenstände aus Metall, die plötzlich die Aufmerksamkeit der beiden jungen Schatzsucher erweckten, sondern aus dem Bachbett herausragende Knochen. Es handelte sich aber um keine Menschenknochen, die Bernard Bredow mit einem mitgenommenen Suppenlöffel als Werkzeug mit Mühe freigrub. Eine riesige Rippe steckte im grauen Lehm. Die beiden Jungen wurden vom Schatzsucherfieber erfasst. In den darauf folgenden Tagen begannen sie mit einfachen Werkzeugen weiterzugraben. Sie besorgten sich Literatur, und vermuteten alsbald, dass es sich um die Knochen eines Mammuts handeln könnte. Doch – und das brachte die Fachwelt viele Jahre später in Erstaunen – sie zähmten ihre Zungen und vertrauten niemandem ihre Entdeckung an. Mit einer selbst gebastelten

vielleicht möglich, dass hier hoch oben sogar Menschen während der Eiszeit eingedrungen waren? Trotz aller Suche fand man niemals Spuren menschlicher Besiedelung. Willy Costamoling wurde zum Außenseiter, einen Teil der Forschungen musste er selbst finanzieren, für einen anderen Teil trafen nie die versprochenen Zuwendungen ein. Man warf ihm vor, die ursprüngliche Fundsituation unwiederbringlich zerstört zu haben. Man bezichtigte ihn des Gesetzesbruchs. Und trotzdem brachte er die Forschung um einen Schritt weiter.
Wohl kaum haben ein paar Knochen so die Gemüter bewegt, selten wurde um einen Fund so viel Aufheben gemacht, und nicht allzu oft gab es so viel nicht befriedigtes Ehrgefühl, verletzte Eitelkeit und kleinkariertes Denken auf der einen Seite, wie sprachloses Erstaunen rund um die Fundumstände auf der anderen Seite, wie beim Fund des Mammuts von Siegsdorf in Südbayern. Wäre das Mammut in Sibirien gefunden worden, so hätte unter Zehntausenden dieser Art, die aus dem Permafrost herauseisen, wohl niemand besonderes Aufhebens gemacht, aber für die Alpen stellte dieser Fund eine Sensation dar und ging in die Geschichte ein. Die Geschichte des Auffindens, das Rundherum und die Idee »Mammut« als Markenzeichen sind untrennbar mit diesem Mammut von Siegsdorf verbunden,

Einem absoluten Zufall ist es zu verdanken, dass diese Höhle nicht schon viel früher entdeckt wurde. Rechte Seite: Um den Fundzusammenhang nicht zu stören, werden die Knochen einzeln aus dem Lehm herausgearbeitet. Die Conturineshöhle gilt als einer der am besten dokumentierten Orte der Alpen, in denen sich Höhlenbären aufhielten. Über ein Jahrzehnt haben verschiedene Wissenschaftler unter der Leitung von Gernot Rabeder in dieser hoch gelegenen Höhle geforscht.

Drahtseilbahn brachten sie kübelweise den kautschukartigen Lehm weiter nach unten. Knochen um Knochen kam ans Tageslicht. Den wenigen Neugierigen erzählten die beiden frühreifen verdreckten Jungen bloß, dass sie Versteinerungen gefunden hätten. Und Fossilien gibt es in dieser Gegend zuhauf. Als Minderjährige befürchteten die beiden zudem noch, dass ihnen der Lohn ihrer mühsamen Schufterei im Nu abgenommen werden würde, wenn einmal die Welt der Wissenschaft Kunde von diesem Fund erhielte. Ungestört arbeiteten die beiden, bis der Winter anbrach.
Im Hause der Bredows stapelten sich mittlerweile die Mammutknochen. Bernard Bredow verschlug es in der Folge in die weite Welt, und die Knochen erlitten jenes Schicksal, das bei vielen Schatzfunden der Fall war: Sie fielen der Vergessenheit anheim. Doch dann, zehn Jahre später, im Jahr 1985, Bernard Bredow hatte inzwischen in der weiten Welt seine ersten Sporen verdient, eröffnete der hoffnungsvolle Jüngling den Stadtvätern von Siegsdorf, aber genauso der regionalen Presse die Kunde um die Bewandtnis der in seinem Hause gelagerten Knochen. Am Anfang herrschte noch ungläubiges Staunen, Skepsis und Kopfschütteln. Als »Zirkuselefant« tat der oberste Heimatpfleger dieser Gegend Christian Soika bei einem Lokalaugenschein im Keller den Fund ab, und hob mahnend den Finger, dass dieser Schabernack auch ins Gefängnis führen könne. Für den Großteil der honorigen Herren war der Fund eine Nummer zu groß. Der Landrat von Traunstein, Leonhard Schmucker, kapitulierte als Erster vor der ihn erwartenden Mammutaufgabe mit dem Weiterverweis »Mir versteh'n nix, also muss a Fachmann her«, andere wiederum begannen sich mit dem Gedanken zu beschäftigen, »ob so a Bursch so was überhaupt so einfach find'n darf«. Der Bürgermeister von Siegsdorf, Franz Maier, dagegen war sich seiner Sache schon sehr sicher und fand Verständnis für den hoffnungsvollen »Bua, der finanziell unterstützt« gehörte, um »das Viech« ehestmöglich in einem neuen Heimatmuseum unterzubringen.
Derweil begannen sich auch die Experten für diesen Jahrhundertfund zu interessieren. Das Institut für Paläontologie und historische Geologie unter Federführung von Professor Kurt Heißig bestätigte den einzigartigen Erhaltungszustand der Knochen, als »wie frisch vom Metzger«, sodass nun die Gemeinde Siegsdorf – in die Enge getrieben – nicht mehr anders konnte, als ein Sonderbudget für weitere Ausgrabungen bereitzustellen.

Mit schwerem Gerät wollte man nun anrücken, um die zu erwartende Tourismusattraktion mit dem Doppelnamen »Siegsdorfer Mammut« als Ganzes einem begeisterten Publikum präsentieren zu können. Aber auch, um die von einigen Bürgern hinter vorgehaltener Hand vertretene Meinung, bei dem Fund handle es sich um nichts anderes als um eine Fälschung, den Wind aus den Segeln nehmen zu können.

Doch schon jetzt fielen die ersten Wermutstropfen auf den Sensationsfund. Die von Christian Soika so sehr gewünschte Übereignung der Knochen an die Gemeinde Siegsdorf schlug der selbstsichere Jüngling sehr schnell aus. Die Mammutknochen würden auch in nächster Zeit an einem geheimen Ort gelagert. Ehre und Ruhm sowie finanzielle Abgeltungen müssten erst durch weitere Verträge abgesichert werden, gab Bernard Bredow zu erkennen.

Die Grabungen wurden in die Wege geleitet, die dazu nötigen Finanzmittel bereitgestellt, und Bernard Bredow als Grabungsleiter verpflichtet. Und es dauerte nur zwei Tage, bis die Vermutung zur Gewissheit und zur Sensation wurde: Der erste Stoßzahn, an die hundert Kilo schwer, wurde gefunden. 22 000 Kubikmeter Lehm wurden bewegt, täglich wurden neue Knochen hinzugefügt, bis auch der zweite Stoßzahn, 2,60 Meter lang und besonders gut erhalten, zum Vorschein kam. Das Mammut, nun als stolzer Bulle entlarvt, bekam auch umgehend seinen Liebhabernamen. »Oskar« sollte es sich ab nun nennen. Bald schon waren 80 Prozent des Skelettes geborgen, dann folgte der nächste Paukenschlag. Es kamen plötzlich auch Knochen von anderen Tieren zutage: Hyänen waren darunter, dazu noch Wolf und Urhirsch, auch Knochen von Fellnashörnern. Und besonders interessant – fast das komplette Skelett eines Höhlenlöwen kam zum Vorschein. Nun ging man mit Vehemenz an die wissenschaftliche Erforschung. Anhand eines von Bernard Bredow vorgelegten Milchzahns bestimmte man das Alter auf 44 500 Jahre. Doch war dies auch das Alter aller anderen Funde? Vom ausgewachsenen Mammut konnte der Milchzahn auf keinen Fall stammen.

Auch nicht weiter verfolgt wurde in der Folge der Fund eines Oberarmknochens eines Menschen. Auch hier geschätztes Alter 40 000 bis 50 000 Jahre. Er war teilweise zernagt und wies Schnittspuren auf. Nur die »Bild«, die auflagenstärkste Zeitung Deutschlands, preschte mit einer Schlagzeilenprognose vor, dass »die ersten Bayern Men-

Links: Robert Darga, Leiter des Museums in Siegsdorf in Südbayern, betrachtet sein berühmtestes Stück. Nicht alle Teile des Mammuts konnten geborgen werden, aber es gilt als einer der spektakulärsten paläontologischen Funde der Alpen. Oben: Bernard Bredow, Gründer des Mammutheums, hat sich experimenteller Archäologie verschrieben. Mit einer Pfeilschleuder will er zeigen, wie eiszeitliche Jäger den großen Tieren nachstellten und sie zur Strecke brachten. Noch immer sind wir bei vielen Fragen über die Lebensbedingungen früherer Zeiten auf Mutmaßungen und Hypothesen angewiesen.

Der Fund des Mammuts von Siegsdorf durch Bernard Bredow und Robert Omelanowksi, 11 Jahre alt, ging in die Geschichte ein. Es dauerte aber noch weitere zehn Jahre, bis die Finder an die Öffentlichkeit gingen. Im Stillen gruben sie einen Großteil des Mammuts aus. Ab dem Jahr 1985 wurden die Funde in Zusammenarbeit mit dem Institut für Paläontologie in München weiter ausgegraben.

schenfresser« gewesen seien. Das Siegsdorfer Mammut wurde zum Mysterium, und die Hauptprotagonisten zu Schauspielern. Im Herbst 1985 waren die Grabungsarbeiten beendet, die nächsten Grundstücksnachbarn hatten von den Wühlarbeiten genug und untersagten eine Weiterarbeit. Symbolisch überreichte Bernard Bredow dem Bürgermeister Franz Maier seinen Spaten. Fund- und Eigentumsrechte wurden für den Preis von 153 000 DM und 50 Pfennig von der Gemeinde aufgekauft.

Warum verendeten die Tiere genau an dieser Stelle? Das Schlammloch war schon während der Eiszeit zu einer tödlichen Falle für die Tiere geworden. Das Loch war gleichzeitig eine hochwillkommene Tränke für alle, aber dort lauerte eine tödliche Gefahr. Die Tiere versanken im tiefen Schlamm und wurden eingebettet. Und blieben so bis in die Jetztzeit hervorragend erhalten. Doch neue Fragen tauchten auf. Einige Jahre später entdeckte man an den Knochen des Höhlenlöwenskeletts unscheinbare Kratzspuren. Sie verliefen überraschenderweise quer zur Knochenachse. Die Untersuchungen ergaben, dass es sich um Schnittspuren von Menschen handeln muss. Hatten eiszeitliche Menschen oder sogar Neandertaler mit Steinmessern diesem Löwen Fleisch und Fell abgeschabt? Um dann die Reste in das Schlammloch zu werfen? Noch aber konnte im Jahr 1988 Bernard Bredow das zusammengebaute Löwenskelett den immer mehr interessierten Gemeindevätern von Siegsdorf vorstellen.

Dann ging man daran, den Gedanken eines eigenen Museums für Mammut und Höhlenlöwen zu verwirklichen. Uneinheitlich war von Anfang an die Meinung, ob sich solch ein Aufwand überhaupt lohne. Bis man anfing, sich auf die eigenen Wurzeln zurückzubesinnen. Die Umgebung von Siegsdorf war geologisch und paläontologisch noch weiter interessant. Es gab Ammoniten, Nummuliten und andere Versteinerungen aus den verschiedensten Erdepochen. Dies gab den Anstoß, rund um das Mammut einen Museumsbau in Angriff zu nehmen.

Bernard Bredow zog es indessen zu neuen Ufern. Von Gemeinde und Stadtvätern hatte er sich mittlerweile geistig und inhaltlich getrennt und verabschiedet. Rund um die Idee »Mammut« sollte etwas Weltumspannendes entstehen. Er bildete sich zum anerkannten Mammutexperten aus. Mit einem profunden Hang zu angewandter Archäologie und Paläontologie.

Kaum ein Tier der Eiszeit hat die Menschen seit jeher so fasziniert wie das Mammut. Es war ein harmloser Pflanzenfresser, bevölkerte die weiten eiszeitlichen Steppen. Vor 12 000 Jahren verschwand das Mammut aus Europa, vor 9500 Jahren aus Sibirien. Nur auf der Wrangel-Insel, einer Insel im Eismeer, blieben Zwergformen noch bis vor 4000 bis 7000 Jahren erhalten. Bis in die Zeit der ägyptischen Pharaonen. War der Mensch am Aussterben mit beteiligt? Wahrscheinlich nicht. Als sich die Erde nach den Eiszeiten wieder erwärmte und die Wälder sich immer weiter ausbreiteten, verlor das Mammut seinen Lebensraum. Doch in

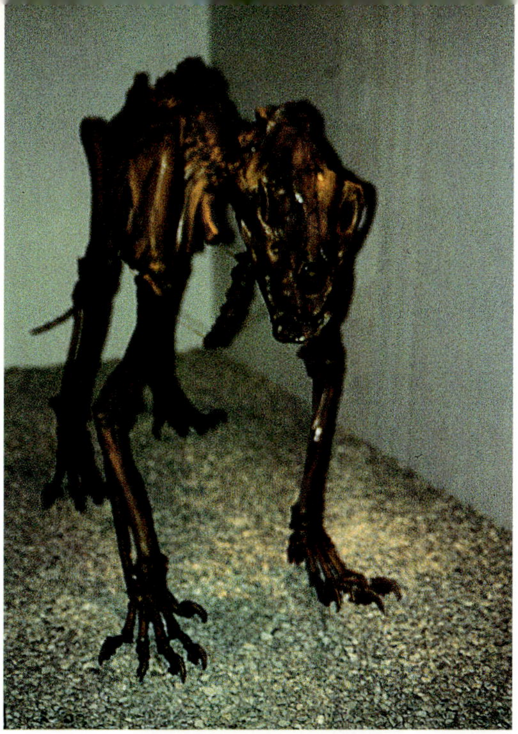

Ganz links: Die geborgenen Überreste des Mammuts von Siegsdorf. Rechts: Auch ein Höhlenlöwe in fast komplettem Zustand konnte geborgen werden. Die Höhlenlöwen waren während der Eiszeit weit verbreitet. Unten: Kult um das Mammut in Siegsdorf. In verschiedensten Varianten wird das Thema Mammut abgehandelt. So soll den Besuchern anschaulich die Faszination Eiszeit erklärt werden.

Ein Wollnashorn im eiszeitlich verschneiten Siegsdorf. Noch immer gibt es keine hieb- und stichfesten Erklärungen über das Aussterben von Höhlenbären, Mammuts und anderen eiszeitlichen Tieren.

den Menschen hatte sich das Mammut als archaisches Urgut längst schon festgesetzt. Aus Stoßzähnen hatten urzeitliche Menschen primitive Zeltverstrebungen errichtet, in vielen nordspanischen und südfranzösischen Höhlen zeugen heute noch Wandmalereien, Gravuren, aber auch figürliche Darstellungen von der Symbolkraft dieses Tieres. Das Mammut konnte vielseitig genutzt werden. Es gab Fleisch für mehrere Monate für eine Sippe, das Fell wärmte in kalten Nächten, der Stoßzahn konnte als Kunstobjekt verarbeitet werden. Und in der Folge wurde dieses Tier in Sagen, Mythen und Legenden verarbeitet. Johann Lorenz Bausch war 1666 der Erste, der es wissenschaftlich einzuordnen versuchte. In seiner Monografie »De Unicornu fossili« verwob er eine Vielzahl von Hörnern zu einem einzigen Legendentier. Dieser Weg erwies sich als Irrweg. Wie so vieles. Mehr Glück hatte da schon im Jahr 1695 der deutsche Geschichtsforscher Wilhelm Ernst Tentzel, der wenigstens die Ähnlichkeit des Mammutskeletts mit heutigen Elefanten erkannte. Doch in weiteres Neuland wagte auch er sich nicht. Da war Georges Cuvier schon kühner. Im Jahr 1796 ließ er sich nicht mehr weiter halten und verkündete aller Welt den neuen Gedanken, dass es auch ausgestorbene Tiere gäbe. Und das Mammut gehöre unwiderruflich dazu. Es war ein Meilenstein in der wissenschaftlichen Erforschung, ein Schlag gegen die Kirche, aber die Beweise waren zu zwingend und zu gut durchdacht.

Auch in der Nähe von Cannstadt in Deutschland fand man immer wieder große Knochenansammlungen von Tieren. Im Jahr 1816 ließ Friedrich I. nach einem erneuten Fund die Knochen und Elfenbeinzähne besonders sorgfältig ausgraben. Durch die genaue Einhaltung der Fundlage sollten weitere Erkenntnisse über diese Tiere gewonnen werden, ein durchaus löbliches und für die damalige Zeit außerordentlich weitsichtiges Vorhaben. Doch der Besuch an der Mammutfundstelle soll dem Kaiser nicht besonders gut getan haben. Einige Tage später verstarb er an einer seltsamen Krankheit, die die Bevölkerung mit den Knochen in Verbindung brachte.

Als dann noch im 19. und 20. Jahrhundert in den sibirischen Permafrost-Steppen tiefgefrorene Kadaver des Mammuts gefunden wurden, deren Fleisch man sogar noch den Hunden zum Fraß vorwerfen konnte, war eine Legende geboren. Ein Tier hatte seinen Kultplatz endgültig erobert. Zur Zeit der Zaren setzte man Prämien für diejenigen aus, die

Am Anfang stehen eine Hand voll Knochen, sehr oft sogar so zusammengeschwemmt und abgelagert, dass nur mit Mühe eine genaue Rekonstruktion möglich ist. Damit die Skelette der Tiere nicht sofort zu Staub zerfallen, müssen sie erst dauerhaft konserviert werden. Hernach werden Abgüsse angefertigt, fehlende Teile ergänzt und die einzelnen Knochen zusammenmontiert.

besonders schön erhaltene Mammuts der Wissenschaft zugänglich machten. Einem Kosaken namens Jawlowski ist es zu verdanken, dass im April 1901 die Akademie der Wissenschaften in Petersburg über ein von eingeborenen lamutischen Jägern am steilen linken Ufer der Beresowka gefundenes Mammut Kunde erhielt. Als Dank für die Meldung und die erste Sicherung dieses ein Jahr zuvor gefundenen Mammuts erhielt der wackere Kosake eine Belohnung von 1000 Goldrubeln, die sich allerdings schon einen Tag danach in Wein und Weib verflüchtigt hatten. Am 3. Mai brach die Expedition dann auf, um die fast 8000 Kilometer weite Strecke mit der sibirischen Eisenbahn, kleinen Flussdampfern, Fuhrwerken, zu Pferde und zu Fuß zurückzulegen. Nach vier Monaten harter Strapazen kam man über Jakutsk und Werchojansk, einem der Kältepole dieser Erde, endlich am Ziel an. Noch immer steckte das Mammut zum großen Teil im steinhart gefrorenen Boden, während aber der ausgeaperte Kopf schon von Tieren aufgefressen worden war. Nun blieb dem wissenschaftlichen Leiter der Expedition, O. Herz, sowie dem Oberpräparator des Zoologischen Museums, E. W. Pfizenmayer, nichts anderes übrig, als um das Mammut eine Blockhütte zu bauen. Im beheizten Inneren wartete man so lange, bis der Boden langsam auftaute. Einzelne Teile des Mammuts wurden dann abgetrennt, verpackt und im Freien gelagert, wo sie alsbald wieder einfroren. Als man endlich zu fortgeschrittener Jahreszeit das Werk beendet hatte, lud man die schweren Teile bei Temperaturen von unter –50 Grad auf Rentierschlitten und Pferde, um sie zum 3500 Kilometer entfernten Irkutsk zu bringen, wo endlich der erste Eisenbahnpunkt lag. Im Februar 1902, fast ein Jahr später, gelangte die Expedition wieder in Petersburg an.

Das Beresowka-Mammut wurde zum Medienstar. Man analysierte den Mageninhalt – er enthielt immerhin 12 kg an Gräsern, Kräutern, aber auch Baumzweige von Lärchen, Erlen und Birken. Man studierte die 3 cm dicke Haut mit den Fettpolstern und dem anhaftenden Fleisch. Das wollige, dichte Fell mit seinen bis zu 50 cm langen rötlichbraunen Haaren war erstaunlich gut erhalten. Altersbestimmungen ergaben, dass das Beresowka-Mammut vor 39 000 Jahren lebte. Eine Fülle weiterer Mammuts wurden in der Folge entdeckt. Schätzungen gehen davon aus, dass in den letzten 250 Jahren in Sibirien allein Stoßzähne von 20 000 bis 25 000 Individuen gesammelt wurden. Schmuck wurde

Das Mammut von Beresowka, wie es sich im Jahr 1902 den ersten Wissenschaftlern zeigte. Der Kopf war von Raubtieren zerfressen worden, aber der Rest war in einmaligem Zustand erhalten geblieben. Über das Mammut wurde eine Blockhütte gebaut, dann wurden die Überreste in mühevoller Arbeit geborgen und mit Schlittenhunden zur nächsten Eisenbahnstation gebracht. Dieses Mammut ging alsbald in die Geschichte ein.

daraus gefertigt, gleich wie eine russische Gerätebaufabrik lange Zeit aus diesem Rohstoff modernste Mikrospulen fertigte.

Bernard Bredow begann sich auf die Spuren vieler dieser Mammuts zu heften. So wurde er zu einem genialen Archäologie-Handwerker. Seine Fähigkeiten hatte er schon unter Beweis gestellt, als er vom Siegsdorfer Mammut eine naturgetreue Kopie anfertigte und damit im Stande war, die hunderte Kilo schweren Knochen auf ein Minimum zu reduzieren. Durch Leichtmaterialien gelang es ihm, die früheren, mit schweren Eisendrähten verbundenen Mammutrekonstruktionen als schwebende Skelette darzustellen und so einem breiten Publikum bekannt zu machen. Auch die Knochen sibirischer Mammuts wurden von ihm nachgegossen. Ausstellungen wurden damit organisiert, rastlos setzte er sich in den Dienst der Sache. Längst schon hatten sich die Wege zwischen ihm und dem Naturmuseum Siegsdorf mit seinem, von ihm gefundenen und nun zusammengesetzten Mammutknochen getrennt.

Das von ihm gegründete Mammutheum sollte den Gedanken Mammut in einen Erlebnischarakter einbinden. Den Besuchern wollte er angewandte Archäologie zeigen. Wie es einmal gewesen sein könnte. In unseren Gedanken sollte die Welt früherer Zeiten wieder erstehen. Mammuts mit Haut und langen Haaren (aus südamerikanischen Büffeln nachgebaut), dazu noch wie lebendig wirkende Höhlenlöwen und Wollnashörner in einem Park herumtummeln. Auf dass die Kinder sich in einer Welt, wie sie vor 40 000 Jahren war, wohl fühlen sollten. Doch was wissen wir von dieser Welt? Was ist falsch und was wird richtig gedeutet? Jeder Fund bringt uns der Wahrheit näher und wirft trotzdem immer hundert neue Fragen auf.

Von den Kristallen

Der Schweizer Extremstrahler Teodosi Venzin hält eine besonders schöne Kristallstufe mit Hämatit aus der Cavradischlucht bei Sedrun in der Hand. Nicht alle Jahre hat er so viel Glück.

Die Täler der gläsernen Riesen

Plinius und die römischen Kristallsucher · Johann Dichtl, der einsame Kämpfer · Die Riesenkristalle vom Ödenwinkel

Die Riesenkluft vom Gerstenegg

Der große Tag des Ernst Rufibach · Ein Naturdenkmal für die Menschheit · Eine Tragödie erschüttert die Strahler · Das Kristallbergwerk vom Zinggenstock · Der Traum des Peter Moor · Pfarrer Frisching wird Geschäftsmann

Große Klüfte, große Funde

Die Riesenmorione vom Tiefengletscher · Ein ganzes Dorf verteidigt seine Kristalle · Die letzte Kristallstufe des Peter Indergand · 250 Meter Kristallgänge am Sandbalm

Das Tal der schatzsuchenden Geistlichen

Pater Flurin Maissen und die Strahler der Surselva · Ein Grab aus Bergkristall · Die Kristallvasen der Miseronis

Wir sind am Hocharn in Kärnten. Er wurde zum Schicksalsberg der Kristallsucher in den Ostalpen. Nirgends fanden sich so viele und solch ergiebige Klüfte wie hier. Hier rannten die Kristallsucher vom Süden und vom Norden an, um die reichlichen Klüfte auszubeuten. Wahrscheinlich auch schon die alten Römer. Es war nahe liegend. Szenenwechsel nach Magdalensberg in Kärnten. Schon in keltischer Zeit stand hier eine Siedlung von beträchtlichem politischen und wirtschaftlichen Ansehen. Nach Errichtung der römischen Provinz Noricum wurde der Magdalensberg zu einem bedeutenden Umschlagplatz für Handelsgut. Zwar war man bei Ausgrabungen schon im Jahr 1956 auf Bergkristallsplitter gestoßen, doch niemand maß diesen Funden eine bedeutende Rolle zu. Sie wurden einfach verschenkt oder zum Schutt geworfen. Doch im Jahr 1988 – die Archäologie hatte sich mit Meilenstiefeln weiterentwickelt – kommen die Wissenschaftler aus dem Staunen nicht mehr heraus. Unter einigen Metern Schutt eines ehemals mehrstöckigen römischen Gebäudes stoßen sie auf eine Unzahl von Bergkristallen. Zwischen 1988 und 1992 finden verschiedene Grabungen statt, und immer wieder gibt es unerwartete Funde: Am Ende sind es an die 70 Bergkristalle mit einem Gesamtgewicht von 115 kg, der größte von ihnen hat das stattliche Ausmaß von 64,5 Zentimeter Länge und 50 kg Gewicht. Vor der Zeitenwende müssen verschiedene lokale Händler ihre Kristalle hierher gebracht haben: Gefunden wohl in den Bergen der Umgebung, an verschiedenen Fundstellen und in verschiedenen Klüften am Hocharn, in der Rauris oder im Pinzgau. Nach der römischen Adriametropole Aquileia ist es nicht weit, und von dort konnten die Kristalle dann mit Schiffen nach Rom gebracht werden. Hatte man den Kelten, jenen genialen Schmiedehandwerkern, die überall verzweifelt nach Erzen suchten, nicht zugetraut, dass sie glasklare Kristalle in die Täler schleppen konnten?

Ein erster Teil der Spurensuche über das Vordringen der Menschen in die unwirtlichsten Berggegenden konnte so weit gehend gelöst werden. Aber es war nicht das letzte Mosaik, das sich aneinander fügte. Wieder musste das Buch der Geschichte umgeschrieben und aktualisiert werden. Die Frage, die sich nun stellte, war nahe liegend. Wie bargen die Römer die Bergkristalle? Es ist der große römische Naturforscher Gaius Plinius Secundus, genannt der Ältere, der uns in seiner »Historia Naturalis« weitere Einblicke vermittelt. »Ich kann mit Sicherheit bestätigen, dass die Bergkristalle in den Felsen der Alpen entstehen, und zwar in so unwegsamem Gelände, dass die Sammler sie am Seil hängend herausholen.« Die ersten Alpinisten im Dienste der Kristallsuche. Das alte Rom dürstete nach diesem edlen Mineral. Vasen wurden daraus gefertigt, Kunstgegenstände und vor

Eine schon vor langer Zeit geöffnete Kluft, die den Namen »Römerloch« erhielt, füllt sich langsam wieder mit Eis. Die schönste Stufe von Matthias Schmiedl, dem alten Pocher, gefunden im Fleißtal in Kärnten. Er präsentiert sich davor.

allen Dingen geschliffene Kugeln zur Heilung der Kranken. Wieder ist Plinius der Chronist: »Die Ärzte sind der Meinung, dass zum Ausbrennen kranker Stellen im Körper nichts anderes nützlicher sei als Kugeln aus Bergkristall, die man gegen die Strahlen der Sonne hält.«

Als im Jahr 1307 Abt Werner nach Ossiach in das älteste Benediktinerkloster Kärntens berufen wird, eilt ihm der Ruf eines Wunderheilers voraus. Tag um Tag sammeln sich die Kranken vor dem Kloster und hoffen auf Heilung und Linderung ihrer Qualen. Voll Hoffnung ließen ihn die Kranken gewähren, wenn er seine drei heilenden Kristallkugeln mit dem gebündelten Sonnenstrahl so lange auf den Kopf der Armseligen brannte, bis sie vor Schmerzen schrien.

Zum Hocharn rannten die Kristallsucher über die Jahrhunderte. Und sie öffneten Klüfte, deren Kristalle Eingang in die Museen fanden. Große Sucher waren darunter. Wie der alte Pocher. Unter diesem Namen kannten sie ihn alle. Richtig hieß er Matthias Schmiedl. Seinen Lebensunterhalt verdiente er sich mit einer kleinen Imbiss-Station am Eingang des Fleißtales, wo früher über die Jahrhunderte ein altes Pochwerk stand. Die benachbarten Berge rund um die Fleißtäler waren sein Revier. Dorthin zog es ihn, sooft er nur konnte. Er hatte eine panische Angst, dass jemand seine Klüfte ausbeuten könnte, er hütete die Fleißtäler mit argwöhnischem Auge. Nur seine Frau durfte ihn begleiten, zu ihr hatte er Vertrauen. Er fand große Klüfte, darunter am Sandkopf eine Kluft mit Rauchquarzen, der sich so schön aufbaute, wie die Bergzinnen der Umgebung. Der alte Pocher war in den goldenen siebziger Jahren nicht allein. Ein Bauernsohn aus dem Kärntner Großkirchheim war darunter, Sebastian Brandstätter, alle kannten ihn unter dem Namen Reiter. Er war jung, stark, Vater von vier Kindern. Und denen wollte er eine Zukunft bieten. Er war ein extremer Kletterer, wagemutig bis zum Letzten. Auch für ihn wurde der Hocharn zum Schicksalsberg. Dort fand er die schönsten Fluorite der Ostalpen, in einer Kluft an der Hocharn-Westwand, die nur an wenigen Tagen des Jahres überhaupt zugänglich ist, und dann auch nur, wenn man frühmorgens, bei hart gefrorenem Wasser, sich mittels Dutzende Meter langen Seilen heruntertastet, um dem tagsüber drohenden Steinschlag zu entwischen. Den ganzen Tag über musste man dann auf den schmalen Bändern und Felsritzen verharren, um spätabends, wenn die Felsen eineisen, wieder zurückkehren zu können. Sebastian Brandstätter öffnete die besten Klüfte, er verkaufte einzigartige Kristallstufen, er renovierte sein Haus. Aber am 18. August 1972 kam er nicht nach Hause zurück. Auch nicht am nächsten Tag, als ein wilder Schneesturm einzusetzen begann. Er kam nie mehr zurück. Freunde fanden seinen Leichnam nach den ersten Schönwettertagen zerschmettert an der Hocharn-

Links: Georg Kandutsch beim Arbeiten in der Rauchquarzkluft am Hocharn. Die Klufthöhle zog sich nach oben, sodass immer wieder akuter Sauerstoffmangel die weiteren Bergearbeiten behinderte. Trotzdem ging die Kluft durch ihre prachtvollen Stufen in die Geschichte ein. Über schwieriges Gelände mussten die Kristalle dann in stundenlanger Arbeit hinuntergetragen werden. Rechts: Walter Dabernig mit Rauchquarzstufen aus der Kluft vom Hocharn in Kärnten. Unter widrigsten Umständen gelang es, die Kristalle zu bergen.

Westwand. So wurde der Hocharn zu seinem Grab. Wie für andere auch.

Wir sind wieder im Gipfelbereich des Hocharn. Der Sturm tobt um uns herum, Schneegraupeln schießen wie Schrotkugeln auf unser Gesicht. Wir haben in einer geringmächtigen Einschaltung eines glimmerreichen Aplitbandes begonnen, eine große Quarzader zu verfolgen. Sie ist erst seit wenigen Jahren aus dem Permafrost herausgeeist. Schnell stößt man an die menschlichen Grenzen. Knapp einen Meter tiefer beginnt wieder das ewige Eis. Auf 3200 m Meereshöhe dauern die Sommer höchstens einen Monat, dann ist die Saison zu Ende. Die Kluft aber ist viel versprechend. Sie dürfte in die Geschichte eingehen. Wir gehören zur neuen Generation der Kristallsucher. Schon früh entdeckten wir die Leidenschaft für die Mineralien. Wir hatten Zeit, unser Wissen rund um die Entstehung der alpinen Klüfte zu perfektionieren und zeitlebens gingen wir auf Kristallsuche. Zuerst lernten wir von den Alten, dann lernten sie von uns. Wie sich die kristallreichen Bänder durch die Felsen ziehen, wo die Klüfte zu finden sind, besonders die großen. So haben wir die Kristallsuche der Ostalpen revolutioniert. Wie Feldherren planten wir generalstabsmäßig, wie bei den ersten Bezwingungen der Achttausender wurden schwere Gasflaschen und Gerät in die Höhe getragen, der Felsen analysiert. »In kleinen Klüften findest du keine großen Kristalle«, das ist eine Kernaussage. Wer große Kristalle finden will, muss bereit sein, hart zu arbeiten, zu leiden und zu schuften. In Teamarbeit und mühseliger Kleinarbeit muss das Eis des Permafrosts herausgeschmolzen werden. Tagein und tagaus. Was macht die Faszination Kristallsuche aus? Ist es Schatzgräberei oder wissenschaftliche Forschungsarbeit? Versucht hier der Mensch gegen die Natur zu bestehen? Man wird wohl nie eine eindeutige Antwort finden können.

Die Klüfte bekamen Namen, denn es waren große Klüfte, die in die Geschichte eingehen sollten. Viele davon lagen am Hocharn. Die »Eiskluft« zum Beispiel. 23 Meter tief musste das Eis herausgeschmolzen werden, und immer rann es in die Tiefe. Im schiefen Winkel lief diese Kluft, an langen Schläuchen musste das Wasser herausgesaugt werden. Doch sehr schnell verstopften sich die Schläuche, und alle Arbeit war umsonst. Bergkristallgruppen wurden geborgen und fanden Eingang in die Museen. Aber es war eine Arbeit am Rande des Menschenmöglichen. Oder die große Morionkluft. Sie war so eng, dass sich kaum jemand hindurchzwängen konnte, aber sie barg die schönsten Morione der Ostalpen. Schneeweißer Ankerit, noch nicht durch die oxidierende Luft angegriffen, hatte sich auf die Morione wie großer Zuckerkristall hinaufgesetzt. Auch sie lag im ewigen Eis. Beide wurden wir zu Abenteurern. Die Kristalle faszinierten uns und wurden zu unserem Lebensinhalt. Kristallsuche als Beruf ist eine aussterbende Zunft. In den Ostalpen gibt es nicht einmal eine Hand voll davon, in der Schweiz einige mehr. Die Steiners im Pinzgau zählen dazu, Kurt Nowak auch im Pinzgau lebend, haben diesen Beruf für sich auserkoren. Es ist ein Beruf im Grenzbereich. Halb Abenteurer, halb Verrückter, dann wieder Naturliebhaber und Naturzerstörer.

Die »Fluoritkluft« stellte alles in den Schatten, was an Herausforderung nur möglich war. Zweihundert Meter musste man in die Tiefe abseilen, bis zu jener Stelle, wo die Kluft sich ansatzlos in den Felsen hineinzieht. Vor der Kluft selbst war nicht einmal Platz zum Stehen. Aber im Innern barg sie alpine Schönheiten der Extraklasse. Blau-violette Fluorite saßen auf weißem Albitgestein, auf die Grate wie hinaufmodelliert. Dazu kam noch Bavenit und Apatit. Diese Schönheiten haben die Mineralien der Alpen weltberühmt gemacht. An die 120 verschiedene Kluftmineralien bergen die Alpen. Wie kaum ein anderes Gebiet der Erde wurden diese mineralogischen Kostbarkeiten erforscht, vermessen, kunsthistorisch aufgearbeitet. Von jeder einzelnen Kluft hätte man lange Geschichten erzählen können. Von all dem, was es heißt, unter extremsten Bedingungen Mineralien zu suchen. Tagelang im Eis zu liegen, wie hypnotisiert die Gasflamme auf das Eis gerichtet, im Minutentakt mit einem jämmerlichen Aluminiumbecher Wasser auf die Kristalle gießend, damit sie nicht aufgrund des Temperaturunterschiedes in tausend Stücke zerspringen.

Die Kluft, an der wir arbeiten, öffnet sich immer weiter. Die ersten Rauchquarzstufen kommen aus dem Eis zum Vorschein. Im Laufe der Jahrzehnte hat sich unsere Einstellung zur Mineraliensuche vollkommen gewandelt. Wir fingen an wie alle Sammler und Sucher. Wir wollten schöne Stücke bergen und sie daheim ausstellen. Diese Ansprüche haben wir beide nicht mehr. Gerne bewundern wir die vielen Schaustücke in den Sammlungen. Gerne schauen wir den Sammlern zu, wie sie die Kristalle hegen und pflegen, wie sie originell und individuell ihre Sammlungen gestalten. Ein jeder auf seine Art und Weise. Immer mehr trat für uns der sammelnde Mensch in den Vordergrund, die Geschichte hinter der Geschichte. Das menschliche Erlebnis. Hier oben auf mehr als 3000 m Höhe zählt die Kameradschaft und das gegenseitige Vertrauen. Walter Dabernig und Lois Mössler, zwei Kärntner Sammler, helfen eifrig mit. Alle halbe Stunde wird jener, der im Permafrost auf dem Boden liegt, wie hypnotisiert das Eis schmilzt, – steif gefroren und unfähig, sich zu bewegen – von uns herausgezogen. Wir richten ihn wie eine Marionette auf und flämmen ihn mit den Gasbrennern ab, um seine Lebensgeister wieder zu erwecken. Starr gefroren ist die Kleidung. Allzu oft richten wir versehentlich die offene Flamme auf seinen gemarterten Kopf, dass die Kopf- und Barthaare zischend verbrennen. Kollateralschäden nennt sich dies, und sie sind nicht zu vermeiden. Kaum jemals in den Alpen wurde mit so viel Logistik, mit so hohem technischen und mineralogischen Know-how den Felsen und den Klüften zuleibe gerückt. Wie viele der Kristallsucher wurden zu Veteranen und zogen sich, ohne jemandem Lebwohl zu sagen, zurück. Es gibt nichts Schlimmeres, als den anderen anzuvertrauen, dass man die Last dieser Arbeit im Grenzbereich einfach nicht mehr schafft. Norbert Moser, der große Sammler, hat sich verabschiedet, ihn plagen verschiedene Schmerzen, Lois Tabernig und Gerhard Moser sind alt geworden. Dann gab es noch viele, deren Spuren sich im Laufe der Zeit verloren. Sie kamen und gingen. Dieses Leben oberhalb der Dreitausender verlangte jedem alles ab. Auch uns.

Manchmal zogen sich die Klüfte steil in die Höhe. Dann tropfte das aufgetaute Wasser nach unten, während die Flammen gierig den letzten Sauerstoff aus der Kristallhöhle saugten. Wir hätten oft genug ersticken oder von den plötzlich, von ihrem jahrtausendealten Eisdruck befreiten Felsen zermalmt werden können. Wie leicht hatten es doch die Schweizer Strahler. Sie durften mit modernsten Mitteln arbeiten, verwendeten Sprengstoff, um die störrischen Felsen zurechtzubiegen. Das alles war in den Ostalpen niemals gestattet. Ein Hammer ist erlaubt, dazu noch ein kurzer Meißel, mehr nicht. Es ist eine Suche »by fair means« – mit fairen Mitteln: Mann gegen Fels. Wer ist stärker? Es gibt kaum Unterschiede in der Suchtechnik zwischen heutigen Sammlern und jenen Römern oder Kelten, die vor 2000 Jahren in den Hohen Tauern nach Kristallen suchten. So ist es trotzdem erstaunlich, dass im Laufe der Jahrzehnte auch in den Hohen Tauern besonders reichhaltige Klüfte zum Vorschein kamen. Es wurden Kristallgruppen zutage gefördert, die ihresgleichen suchen. Da stiegen die harten Männer mit über 90 kg Gewicht von den Dreitausendern in stundenlangen Märschen über die ausgesetzten Grate in die Tiefe. Fast das Doppelte ihres eigenen Körpergewichts schleppten sie ins Tal, um die Prachtstufen präsentieren zu können. Da campierten sie oft wochenlang oben auf dem Hocharn, bei Schneetreiben und Blitzeinschlägen, um monoton ihr Werk

Die Eiskluft am Hocharn. Noch liegt die Kluft unter dem Gletschereis verborgen. Eine Quarzader sticht markant hervor. Nach dem Beseitigen des Eises wird allmählich der Klufthohlraum erweitert. Am Ende zieht sich die Kristallkluft in einem abwärts ziehenden Gang 23 Meter in den Felsen hinein, bevor Georg Kandutsch und seine Mithelfer die Arbeit beenden. Unten: Hervorragende Bergkristallstufen konnten geborgen werden.

zu vollenden. Jede Kluft bedingte ihre eigene Logistik. Am Ende blieben meterlange Gänge zurück, durch die man wie in Stollen aufrecht hineinwandern konnte, bis das ewige Eis im nächsten Jahr wieder seinen Siegeszug antrat und für immer die Löcher auffüllte.

Langsam kommt sie zum Vorschein, eine der schönsten Kristallgruppen der Alpen. Tagelang mussten wir schon mit unseren primitiven Gasflämmern brennen, keinen Augenblick die Geduld verlieren. Eine Sekunde Unachtsamkeit oder die Flamme zu lange auf den Kristall gerichtet, und schon wäre das perfekt erhaltene Werk von Jahrmillionen zerstört worden. Es geht darum, den Menschen unten in den Tälern die Perfektion der Natur aufzuzeigen. An die 300 kg schwer ist die Rauchquarzgruppe, die hier zutage gefördert werden soll. Perfekt von oben bis unten. Wir filmen und dokumentieren. Es ist ein historischer Augenblick. Eine der größten und schönsten alpinen Kristallstufen kommt ans Tageslicht. Dokumentiert haben die Kristallsammler niemals sehr viel. Fotoapparate wurden kaum mitgenommen, die Steine im Rucksack zerschlugen sehr schnell jegliches technische Gerät. Und so gingen einzigartige Momente menschlicher Suche unwiederbringlich verloren. Was wissen wir von all den großen Kristallsuchern der Vergangenheit. Nicht sehr viel.

Immer stärker wird das Schneetreiben. Wir ziehen uns in die nahe gelegene Biwakschachtel zurück. Als wir morgens erwachen, ist die Landschaft rundherum tief verschneit. Voll bepackt steigen wir alle hinunter. Ein Jahr später ist die Lage vollkommen verändert. Der Hocharn wurde für die Mineraliensuche gesperrt. Von Amts wegen. Neue Gesetze sind in Kraft getreten. Was sollte man tun? Diese einzigartigen Kristallgruppen oben lassen, dass sie von der Natur und dem Eis zerstört werden? So knapp vor dem Ziel.

Doch dies ist nicht nur unsere Geschichte. In den Tälern gab es die anderen, die bärtigen Männer, geschnitzt wie Andreas Hofer, im Innern an Gott, Ehre und Heimat glaubend. Wie Johann Dichtl, den Resinger, aus dem Osttiroler Virgental. 1939 wurde er geboren, mit drei Jahren schleppte ihn der Vater, selbst Kristallsucher, auf die umliegenden Berge. Die Leidenschaft blieb. Johann Dichtl wurde zum Wilderer, zum Kristallsucher, zum Bergführer. Das Virgental wurde zu seinem Heimatrevier.

Jenem Tal, aus dem die größten Bornite der Alpen stammen. 1895 fand sie ein gewisser Jestl im Gebiet der Virschnitzscharte. Bis zu 5 kg schwer, zusammen mit Gold, dieses erbsengroß. Eine Sensation. Jestl wurde wahnsinnig, fühlte sich verfolgt, zerklopfte das Gold, um es auf seine Echtheit zu überprüfen. Er randalierte. Die Verwandten brachten ihn nach Hall in Tirol in die Landesirrenanstalt. Drei Monate später ist er ein toter Mann, ohne irgendjemandem den Fundort preisgegeben zu haben. So kann ein großer Fund einen Menschen verändern.

Oder die Geschichte der größten Brookite der Alpen. Jakob Graus, das »Frößenmandl« aus Obermauern im Virgental, und Thomas Trojer aus Virgen fanden sie im Eis der Säulkopfer Nillalpe im fernen Jahr 1882. Sie trugen das Holz in die Höhe, machten vor der Kluft ein Feuer und schmolzen so die Brookite aus dem Eis. Es kamen ihrer so viele hervor, dass sie damit begannen, Bilderrahmen zu verzieren. Es war eine Inflation an handflächengroßen Brookitkristallen. Sie wurden übermütig, wetteten in Wirtshausrunden, wer im Stande sei, mehr davon mit den Zähnen auseinander zu beißen. Einige wenige fanden Eingang in die Museen, der Rest wurde zerstört. Man erkannte ihren wahren Wert nicht.

Johann Dichtl, der Resinger, ging in die Geschichte ein und mit ihm die große Kluft vom Mitteldorfer Graben. Nicht etwa, dass Johann Dichtl nur diese eine Kluft gefunden hätte. Er fand ihrer viele, die berühmte Bergkristallkluft vom Eicham etwa, oder das große 21 cm messende Rauchquarzgwindel von der Kristallwand. Aber die Klüfte am Mitteldorfer Graben bargen die besten und perfektesten Kristallstufen der Ostalpen. Eng verbunden mit dieser Kluft ist das Schicksal von Johann Dichtl, dem belesenen, dem fotografierenden und dokumentierenden Bauern. Drei Mal musste er seine Mineraliensammlung verkaufen, um seine armselige Bauernhütte zu erneuern. Er ist kein Einzelschicksal. Die Bauern mussten fast immer die erlesensten Stücke verkaufen, um ihre Dutzend Kinder über die Runden zu bringen. Johann Dichtl hatte auch noch sehr viel Pech. Aus ungeklärten Gründen brannte sein Bauernhaus ab und er musste wieder von neuem beginnen. Johann Dichtl blieb ein Original, ein Felsenmensch.

Berühmt wurden die Sphene der Ostlalpen. Am Sattelspitz im Südtiroler Ahrntal fand man hervorragende Stufen.

1971 bearbeiten sie am Mitteldorfer Graben die ganz große Kluft. Johann Dichtl ist mit dabei und Franz Hauser, vulgo Roner. Die Natur hat es in diesem Grünschiefer, auf 2600 m Höhe, gut gemeint. Die Klüfte sind mit Lehm gefüllt, so lagen die großen Kristallstufen unverletzt im Innern. Drei-

Jede Kluft weist andere Eigenheiten auf. Bei manchen Spalten, wie hier in der Val Giuf in der Schweiz, müssen die Kristallstufen erst in langwieriger Arbeit aus dem Permafrost herausgebrannt werden. Es ist eine ungesunde Arbeit. Links: Ein Triumphgefühl: Leopold Wurth und Friedrich Dohr tragen einen über 50 kg schweren Bergkristall, gefunden im Gebiet des Schober Eissig in Kärnten ins Tal. Ein stundenlanger Marsch steht ihnen bevor. Unten: Wahrscheinlich waren die alten Griechen die Ersten, die von den Kelten Kenntnis von den Bergkristallen der Alpen erhielten. Da den griechischen Denkern berichtet wurde, dass die Kristalle nur hoch oben auf den Bergen in der Nähe der Gletscher vorkamen, gaben sie diesem Mineral den Namen »krystallos« – was ewiges Eis bedeutet.

Die Kristalle der Alpen haben Geschichte geschrieben. Während in der Schweiz die Kristallklüfte waagrecht laufen (Bild oben rechts), laufen sie in den Ostalpen zum großen Teil senkrecht in den Felsen hinein. Die Gebrüder Hofer, Sammler aus dem Pinzgau, beuten eine Kluft aus. Rudl Innerbichler aus dem Südtiroler Ahrntal begutachtet eine besonders schöne Morionstufe mit schneeweißem Adular (rechts unten).

Die Jahrhundertkluft der Ostalpen vom Mitteldorfer Graben in Osttirol. Johann Dichtl (Bild rechts) und andere Kristallsucher beuteten zwischen 1970 und 1980 die Klüfte aus. Historische Fotos zeigen die Bergungsarbeiten. Große und vollkommen unbeschädigte wasserklare Bergkristalle mit Calcit wurden in mühevoller Arbeit ins Tal getragen.

zehn Meter zog sich die größte am Ende in den Felsen hinein, ein Großteil aber war schon den Abhang hinuntergebrochen. Grausam kann manchmal die Natur ihre eigenen Schätze zerstören. Schwere Kristallgruppen werden geborgen, allseits kristallisiert, ohne Makel, mit schneeweißem Calcit und perfekten Bergkristallen. Sie bearbeiten die Kluft, sie pachten die Stelle, es kommen die ersten Neugierigen. Ein Kristallrausch entsteht. In den Ostalpen galt nie ein ehernes Kristallsuchergesetz wie in der Schweiz. Es galt das Recht des Raffinierteren und Skrupelloseren. Die Klüfte vom Mitteldorfer Graben wurden zum Eldorado für die Schatzsucher. Mit 92 kg schweren Kristallgruppen steigen sie wankend in die Tiefe und zerstreiten sich heillos über ihren Besitz. Zu schön, zu makellos und zu einzigartig waren diese Kristallstufen. Johann Dichtl sammelt immer noch und fotografiert, wie er es seit frühesten Zeiten tat. Er, der Bauer, der sich mit dem ersten ersparten Geld einen Fotoapparat kaufte, hat sein Leben lang dokumentiert. Seine Funde und seine Klüfte. Er hielt Vorträge vor den Fremden, die ihn liebten, weil er den Idealtyp des Bergmenschen verkörperte. Mit seinem Bart, seinem Glauben an Gott, Heimat und die Ehre. Mit seinem Jähzorn und seiner nur im Innern pochenden Feinfühligkeit. So blieben einige Fotos von ihm erhalten. Wie sie die großen Klüfte ausbeuten. Die jüngeren Sammler mit offenen Hemden, die älteren mit Anzug. Vornehmheit geziemt sich auch beim Mineraliensuchen.

Das Virgental, das Ahrntal, der Pinzgau, das sind die Täler der Kristallsucher der Ostalpen. Hier hat das Mineraliensuchen Tradition. Seit Jahrhunderten. Trotz aller gegenteiligen Regelungen und Gesetze, die man immer wieder einzuführen versuchte. Man verbot das Kristallsuchen. Die Bauern gingen trotzdem. Sie mussten gehen, um ihr karges Leben auf den Bergen aufzubessern. Wie Johann Künig, der Ebnerbauer aus St. Jakob im Ahrntal. Zum Künig pilgerten sie alle: Pio Mariani kam aus Mailand, um die besten Funde zu kaufen. Es war ein sonderbarer Handel. Josef Künig, der Unwissende, hatte einem Maurer gleich vorgeschlagen, nach Tagesaufwand entlohnt zu werden. Kristalle gab es in rauen Mengen, und am Ende der Sommersaison überreichte der Bauer Künig dem großen Mariani die erlesenen Fundstücke und ließ sich die Tagesschichten auszahlen. Pio Mariani war zufrieden. Er kam viele Jahre lang. Nur der Vinzenz Steger, der »Fuchs«, war dem Künig ebenbürtig. Schafhirte war er und Schmuggler, barfuß ging er anfänglich auf Kristallsuche. Geld hatte er keines, aber mit dem ersten verkauften Kristall kaufte er sich ein paar Stiefel. Von nun an ging er zeit seines Lebens mit seinen Gummistiefeln Mineralien suchen. »Mit dem Buch findest du keinen Stein«, das war sein Motto, und an das hielt er sich ein Le-

Mario und Lino Pallaoro, die beiden unzertrennlichen Zwillinge in der größten je in den Dolomiten gefundenen Kristallhöhle. Sie bestand aus Calcit und Chabasitkristallen und war 15 Meter lang.

ben lang. Die Bücher waren ihm ein Gräuel, wissenschaftliche Begriffe noch viel mehr. Er war ein Besessener, und er fand sehr viel. Oder die Innerbichler, auch aus dem Ahrntal stammend. Sie fanden die größten Milarite der Alpen, im Windtal, auf über 3000 m Höhe. Was bedeutet überhaupt das Größte und das Schönste? Es ist der Maßstab, wie die Natur im Kristallreich Wunder schafft. 500 Höhenmeter trugen die Innerbichler Wasser in die Höhe, dringend benötigt, um diese Kristalle aus dem Permafrost herauszueisen. Typen fanden sich, die gehörten dem Abschaum der Menschheit an, waren Außenseiter oder Fixierte. In Teis in Südtirol arbeitete Paul Fischnaller ein Leben lang in einem Graben, um dort seine Teiser Kugeln zu bergen, Geoden, die in manchen Fällen innen hohl waren. Jeden Tag zog es ihn zu einem Graben, wo er mit fünf Kilo schweren Fäustlingen auf den harten Felsen eindrosch, bis endlich, vielleicht nach Wochen, wieder eine dieser Kugeln voll besetzt mit Amethyst und anderen seltenen Mineralien erschien.

Da gab es noch einen Südtiroler Sammler mit dem klingenden Namen Julo Amedeo Maria Nicolussi-Castellan Hochegg. Er fand Kristallklüfte, aber er brachte die beiden Pallaoro-Zwillinge aus der norditalienischen Provinz Trient zum Mineraliensammeln. Sie wollten sich ihr Leben ruinieren, beide gemeinsam, so eins waren sie in ihren Charaktereigenschaften. Nichts taten sie getrennt. Gemeinsam gingen sie auf Kristallsuche, sie erzählten von ihren Kristallen immer nur in der Ich-Form. »Ich habe eine große Kristallkluft am Olperer geöffnet«, »Ich habe einen schönen Kristall gefunden.« Sie suchten zu zweit und fühlten sich als eine Person. Sie stritten sich in den Klüften wie die Räuber, sie erzählten über ihre Funde und stritten sich über den Fundhergang. Aber es war immer ihr gemeinsames Ich, das von ihren Taten berichtete.

Wer waren die ersten Kristallsucher in all diesen Tälern? Wir werden es nicht mehr in Erfahrung bringen können. Irgendwann kamen die Wissenschaftler oder jene, die sich als solche fühlten. Sie beschrieben die Kristalle, wo sie gefunden wurden, welche chemische Zusammensetzung sie haben, wie sie eingeordnet werden. Bereitwillig gaben die Bauern – die Finder – ihr Wissen preis. »Bergkristall gibt es«, »Kristall fand man«, schrieben die Fachleute und vergaßen diejenigen zu nennen, denen man diese Funde zu verdanken hatte. Als namenlose Helden gingen sie in die Fachbücher der Mineralogie ein.

Eine Kristallkluft aber sollte alle überstrahlen. Sie barg die größten Kristalle der Alpen überhaupt. Unübertroffen bis zum heutigen Tag. Die Riesenkristalle vom Ödenwinkel im Pinzgau. Vor dem begeisterten mineraliensammelnden Pfarrer Josef Lahnsteiner, der in Hollersbach im Pinzgau als pensionierter Geistlicher seine letzten Lebensjahre verbringt, steht Peter Meilinger aus Bramberg und berichtet ihm schier Unglaubliches. Oben in der Eiskögele-Nordwand habe er mit seinem Kletterkollegen Hans Hofer am 16. Juli 1965 eine Kristallkluft mit Riesenkristallen entdeckt. Teilweise seien sie über einen Meter groß. Beide waren sie keine richtigen Mineraliensammler, desto mehr aber waren sie begeisterte Kletterer. In jener steinschlaggefährdeten Ödenwinkelscharte hatten beide einen Fund gemacht, der alle Maßstäbe sprengen sollte. Die Kristalle sollten zu den größten der ganzen Alpen werden. Doch von einer Bergung war man noch meilenweit entfernt. Aufmerksam hört Pfarrer Josef Lahnsteiner dem Bergsteiger Meilinger zu, wie dieser ihm sein Schicksal klagt. An den Bürgermeister hätte er

sich schon gewandt, doch der habe ihm überhaupt kein offenes Ohr geschenkt und mittlerweile seien schon die ersten Mineraliensammler hinaufgeklettert, um die kleineren und leichteren Stücke herunterzutragen.
Zeit seines Lebens hatte sich Pfarrer Lahnsteiner für Mineralien interessiert. Immer wieder war er selbst in den Bergen unterwegs gewesen und hatte auch so manche Kluft geöffnet. Daheim hatte er eine riesige Bibliothek über naturkundliche Bücher zusammengetragen, und dazu trieb er noch mit aller Energie den Bau eines Mineralienmuseums im Pinzgau weiter. Geduldig hört der nun schon 83-jährige Pfarrer Peter Meilinger zu. Er zweifelt nicht an seinen Aussagen. Es konnte sich sicher nicht nur um Übertreibungen handeln. Auch wenn ihm mannshohe Bergkristalle als ungeheuerlich vorkamen. Instinktiv verweist er den Bergsteiger an das »Haus der Natur« in Salzburg und seinem Direktor Dr. Tratz. Doch auch im »Haus der Natur« sind alle skeptisch und wollen es nicht wahrhaben. So beauftragt man den Salzburger Mineraliensammler Gersdorfer, einen besonders trainierten Extrembergsteiger, zusammen mit Peter Meilinger – mit einem Fotoapparat ausgerüstet – zur Fundstelle hinaufzuklettern. Die Wirklichkeit übertrifft alle Erwartungen. Die Kluft selbst hat schon zu diesem Zeitpunkt enorme Ausmaße: 5–6 Meter Breite, einen Meter hoch und einige Meter tief. Felsblöcke und Schuttmaterial bedecken einen großen Teil des Kluftinhalts.
Doch Peter Meilinger ist es nicht vergönnt, die Bergung der Riesenkristalle miterleben zu dürfen. Am 22. August 1965 verunglückt der leidenschaftliche Bergsteiger an der Spaten-Ostwand im Krimmler-Achen-Tal tödlich. Doch inzwischen macht die Nachricht vom Riesenfund die Runde. Es kommt der Winter, dann wieder wird die Spannung zum Höhepunkt getrieben. Im Jahr 1966 sollen endlich die Riesenkristalle geborgen werden. Die Wetterumstände lassen eine konsequente Bergung nicht zu, hoch oben liegt viel Schnee. Die Bergung dieser Riesenkristalle soll im Rahmen einer Hochgebirgsübung des österreichischen Bundesheeres durchgeführt werden. Es ist die einzige Möglichkeit, um die über 600 kg schweren Kristalle der Menschheit zugänglich zu machen.
Ende August 1966 ist es so weit: Die Bergungsaktion kann beginnen. Die Verantwortlichen sind sich voll bewusst, dass es eine unendlich schwierige und bis an die Grenzen des Menschenmöglichen und technisch Zulässigen gehende Bergung sein wird. Eine eigene Materialseilbahn muss vom Gletscher des Ödenwinkelkeeses bis auf die 400 Meter weiter oben liegende Fundstelle errichtet werden. Gewaltige Sicherungsmaßnahmen für die Mitarbeitenden sind erforderlich. Dann endlich, am 13. September 1966, knapp vor Wintereinbruch, ist es so weit: Von Saalfelden aus startet die Expedition mit allen technischen Hilfsmitteln.
Eine Hubschrauberstaffel wird eingesetzt, der Bergungstrupp ist sich des einzigartigen Augenblicks bewusst; bis zur Selbstaufopferung werden unter widrigsten Umständen die Bergung und der Transport der Riesenkristalle vorangetrieben. 1622 kg wiegen die sieben schwersten Kristalle, wobei der größte, zur Erinnerung an den Finder der Kluft »Meilinger« genannt, mit 618 kg besonders heraussticht. 257 kg wiegt der »Hofer«, 195 kg der »Minister«, 164 kg der »Oberst«, 153 kg der »Jäger«, 136 kg der »Pionier«, und für den tapferen Hubschrauber, der die Riesenkristalle ins Tal beförderte, gibt es auch noch eine Benennung: Der »Hubschrauber« wiegt 99 kg. Alle erreichen Größen zwischen 63 und 116 Zentimeter. Der »Meilinger« erreicht sogar einen Umfang von 220 Zentimetern. Er wird so zum

Pfarrer Lahnsteiner war lange Zeit Promotor der Mineraliensucher im Salzburger Pinzgau. Ihm ist es auch zu verdanken, dass die Riesenkristalle vom Ödenwinkelkees geborgen werden konnten.

größten je in den Alpen gefundenen Bergkristall. Zwei Tonnen Einzelspitze werden in der Kluft gefunden, die großen Bergkristalle selbst werden zu einem der Höhepunkte im »Haus der Natur« in Salzburg.
Unten in den Tälern des Pinzgaus, des Ahrntals und des Zillertales bildeten sich die Kristallsucherdynastien. Zumeist waren es einfache Bauern, die sich durch die Suche nach Mineralien ein Zubrot sicherten. In die Täler kamen die Wissenschaftler und Aufkäufer der großen Museen oder privater Sammlungen und kauften sich jene Prunkstücke zusammen, die heute die großen Museen zieren. Bis sich am Ende auch einige Sammler in den Tälern fanden, die ihre eigenen Sammlungen zu Museen umfunktionierten.
Der größte Sammler von allen: der Ahrntaler Josef Kirchler. Ein kleines Elektrizitätswerk in St. Johann gab ihm die Basis, um sich im Laufe seines Lebens die besten Stücke aus den Hohen Tauern anzueignen. Er sammelte und sammelte. Manche der Prunkstücke haben eine Geschichte. So das so genannte »Kristallgwindel«, ein eigenartig gedrehter Bergkristall, den der Knappe Josef Kofler im Bergwerk in Prettau fand. Jahrzehntelang hütete er dieses wertvolle Stück in seinem windschiefen Bauernhaus im hintersten

Ahrntal. Es sollte sein Erbstück sein. Unverkäuflich war dieser Kristall. Er erzählte allen, dass dieser eine Kristall mehr wert sei als seine Bergheimat. Doch die Last des Alters begann auch ihn zu erdrücken. Josef Kirchler kaufte auch ihm sein Lebenswerk ab, damit der alte Kofler seinen Erbteil schon zu Lebzeiten verteilen konnte.
Schon längst hatte man herausgefunden, dass es in den Alpen Täler und Gebiete gab, die durch ihren besonderen Reichtum an Mineralien auffielen, während dann über weite Strecken kaum interessante Kristalle zu finden waren. Kristallreich waren im Osten die Hohen Tauern, mit dem Hocharn, dem Großglockner und den großen Tälern Pinzgau, dem Südtiroler Ahrntal und dem Zillertal. In der Schweiz dagegen wurden in der Gegend rund um die Grimsel, im Kanton Uri, aber auch in der Surselva und anderen Gebieten der Innerschweiz die reichsten Funde gemacht. Im Laufe der Zeit wurden Kristallhöhlen gefunden, die durch ihre Schönheit und die prachtvollen Kristalle, aber auch durch die Fundumstände Eingang in die Geschichtsbücher fanden. Und wer geglaubt hätte, dass jetzt alle knapp an der Oberfläche liegenden Stellen längst schon abgesucht und gefunden wären, der irrt. Auch heute noch werden – sehr oft sogar an ganz banalen Orten – Kristallklüfte gefunden, die die Medien herbeieilen lassen und den bisher unbekannten Finder über Nacht zur Berühmtheit bringen. Das ist dann der Stoff, aus dem die Träume sind und die uns an die wahr werdenden Märchen glauben lassen.
Zwei Kilometer haben sich die Maschinen schon durch den harten Granodiorit des Zugangsstollens zum Bau der Kraftwerke Oberhasli im Grimselgebiet durchgebohrt. Überschüssiges Wasser des Oberaarsee im Schweizer Kanton Bern sollte dadurch gespeichert und bei Verbrauchsspitzen in elektrischen Strom umgewandelt werden. Doch am 4. Oktober 1974 sind der Bauleiter U. Blatter und der Aufseher F. Immer nervös. Fast gar kein gesprengtes Gesteinsmaterial wird auf den Rollwägen von den Traktoren ins Freie gezogen. Es ist als stocke die Arbeit aus einem unbekannten Grund. So beschließen die beiden leitenden Angestellten, sich selbst an Ort und Stelle über die Gründe der Verzögerungen zu unterrichten. Als sie tief im Erdinnern zum augenblicklichen Tunnelende vorstoßen, trauen sie ihren Augen nicht. Die Mineure haben eine weit interessantere und in ihren Augen lukrativere Tätigkeit entdeckt. Sie sind zu Schatzsuchern geworden. Die letzte Sprengung hatte einen Kristallkluftausläufer freigegeben, der sich nun

Ernst Rufibach vor der Kluft, die ihn viele Jahre beschäftigte. Fluoritkristalle haben sich auf die Quarze aufgesetzt. Rechte Seite: Es grenzt an ein Wunder, dass diese Kristallhöhle überhaupt die Sprengungen überlebt hat. Vorsichtig wurde die Stelle erweitert und eine schwere, allseits kristallisierte Platte weggehoben. Nur mit schwerem Gerät konnte dies gelingen. Das Grimselgebiet gilt als eine jener Regionen Europas, wo Kristallgeschichte geschrieben wurde.

quer über den Stollen hinzieht und am rechten Ende noch weit in den Felsen hineinstößt. Überall liegen durchsichtig glänzende reine Bergkristalle herum, auf denen wie Bonbons, rosarote Fluoritkristalle aufsitzen.

Kristallklüfte gibt es quer durch die Alpen an den verschiedensten Stellen. Meistens erreichen sie aber kaum einen halben Meter Länge, und in den seltensten Fällen gelingt es, daraus ansehnliche Kristallgruppen zu bergen. Sehr oft haben Wind, Wetter und Frost das ihrige getan und viele der Spitzen zerstört. Dann wieder gelingt es nicht, die am Mutterfelsen anhaftenden Kristalle unversehrt zu bergen. Doch hier an der Grimsel zeigt die Natur Mineralogie und Geologie in ihrer perfektesten Form. Schon seit Urzeiten hat sich der Mensch für die Bildungsbedingungen von Kristallen interessiert. Vor 20 bis 30 Millionen Jahren in den Ostalpen und etwas später – vor 16 Millionen Jahren in den Westalpen – traten jene Voraussetzungen ein, die zur Bildung der alpinen Klüfte führten. Solange die Gesteinsschichten 30 Kilometer unter der Erde lagen und enormem Druck und Temperaturen bis 600 Grad ausgesetzt waren, bildete alles eine flüssig-zähe Masse. Doch mit der Hebung nahmen Druck und Temperatur ab, und die in den Gesteinen enthaltenen Lösungen, Mineralien und Wässer begannen ihre Eigenschaften zu ändern. Tief im Erdinnern rissen in dem nun immer spröder und zäher werdenden Gestein Spalten und Hohlräume auf, die sich sehr schnell mit gelösten Mineralien und Wässern füllten. Wenn sich dann Druck und Temperatur aus irgendwelchen Gründen unvermittelt weiter änderten, lagerten sich, ausgehend von winzigen Kristallkeimen an den Kluftwänden, die verschiedensten Mineralien ab. Darunter war natürlich auch der Bergkristall, das mineralogische Sinnbild der Alpen. Dann und wann konnten diese Höhlen in den Gesteinen enorme Größen erreichen. Sie wurden zu Kristallkellern, die die Menschen seit jeher faszinierten und deretwegen man bereit war, sich den größten Gefahren auszusetzen. Sehr oft liegen die Kristallklüfte hoch oben in den Bergen, an den unzugänglichsten Stellen. Hier blieben sie den Blicken des Menschen lange genug verborgen, und hier war es auch möglich, dass sie nicht von meterdicker Vegetation überwuchert wurden, die einer Entdeckung im Wege stand. Meistens jedoch sind viele der größten Bergkristallstufen durch Frost, extreme Temperaturunterschiede und die sich dauernd ändernden Witterungsbedingungen zerstört worden. Nur in den seltensten Fällen gelingt es, die Kristalle unversehrt zu bergen.

Oben: Das Ehepaar Abplanalp vor ihren schönsten Kristallstufen. Viele Strahler haben sich ihr eigenes Privatmuseum aufgebaut, wo sie das Beste aus jahrelangen gefährlichen Strahlgängen dem Publikum vorführen. Andächtig können heute die Schaulustigen die sich meterlang dahinziehende Kristallkluft bestaunen. Den Menschen wird die Welt der Mineralien und deren Entstehungsbedingungen hautnah vorgeführt.

Gerade eine dieser einzigartigen Kristallklüfte war nun durch die Sprengung zutage getreten, und die Mineure bemühten sich mit allen Mitteln, die durchsichtig glänzenden Kristalle einzusammeln, um sie nach Hause zu bringen. Zu Liebhaberpreisen konnten sie dann verkauft werden. Den beiden Stollenverantwortlichen Immer und Blatter ist sehr schnell klar, dass zwar durch die Sprengung ein großer Teil der Kluft für immer und ewig zerstört wurde, die Kristallhöhle sich aber immer noch an der Westseite des Stollens groß und mächtig in den Felsen hineinzieht. In weiser Voraussicht melden die beiden ihre Vermutung – sich der historischen Stunde bewusst – der Direktion der Kraftwerke Oberhasli AG, die wiederum die Nachricht an Professor H. A. Stalder vom Naturhistorischen Museum in Bern weiterleitet. Nun geht es Schlag auf Schlag. Ernst Rufibach, ein Stollenarbeiter und in seiner Freizeit begeisterter Strahler, und F. Immer werden damit beauftragt, die Kluft sachgemäß freizulegen. In diesem gespenstischen, dumpf erleuchteten Tunnel beginnen die beiden Männer den noch vorhandenen Teil der Höhle zu begutachten. Kristallspitze um Kristallspitze hangeln sie sich aus dem schweren Chlorit, doch dann gibt das Gestein plötzlich nach und vor Ernst Rufibach beginnt sich ein finsteres Loch zu öffnen. Vorsichtig legt er einen Scheinwerfer hinein und zwängt dann seinen Kopf durch das enge Loch.

»Der Anblick war überwältigend! So etwas Unerhörtes hatte ich in meinem Leben noch nie gesehen, und ich werde diesen Augenblick auch nie mehr vergessen, bis an mein Lebensende!«, sollte er später ergriffen niederschreiben. Minutenlang verharrt er in seiner unbequemen Stellung und kann sich nicht genug am Schimmern der Kristalle und den verschiedensten Farbnuancen satt sehen. Doch je mehr er die Kristalle bewundert, desto mehr wird Ernst Rufibach klar, dass diese Granitplatte eine Riesenkristallstufe ist, die man herausarbeiten muss und die dann den Weg für weitere Kristallschätze preisgeben würde.

Ein Lokalaugenschein versetzt auch die Wissenschaftler in Erstaunen – alle sind sehr schnell felsenfest überzeugt, diese Kristallhöhle als Naturdenkmal der Nachwelt zu erhalten. Sie musste geschützt werden. Die beiden Männer übernehmen die Wache rund um die Uhr. Und schon in dieser Nacht wird plötzlich Ernst Rufibach von 15 bis 20 Mann umringt. Mühsam muss er dem Vorarbeiter – einem Riesen von einem Mann – erklären, dass dieses Geschenk des Zufalls nicht zerstört werden darf. Die Männer lassen sich für diesen Gedanken begeistern und ziehen beruhigt wieder von dannen. Die geheimnisvolle Höhle aber wird schon am nächsten Tag mit einer Betonwand versiegelt, an der ein starkes Stahlblech festgemacht wird.

Acht Jahre bleibt nun die geheimnisvolle Kluft vom Gerstenegg unbehelligt. Der Kraftwerkbau geht ohne weitere Probleme vonstatten, nur zwei Kilometer tief im Felseninnern verbirgt sich etwas Einzigartiges, das mittlerweile wirklich unter Naturschutz gestellt worden ist.

Hans Rufibach, der Bruder von Ernst, vor seiner Kristallkluft hoch oben im Grimselgebiet. Jahre später sollte sie ihm zum Verhängnis werden.

Dann, im Jahr 1983, nach einem langen Dornröschenschlaf, ist es endlich so weit. Wieder beginnt man sich an diese Welt der Überraschungen heranzumachen. Die riesengroße Kristallplatte – an die 2 Meter breit – muss so herausgestemmt werden, dass weder die Kristalle auf ihr, noch jene in der Kluft Schaden nehmen. 875 kg schwer wird sie sein, wie sich später herausstellt. Doch das offene Loch ist viel zu klein dazu, sodass man sich genötigt sieht, erst diese Stelle sorgsam mit einem Bohrgerät zu verbreitern. Wie ein Querbalken hängt nun die Kristallstufe frei über die Felswände, einem Riesengebiss gleich. Ernst Rufibach bedingt sich nur eines aus: ihm Zeit zu lassen und ihn nicht zu drängen. Mit wassergetränkten Lumpen werden die Stellen zwischen den sich berührenden Bergkristallen ausgepolstert, dann beginnt man die schwere Platte auf der linken Seite loszutrennen. Ihr Eigengewicht soll sie dann langsam nach unten drücken. Doch nichts geschieht. Wie ein isolierter Zahn hängt die Felsplatte heraus. Wieder ist technischer Rat gefragt. Mit zwei kleinen hydraulischen Hebepressen wird der Block nach unten gedrückt. Knisternd senkt sich die Kristallplatte endlich nach unten. Sie ist nun befreit, doch steckt sie in der engen Felsenhöhle. Mit weiteren Lumpen, Brettern und 8 mm dünnen Eisenrollen wird eine Lösung gefunden, um sie Millimeter um Millimeter in Schwerstarbeit hinauszuziehen. Es ist eine schweißtreibende und riskante Arbeit. Noch immer kann das Prachtstück im letzten Augenblick zerstört werden. Nach Jahrmillionen der Ruhe in ihrem Felsengrab. Dann endlich ist der große Augenblick gekommen, wo sie auf einen Staplerwagen gewuchtet und unter dem Applaus der Zuschauer wie im Triumphzug herumgefahren werden kann. Sie ist einzigartig. Ernst Rufibach aber packt die Neugierde. Mit einem Fotoapparat bewaffnet, tastet er sich langsam und behutsam, immer wieder dicke Polster unter sich herschiebend, weiter ins Kluftinnere hinein. Noch einmal wird er von ganz neuen Einblicken überwältigt. Die Kristallhöhle ist noch nicht zu Ende. Durch ein gespenstisches kleines Loch durchblickend kann er ein weiteres, noch größeres Loch erahnen, das von neuem Schätze zu bergen scheint.

Wieder vergehen zwei Jahre. Wie kann diese Höhle allen Besuchern zugänglich gemacht werden? Den meisten Menschen ist das Wissen um die Kristalle in freier Natur versperrt. Zu entlegen und zu gefährlich liegen die meisten Klüfte. Hier aber ist es möglich, eine unbeschädigte große Kristallhöhle allen Menschen, selbst Bergunerfahrenen, bequem zu öffnen. Eine Betonfront mit Schaufenstern ist vonnöten, um die Kristalle vor Menschenhand zu schützen. Dann muss noch ein eigener Stollen in den harten Felsen getrieben werden, um auch den hinteren Teil der Kluft zugänglich zu machen. Das bedingte Sprengarbeiten in unmittelbarer Nähe der Kristalle, die durch die Schockwirkung leicht zerstört werden können. All dies gelingt. Auf einer Länge von 14 Metern wird schlussendlich die Kluft zugänglich gemacht. Im Herbst 1985 ist es dann so weit. Ernst Ru-

fibach, der begeisterte Strahler, kann nun endlich seine Arbeit gekrönt sehen: Mit äußerster Behutsamkeit wäscht er die Kristalle, befreit sie vom letzten Schmutz und dem anhaftenden Chlorit, um sie in vollem Glanz für tausende von Besuchern erstrahlen zu lassen. Es ist der Höhepunkt der Laufbahn von Ernst Rufibach.
14 Jahre zuvor, Anfang September 1971, war er noch am Boden zerstört. Der verdammte Berg hatte seinen Bruder Hans, dessen beide Zwillingssöhne Alfred und Andreas sowie ein befreundetes Ehepaar zu sich gerufen. Es war die größte Tragödie beim Mineraliensuchen in den Alpen. Der Zinggenstock wurde zum Schicksalsberg für die Rufibachs. Es hatte alles harmlos und viel versprechend schon in den sechziger Jahren begonnen. Hans Rufibach findet auf 2800 Meter Meereshöhe, tief unter sich den lang gestreckten Grimselstausee als blauschwarzes Loch erblickend, ein mächtiges waagrecht verlaufendes Quarzband. Es trägt einige typische Kluftanzeichen, auch wenn schon einige Sammler zuvor, diese Felsen in der Hoffnung auf schnelle Beute »angeknabbert« hatten. Er wird auch schon bald fündig. Hans und sein Bruder Ernst beschließen deshalb gemeinsam, diese Kluft auszubeuten. Eine Menge Arbeit wartet auf sie, wenn sie es wirklich wagen wollen, sich in diese harten Granitfelsen hineinzuarbeiten. Die ersten Rauchquarzgruppen kommen ans Tageslicht, gewaltige Stufen, die aber unter großem Aufwand erst herausgelöst werden müssen. Weitere Strahler, die Zwillingssöhne von Hans, und dessen Schwager Werner Abplanalp, werden im Laufe der Zeit zu Hilfe gerufen, um die schwere Arbeit gemeinsam und mit weniger Mühen anzugehen. Man benötigt Sprengstoff, um die winzige kristallführende Öffnung zu verbreitern. Bald schon führt sie zehn Meter in die Tiefe. Viele Jahre wird an der Grenze zum ewigen Eis hart gearbeitet. Mit Propangasbrennern und kleinen Petroleumöfen wird das Eis langsam aufgetaut, so lange, bis sich die teilweise tischgroßen Platten von alleine lösen. Es ist eine Arbeit immer an der Grenze des Menschenmöglichen. Die ersten Petroleumöfen verqualmen die Luft dermaßen, dass der Ruß ein Weiterarbeiten nur unter Mühe möglich macht, die Propangasbrenner dagegen erweisen sich als sehr gefährlich.
Inzwischen hat sich auch die Kunde von einer Jahrhundertkluft überall herumgesprochen. Obwohl die Rufibachs damit begonnen haben, den Eingang zur Kluft mit schweren Eisentüren und vielen Vorhängeschlössern zu sichern, wurde über ein Dutzend Mal eingebrochen und in Nacht- und-Nebel-Aktionen die Kristallspitzen einfach vom Muttergestein heruntergeschlagen. Alte, ungeschriebene Gesetze werden über den Haufen geworfen, und selbst die moderne Rechtsprechung hat es schwer, einstige Rechte als zeitgemäß anzuerkennen. Immer größer wird der Kristallkeller. An die dreißig Meter lang, drei Meter hoch und bis zu sechs Meter breit, sollte die Kristallhöhle in der Folge werden. Voll gefüllt mit bis zu 600 kg schweren Kristallgruppen, dazu noch Rosafluorit, Phenakit, Calcit, Adular und einigen Kleinmineralien. Die Kluft wird zum Lebensinhalt für die Rufibachs. Bevor die schweren Kristallplatten mittels Hubschrauber ins Tal befördert werden können, müssen sie erst unter schwierigsten Umständen aus der langen Kluft herausbefördert werden. Dann wartet immer noch eine über zwanzig Meter hohe Felswand auf sie, die sie mittels massivem Schlitten aus Holz, austapeziert mit Matratzen und Tüchern und mit schweren Seilen verbunden, überwinden.
Dann kommt der schicksalhafte 29. August 1971. In tagelanger Arbeit haben die Rufibachs eine dreihundert Kilo schwere Kristallstufe geborgen und sie bis zum Klufteingang hinausbefördert. Nun muss sie noch die Felswand hinuntergeseilt werden. An einem riesigen, mindestens fünf Tonnen schweren Felsblock oberhalb der Kluft bringen sie die Verankerungsseile an. Noch einmal vergewissert sich Hans Rufibach, ob die Verankerungsseile auch halten. Knapp darunter warten seine Zwillingssöhne Alfred und Andreas. Dazu noch ein befreundetes Ehepaar. Ganz unten steht der Rest der Hilfsmannschaft, um die Kristallstufe in Empfang zu nehmen, und sie für den Hubschraubertransport fertig zu machen. Die Kristallstufe wird eingeklinkt, das Zugseil angezogen. Bald würde sie sich im Tal befinden.
Doch dann geschieht das Unfassbare. In diesem Augenblick bricht der fünf Tonnen schwere Block oberhalb aus dem massiven Felsen und stürzt auf die Ahnungslosen hinunter, die keine Möglichkeit mehr haben, sich durch einen Sprung außer Lebensgefahr zu bringen. Die dreihundert Kilo schwere Stufe hatte ausgereicht, um fünf Menschen das Leben zu nehmen. Ein mit freiem Auge nicht erkennbarer Riss im Felsen war vermutlich der Anlass, die größte Kristallsuchertragödie seit Menschengedenken auszulösen. Noch während des Begräbnisses, einige Tage später, dringen Kristallräuber nochmals in die Kluft ein, um wertvolle Stücke zu entwenden. Das Leben der Strahler war immer schon hart und spielte sich an der Grenze des Menschenmöglichen ab. Über viele Jahrhunderte gehörten sie zu den Abenteurern und Helden – immer am Rande der Gesellschaft lebend. Denn wehe, es gelang wirklich einmal einem, den Traum vom ganz großen Fund Wirklichkeit werden zu lassen.
Paul von Känel aus Reichenbach im Berner Oberland gilt seinem Äußeren wegen als der Abenteurer schlechthin. Er hat breite Schultern, einen langen ins rötliche gehenden Bart und hat den Lebensweg eingeschlagen, den er immer sich als Ziel gesetzt hatte. Er war gelernter Maschinenmechaniker, dann entdeckte er seine Liebe zu den Bergen, wurde Bergführer, um zu guter Letzt Strahler zu werden. Als einer der letzten in der Schweiz. Jeden Tag in den Berge, um berufsmäßig Kristalle zu suchen. 1993 bewegt sich Paul von Känel mit seinem Strahlerkollegen Franz von Arx in Richtung Planggenstock. Sie beginnen die Wände abzusuchen und entdecken eine Stelle in einer Felswand, die zwar hoffen lässt, aber viel und harte Arbeit bedeutet. Massiv zeigt sich der harte Granit. Nur wenige Spuren deu-

Eindrucksvolle Bilder aus der großen Kluft der Rufibachs. Die Bilder zeigen ein wenig vom Abenteurertum der Strahler, deren Solidarität untereinander und vor allen Dingen von ihrem Erfindungsgeist. Aus dem Permafrost werden die Kristalle unter Zuhilfenahme von Brennmaterial herausgeschmolzen und dann in mühseliger Arbeit ins Tal befördert.

Paul von Känel aus Reichenbach im Berner Oberland beim Bergen der großen Kristallstufen vom Planggenstock. Tonnen von schweren Granitklötzen mussten erst gespalten und über den Abgrund befördert werden. Lehrbuchmäßig hängen die Kristalle in der Kluft vom Planggenstock von der Decke herunter. Im Laufe der Alpenhebung konnten sich diese Mineralien erst bilden.

ten darauf hin, dass sich vielleicht tief im Innern eine große Kristallkluft verbergen könne. Sie beginnen mit der Arbeit, richten sich auf wochenlange Arbeit ein. Das Jahr ist zu Ende, noch ehe es richtig begonnen hat. Mager ist die Ausbeute. Das nächste Jahr kommen sie wieder, sie starten einen Großangriff, schleppen Stromaggregat, Elektrobohrhammer, Spaltkeile, Winden, Hebeeisen, Pickel und Schaufel in die Höhe. Holen Holz, um sich eine notdürftige Hütte zu zimmern. Drei Meter hoch liegen die schweren Granitblöcke. Die müssen sie im ausgesetzten Gelände spalten und zerkleinern. Sie arbeiten wie die ägyptischen Pyramidenbauer. Abends sinken sie todmüde nieder, frühmorgens sind sie wieder bei der Arbeit. Alles nur wegen der Verlockung auf einen großen Fund. Dann, endlich, am 23. Juni 1994 kommen die ersten Kristalle zum Vorschein und – das Herz quillt ihnen vor Freude über – tiefrote Fluorite, bis 10 cm groß, so schön, wie sie selten aus einer alpinen Kluft geborgen wurden. Die Kluft wird zur Kristallhöhle, von oben drohen die Bergkristalle herunter, dorthin kriechen sie hinein, um die riesengroßen Platten zu lösen, die das Ziel ihrer Träume sind. Gut 100 Kubikmeter Fels und Schutt haben sie mittlerweile weggeräumt, Blöcke von 10 Kubikmeter Größe über die Felswand hinuntergebrochen. Einen 15 Meter langen und 2,5 m breiten Korridor haben sie in den Felsen hineingestochen, um endlich zur Kluft zu kommen, die sich nun noch viele Meter in den Felsen hineinzieht.

Einige Jahrhunderte vorher, im Jahre 1719, hatte der Zinggenstock Geschichte geschrieben. Da hatten sich Peter Moor – der Rädelsführer – mit seinen drei Brüdern Johann, Kaspar und Jakob sowie einem weiteren Bekannten – Melchior Brügger mit Namen – zusammengetan, um eine viel versprechende Quarzader am nordöstlichen Fuß des Zinggenstocks im Grimselgebiet zu bearbeiten. Hoch war die Gewissheit aller, den ganz großen Fund zu machen. Fünf Tagelöhner wurden verpflichtet, eine Feldschmiede zur Reparatur der Werkzeuge hinaufgeschleppt, und sogar ein Barackenlager zum Schutz vor den Unbilden der Natur eingerichtet. Dann ging man daran, die Quarzader weiter zu verfolgen und zu hoffen, dass sie sich alsbald öffnet, um großen Kristallen Platz zu machen. An die 25 Meter haben sie sich schon vorgearbeitet, doch es wollen einfach keine Kristalle zum Vorschein kommen. Wahrscheinlich wäre es auch niemals jemanden in den Sinn gekommen, an dieser Stelle im harten und nichts sagenden Granit seine Energie zu verschwenden. Auch heute schütteln wir beim Besuch dieser Stelle nur den Kopf über den Eigensinn von Peter Moor. Als erster verliert Melchior Brügger seine Zuversicht und bittet die anderen, ihn aus der Strahlergemeinschaft zu entlassen. Die Brüder Moor überhäufen alsbald ihren auch immer wankelmütiger werdenden Bruder Peter mit Vorwürfen, in welch triste Lage er sie hineinmanövriert habe. In seiner Not und als letzten Ausweg wendet er sich an den Pfarrer von Meiringen, J. R. Frisching, und bittet ihn um Hilfe. Er glaubt voll Zuversicht an das Können von Peter Moor und verschafft ihm noch einmal die nötigen Geldmittel, um seine Arbeit fortsetzen zu können. Und er rät ihm auch, an Gott zu glauben und mit vollem Mut ans Werk zu gehen. Der feste Glaube an Gott hat diese Bergvölker im Kampf gegen die Unbilden der Natur immer schon stärker gemacht, als man es je für wahr halten konnte.

Das Festhalten dieser Menschen an den magischen und übernatürlichen Kräften der Natur tat sein Übriges. In einem Traum glaubt Peter Moor zu erkennen, dass er seine Arbeit in anderer Richtung fortsetzen solle. Doch in welche? Als sie um ein Uhr morgens – am 11. September 1719 – aufbrechen, um den Zinggenstock zu erreichen, kommt ihnen ein junger Mann aus Guttannen entgegen, der ihnen einen guten Erfolg wünscht und rechts an ihnen vorbeigeht, um sich dann im Dunkel der Nacht zu verlieren. Das ist der auslösende Gedankenblitz. Nach rechts müssen sie abweichen. Hier muss die Kristallkluft liegen. Vier Tage lang schuften die Brüder mit frischem Elan und Mut. Dann tut sich vor ihnen eine Kristallhöhle auf, wie sie in den Alpen wohl selten gefunden worden ist. Die klarsten Kristalle kommen plötzlich zum Vorschein, an die 200, 300 und 400 kg schwer. 50 Tonnen Kristalle werden als Ausbeute geschätzt. Noch im Herbst 1719 können die ersten 10 Tonnen Kristalle dem immer engagierter werdenden Pfarrer Frisching und dem Bergherren Hans Schild anvertraut werden. Im Keller des Grimselspitales werden die Schätze zwischengelagert, die Kristallkluft selbst aus Furcht vor unerwünschten Eindringlingen vorsichtigerweise zugemauert. Um die weiteren Arbeiten vorzufinanzieren und seine Quoten am Kristallverkaufsgeschäft wahrzunehmen, nimmt der wackere Pfarrer selbst noch ein Darlehen über 10 000 Bernerpfund, was in etwa einem heutigen Gegenwert in Höhe von 100 000 Euro entspricht, auf. Die Brüder Moor danken es ihm mit der Überlassung von erlesenen Kristallstufen. Doch der Großfund beginnt die Neider wie Hyänen anzuziehen. Noch im Winter wird von unbekannten Strahlern eine große Anzahl von Kristallen bester Qualität entwendet. Der Diebstahl kann nie aufgeklärt werden. Dann meldet sich auch noch Melchior Brügger, der gescheiterte erste Mitanteilseigner, um seinen Obolus einzufordern. In einem Gerichtsprozess wird seine Klage abgewiesen, aber nichtsdestotrotz hatte nun die Kantonsregierung in Bern Kenntnis von diesem Kristallkeller erhalten und fordert vehement, den ihr laut Gesetz zustehenden zehnprozentigen Anteil ein. Waren doch, die mit priesterlicher Hilfe operierenden Truppen aus Oberhasli der Meinung gewesen, dass dieses mühsame Gewerbe hoch oben in den Bergen und nahe bei Gott frei von jeglichen Abgaben sei! Zudem wird der Landammann von Oberhasli angewiesen, in Anbetracht der schon vorher getätigten lukrativen Geschäfte, den ganzen Prachtfund unter Beschlag zu nehmen. Was bleibt den Brüdern Moor unter eifriger Mithilfe der Geistlichkeit anderes übrig, als in einer Nacht- und-Nebel-Aktion sechs Tonnen gelagerter Kristallgruppen über den verschneiten Grimselpass zu schleppen, wo sie schon – von einer Gruppe hilfreicher

Walliser unterstützt – die ganze Ware mittels Schlitten ins Tal nach Obergestelen befördern. In der Folge werden die Funde dann nach Mailand als Ware aus dem Wallis deklariert und legal weiterverkauft.
Trotzdem gelingt es doch noch am 17. Jänner 1720, dem verbissen um seinen Anteil kämpfenden Landmann Roth, zu seinem Recht zu kommen. Drei Tonnen Kristalle, einen Restbestand in 230 Stücken, kann er im Grimselspital ausfindig machen und ihrer habhaft werden. Da hilft dem wackeren und sich um seine Schäfchen rührend kümmernden Pfarrer Frisching nichts anderes mehr, als in einem unterwürfigen Gesuch an die »Gnädigen Herren« von Bern, die inzwischen zusammengeläpperten Strafen, Verfahrenskosten und den zehnten Anteil zur Bezahlung anzubieten, was wohlwollend von der weltlichen Obrigkeit zur Kenntnis genommen wird. Der Großteil der Kristalle aber kommt mit einer Fundortangabe »Walliser Land« auf den Markt und wird in Mailand zu Vasen und Gegenständen verschliffen. Einige zieren heute noch unter dieser Fundortangabe den Bergkristall-Luster Friedrichs des Großen in Potsdam.

Das Ölgemälde von Adolph von Menzel aus dem Jahr 1850 zeigt die Tafelrunde von König Friedrich II. in Sanssouci bei Potsdam. Der Kristall-Luster oben im Bild besteht aus geschliffenen Bergkristallen, die wahrscheinlich aus einer der großen Klüfte aus der Schweiz stammen.

Doch der überaus reiche und unerwartete Kristallsegen wirkt sich negativ auf die allgemeine Preislage aus. Der Preis für Bergkristalle fällt in den Keller, und es finden sich kaum noch Abnehmer für die kostbaren Schätze der Natur. Da bleibt den Brüdern Moor, als Sprachrohr für eine Fülle von anderen, die nun gleichfalls diesem Kristallrausch verfallen sind, nichts anderes übrig, als wieder den umtriebigen Pfarrer Frisching und den Bergherren Hans Schild um Hilfe zu bitten. Schnell wird eine viel versprechende Idee geboren. Das nahe gelegene Kloster Engelberg verfügt über vielfältige Handelsbeziehungen, besonders nach Italien. Hauptsächlich werden Käse und andere landwirtschaftliche Produkte vertrieben, doch wieso konnte man zu diesen Erdfrüchten nicht auch noch die Kristalle dazunehmen. Ausschweifend und alle Vorteile ins Feld ziehend, wendet sich am 1. Mai 1721 Pfarrer Frisching mit einem Brief an das Kloster. Er weist sogar darauf hin, dass die Strahler nicht unbedingt eine Ausbezahlung des ihnen zustehenden Teils in Geld erwarten. Es konnte genauso gut um aus Italien importierte Waren wie Branntwein, Wein, Reis oder Öl getauscht werden. Das Angebot schlägt wie eine Bombe ein. Umgehend zeigt die hohe Geistlichkeit aus dem Kloster Interesse und bittet um eine erste Mustersendung an Kristallen. Die Ware muss in Italien reißenden Absatz gefunden haben, denn sehr schnell versuchen andere Kaufleute das nunmehrige Monopol auf die Kristalle zu umgehen und diesen Zwischenhändler auszuschalten.
Doch die Hiobsbotschaften wollen kein Ende nehmen. Im August 1723 bricht in Guttannen ein Feuer aus, bei dem fünfzehn Häuser ein Raub der Flammen werden. Noch während der Löscharbeiten wird in einen großen Kristallkeller der »Zinggischen Societet« eingedrungen und der Inhalt entwendet. Weder die Brandstiftung noch der Diebstahl können jemals aufgeklärt werden.
Doch es kommt noch schlimmer: Die Preise verfallen wieder, und so bleibt dem wackeren Pfarrer Frisching nichts anderes übrig, als die Berner Regierung zu ersuchen, ein allgemeines Schürfverbot zu erlassen. Zum Erstaunen aller wird dies auch gewährt, und es bleibt sogar bis 1731 in Kraft. Pfarrer Frisching aber, der absolute Kenner der Kristallwelten, ist endlich für höhere Ehren vorgesehen. In Anerkennung seiner Dienste versetzt man ihn in eine größere Gemeinde. Um 1729 soll er mit seinen noch verbliebenen vier Tonnen erlesener Kristalle seine Reise antreten. Sein ganzes Vermögen steckt darin. Doch das Schicksal hat es für ihn anders bestimmt. Die Last der Kristalle scheint eine zu schwere Last für ihn geworden zu sein. Noch bevor er in Sigriswil ankommt, rafft ihn ein Herzinfarkt ins ewige Leben.
Im Herbst 1867 ist es dann wieder so weit. Gottes Gnade und der Zufall spielen auch hier eine entscheidende Rolle. Als der damals weitum bekannte und zu akademischen Ehren gekommene Bergsteiger Dr. K. Lindt aus Bern zusammen mit dem einheimischen Führer Peter Sulzer aus Guttannen am Fuße des Tiefengletschers dahinwandert, bemerkt der scharfäugige Führer hoch oben in einer steilen Granitwand einige kleine Löcher. Peter Sulzer überrascht seinen Freund mit dem Hinweis, dass darin sicher schöne

Die Bergung der berühmten Rauchquarze am Tiefengletscher im Schweizer Kanton Uri im Jahr 1868 in einem zeitgenössischen Aquarell. Er gehört zu den berühmtesten Kristallfunden der Alpen. Teile des Fundes gelangten in Museen.

Kristalle verborgen seien. Da sich aber das Wetter immer mehr verschlimmert, haben beide keine Zeit mehr, den Ort weiter zu untersuchen. Peter Sulzer lässt sich nicht beirren. Im nächsten Jahr (1868) unternimmt er mit seinem Sohn Dres einen erneuten Anlauf, und zum ersten Mal gelingt es ihnen über die steile Wand bis hinauf zur vermuteten Kristallhöhle zu klettern. Doch wieder zwingen sie Blitz und Hagel zur Umkehr. Ein drittes Mal rückt die nun größer gewordene Mannschaft an: Neben den beiden Sulzer sind nun auch Lehrer Kaspar Otth sowie die starken Bergmänner Johann von Weissenfluh und Kaspar Bürki mit von der Partie. Sie finden die ersten Kristalle. Doch das Loch muss erweitert werden. Mit schweren Eisenhämmern und Sprengstoff rücken sie dem Felsen zu Leibe. Sie pendeln über die lotrechte Felswand hin und her, haben auf den schmalen Gesimsen kaum Platz, immer wieder sind sie in Gefahr, dass einer von ihnen hinunter auf den ebenen Gletscher stürzt. Dann zieht ein so schwerer Sturm auf, dass eine Flucht nach unten unmöglich gemacht wird. Hilflos und in Sommerkleidung sind sie den Urgewalten der Natur ausgeliefert. Es beginnt zu schneien. Die Nacht zieht auf. Eng schmiegen sie sich aneinander. Sie hoffen nicht mehr auf eine Rettung. Endlich kommt ein düsterer Morgen mit ersten dumpfen Sonnenstrahlen über die ausgekühlten Männer, die sich noch mit letzter Kraft an die Felsengesimse schmiegen können.

Nun, da sie schon so viele Unwägbarkeiten der Natur heil überstanden haben, lassen sie sich nicht mehr beirren und versuchen mit verschiedenen Sprengungen die Höhle so zu erweitern, dass sie hineinkriechen können. Beim dritten Schuss endlich löst sich die eine große Steinplatte, und sie schaffen es, sich in die von vielen Quarzstücken übersäte Kluft hineinzuarbeiten. Als sie mit letzter Kraft den Chlorit, den Schutt und die Erde über die Felswand hinuntergeworfen haben, kommen die ersten großen Kristalle als dunkelste Rauchquarze zutage. Diese Morione stellen alles bisher in den Alpen Gefundene in den Schatten. Es sind nicht kleine Gruppen dabei, fast bei allen handelt es sich um großformatige teilweise bis fast 150 kg schwere Einzelkristalle. An die 50 Großkristalle in vollkommener Qualität, dazu noch viele kleinere, insgesamt an die 12 bis 15 Tonnen Kristalle können sie bergen.

Doch der großartige Fund lässt sich nicht weiter geheim halten. Die Kristalle vom Tiefengletscher seien allesamt Besitz des Kantons Uri und müssen dem rechtmäßigen Besitzer abgeliefert werden, so gibt man den verdutzten Findern alsbald Bescheid. So bleibt den Strahlern aus dem Kanton Bern nichts anderes übrig, als in einer Nacht- und-Nebel-Aktion alle Bürger der Gemeinde Guttannen aufzurufen, mit Schaufeln, Pickeln, Seilen, Hämmern hinauf zur unzugänglichen Stelle zu eilen. An die siebzig Mann, alles was in Guttannen nur irgendwie auf die Beine zu bringen war, beteiligt sich an der Rettungsaktion des Kristallschatzes. Acht Tage lang schuften die Männer in höchster Geheimhaltung und Eile. Die leichteren Kristalle wirft man auf den unten vorbeigehenden Gletscher, die schwereren werden mit starken Seilen Stück um Stück hinuntergelassen. Endlose Karawanen bewegen auf notdürftig zusammengezimmerten Schlitten die Kristalle über den Gletscher. Dann werden sie über die Geröllhalden hinunter zur Furkastraße gebracht, wo schon der hilfsbereite Wirt von der Grimsel mit Pferdewagen die nationale Rettungsaktion unterstützt. Tag und Nacht wird geschuftet. Und als die Kunde auftaucht, dass der Kanton Uri jeden der auf ihren Grund anzutreffenden Berner mit

Gefängnis bestrafen würde, werden auch noch die letzten Kristalle auf Schleichwegen ins rettende Guttannen gebracht. Ohne größere Unglücksfälle geht die gemeinsame Bergung vonstatten. Als endlich die Landjäger von Urseren, als unmittelbare Besitzgemeinde im Kanton Uri, in gesamter Größe zum Tiefengletscher anrücken, um alle Kristalle zu pfänden und die Beteiligten mit Arrest zu bestrafen, finden sie nur mehr drei größere Kristalle. Der Rest aber war schon von den Berner Strahlern rund um Peter Sulzer in alle Welt verkauft worden. Vorher aber haben die wagemutigen Erstfinder, sich der Gunst des Augenblicks bewusst, den Riesenkristallen noch Namen zugeordnet. 70 Zentimeter hoch ist der »Großvater«, der »König« dagegen zeichnet sich durch seinen wunderbaren Glanz aus. Einen umfangreichen Kristall benennt man »Karl der Dicke«, dann gibt es noch den »Präsident«, den »Zwilling«, den »Jüngling«. Der Fantasie waren keine Grenzen gesetzt. Und zum ersten Mal landet ein Großteil der Kristalle nicht mehr bei den Kristallschleifereien, sondern findet Eingang in die großen Museen der Welt. Immerhin ist dies als ein Meilenstein der Mineralogie zu betrachten, wurde doch die Suche nach Kristallen wegen ihrer Verwendung als Schleifgut erweitert um das neue Segment einer musealen Zweckerfüllung.

Am 17. September 1945, Europa liegt immer noch nach einem furchtbaren Zweiten Weltkrieg darnieder, treibt es Peter Indergand aus Göschenen wie so oft hinauf zum Tiefengletscher, um nach Kristallen zu suchen. An diesem Tag wendet er sich dem Großen Bielenhorn zu, um einige Quarzbänder und Risse näher zu begutachten. Eine Stelle fasziniert ihn nach langer ergebnisloser Suche besonders. Ein mit Eis gefülltes großes Quarzband zeigt sich viel versprechend, doch mehr als einige Kristallspitzen sind aus dem Eis nicht herauszubringen. Dies setzt sich auch bei den nächsten Besuchen fort. Es sind Allerweltskristalle und doch will Peter Indergand nicht aufgeben. Ein inneres Gefühl gibt ihm zu verstehen, dass diese Kluft mehr bieten könne.

Frühzeitig steigt Peter Indergand deshalb im nächsten Jahr wieder auf 2800 Meter Höhe in weitem Anmarsch hinauf. Tag um Tag. Morgens um vier trägt er schweres Gerät, Bretter, Bauholz, Sprengmaterial und Brennholz zum Herausschmelzen des Eises hinauf. Spätabends kommt er todmüde heim. »Ich bin gesund, aber müde. Behüt Euch Gott«, sollte er in seinem Tagebuch vermerken. Käse, Speck und Brot verzehrt er hastig an der sich immer mehr erweiternden Fundstelle neben dem Gletscher. Wochenlang arbeitet er alleine dahin, um mit einem Riesenfund seine Laufbahn zu krönen.

Am 22. August 1946 sieht er »zum ersten Mal durchs Eis hindurch die Umrisse einer anscheinend außergewöhnlich großen Gruppe«. Acht Meter hat er sich schon in den Felsen hineingearbeitet, 70 bis 120 Zentimeter ist die Höhle hoch. Langsam nur frisst sich das Holz durch das Eis, und raubt ihm dabei jeden Sauerstoff. Doch Peter Indergand ist sich seines einzigartigen Glücksfundes sicher. Sechs Tage lang braucht er, um die »Gruppe zum ersten Mal anzufassen«. Bei jedem Wetter zieht es in hinauf. Er fühlt sich stark. Aber er keucht dem Ziel entgegen. Am 17. September schiebt er mit äußerster Anstrengung die riesige Kristallgruppe langsam ins Freie. Allein. Knietief versinkt er in Wasser und Schlamm. Reißt sich an den scharfkantigen Kristallsplittern die Finger wund. Die Kristallgruppe wird zu einem Prachtstück: 180 kg schwer. Immer müder zieht es mit magischen Kräften Peter Indergand zu jener Fundstelle, die ihn in die Geschichte eingehen lässt. Noch viele Tage. Er muss die wertvolle Gruppe ohne Beschädigungen ins Tal bringen. Das raubt ihm die letzten Kräfte. Am 3. Oktober ist er immer noch bei seiner Arbeit. Längst ist es bitterkalt geworden. Doch Indergand will keine Schmerzen spüren. Er will diesen Kristall heuer noch bei sich zu Hause haben. Er schafft es. Müde und ausgelaugt ist er, während er die Kristallgruppe reinigt. Sie ist ein Wunderwerk der Natur: 90 x 60 Zentimeter und mit 50 bis zu 45 Zentimeter hohen unversehrten Spitzen. Doch Peter Indergand, 43 Jahre alt, ist mittlerweile so schwach, dass man ihm selbst den Kaffeelöffel zum Mund führen muss. Er, der ein Jahr zuvor noch 180 Kilo den Berg herunterschaffte, kann keinen Schritt mehr gehen. Am 16. Februar 1948 ist sein Leben zu Ende. Mit 45 Jahren.

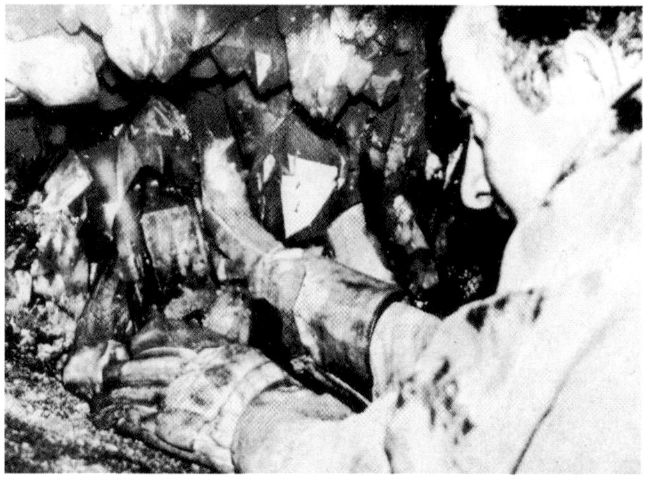

Peter Indergand beim Bergen wohl einer der besten Kristallstufen der Schweiz am Bielenhorn auf 3300 m Meereshöhe. 50 cm ist die Kluft hoch, dementsprechend mühsam die Bergung. 1946 fand Indergand die Kluft, zwei Jahre später raffte ihn ein Leiden dahin.

Es war aber auch die hohe Geistlichkeit, die sich immer für die Schätze der Berge interessierte. Dabei waren sie allzu oft genauso verwegene Schatzgräber, wie auch kluge und auf Profit bedachte Händler oder wissenschaftlich dokumentierende Hintergrundpersonen. Dass dabei der Kirche zum allgemeinen Seelenheil auch ein gehöriger Anteil des Schatzfundes als Tribut übereignet werden musste, versteht sich von selbst.

Am Großen Bielenhorn in der Nähe des St. Gotthard fand Peter Indergand Senior im Jahr 1945 eine der schönsten Rauchquarzgruppen der Schweiz. Die 180 kg schwere Gruppe wurde unter schwierigsten Umständen geborgen und stundenlang ins Tal geschleppt.

Dankbar rühmt Hans Dittli aus Göschenen, einem der klassischen mineralienreichen Orte der Ostschweiz im Jahr 1733 die weise Voraussicht des Kirchenvogts Johannes Josef Baumann, der eine Kapelle auf der Göscheneralp errichten ließ. Die nötigen Geldmittel aber hatte sich der geschäftstüchtige Geistliche aus dem Verkauf von Bergkristallen nach Mailand anteilsmäßig herausgeschlagen. Was war geschehen?

Schon vor 1700 wurde am Eingang des Voralptales in der Nähe des kärglichen Dorfes Göschenen eine Kristallhöhle entdeckt, die sich zu den größten der Alpen entwickelte. Als Sandbalmhöhle ist sie in die Geschichte eingegangen. Noch heute zieht sich ein Geflecht von verwundenen Seitengängen und Klüften 250 Meter in den Berg hinein. Die letzten kargen und natürlich kristalllosen Höhlengänge wurden im 20. Jahrhundert, zur Erinnerung an den Großfund, als Naturdenkmal geschützt. Schon der große Schweizer Naturforscher Johann Jakob Scheuchzer pilgerte 1710 zu dieser Höhle. Enthusiastisch lobt der überall nach Spuren der Sintflut suchende Forscher in dem darauf erschienenen Buch »Luft-Geschichten, Steinen, Metallen, und anderen Mineralien des Schweitzerlandes, absonderlich auch der Überbleibselen der Sündfluth« den Ort als »Sandbalm, allhier gräbt man schöne Chrystallen«.

Scheuchzer überlässt es aber seinem engsten Begleiter Johann Georg Sulzer (1720–1779), sich genauer mit dieser Höhle zu befassen. Große Freude an dieser Schatzsuche scheint bei Sulzer aber nicht aufgekommen zu sein. Erschrocken schreibt er »obenher aber ist der Weg sehr steil, und doch nichts da als felsiger Boden, daran man sich halten kann, und könnte man leicht den ganzen Weg mit größter Lebens-Gefahr wieder hinunter schlüpfen. Allein die Berg-Leute, welche im Winter täglich da arbeiten, gehen hier so aufrecht daher, als wenn sie auf ebnen Lande gingen.« Der Führer erzählt ihm, dass in dieser Kristallhöhle schon zu »heidnischen Zeiten« gearbeitet wurde, auf jeden Fall haben hier schon sein Vater und auch sein Großvater gegraben. Als Sulzer dann höchstpersönlich in den engen Gängen und Windungen herumkriecht, sinkt seine Begeisterung auf den Tiefpunkt, muss doch »dieses Crystallgraben eine unglaublich langweilige Sache seyn ...« Nichtsdestotrotz aber interessieren sich viele der bedeutendsten Naturgelehrten – von Horace Bénédict de Saussure bis zu M. A. Capeller – für diese Kristallhöhle und ihre reichlichen Funde.

Kunstwerke aus Bergkristall standen immer hoch im Kurs, sie erzielten die höchsten Preise und machen auch heute noch das Kunsthistorische Museum in Wien, die Schatzkammer der Residenz in München und den Palazzo Pitti in Florenz zu wahren Touristenattraktionen. Die Kristallschleifer zählten im Mittelalter zur obersten Gilde der

Die berühmte Sirenenschale aus einer Salzburger Kristallschleifstätte (17. Jh.). Im Jahr 2002 zersprang sie bei einer Ausstellung aufgrund unsachgemäßer Handhabung in eine Vielzahl von Teilen.

Künstler und wetteiferten in Konkurrenz mit Leonardo da Vinci und Michelangelo. Dynastien bildeten sich heraus, deren Namen wir auch heute noch rühmen. Wie aber stand es mit der wissenschaftlichen Erforschung der Kristalle? Interessierte sich jemand für Kristallstrukturen oder andere, ästhetisch weniger interessante Mineralien der Alpen? Für Winkelgesetze, Zwillinge, Flächenanordnungen? Noch nicht. Die Zeit dafür musste erst kommen. Den »ewigen Eiskristallen« versuchte man vor allen Dingen einmal ästhetische Perfektion zu entlocken.

15. Jahrhundert. Bergkristalle mit ihrer enormen Härte und der magischen Transparenz gelten als wahre Naturwunder und sind begehrt, Kunstwerke daraus werden hoch bezahlt. Nur wenige Kunsthandwerker beherrschen die Fähigkeit der Bergkristallverarbeitung. Der berühmteste von allen: Valerio Belli aus Vicenza, einer Kleinstadt neben Venedig. 1468 wird er geboren, 78-jährig stirbt er nach einem langen, erfüllten Leben. Giorgio Vasari, einer der großen Chronisten seiner Zeit, schreibt hingerissen: »Er ist ein Kunsthandwerker voll unnachahmlicher Geschicklichkeit.« Päpste sind seine Auftraggeber wie auch die Dynastie der Medicis. Kostbare Vasen gelangen als wertvolle Ge-

Ab dem 17. Jahrhundert versucht man die Mineralien und Kristalle der Alpen wissenschaftlich zu erforschen. Einige Schweizer Gelehrte taten sich dabei besonders hervor. Josiah Simmler und Antonius Cappeller (rechts oben) versuchten die Entstehungsbedingungen der Kristalle zu erklären. Erste Privatsammlungen entstanden und fanden Eingang in die Literatur. Diese Vase bildet eines der Prunkstücke des Kunsthistorischen Museums in Wien, das gleichfalls eine Vielzahl von hervorragenden Kristallarbeiten birgt.

Einige besonders schöne Bergkristallkunstwerke aus dem 15. Jahrhundert aus der Werkstätte Miseroni. Cosimo de Medici tat alles, um diesen genialen Künstler nach Florenz zu locken. Wenn man die zerbrechlichen Arbeiten sieht, staunt man, dass sie die Zeit überdauert haben. Es brauchte jahrelange Arbeit, bis eine Kristallvase den Weg in die Schatzkammern der Fürsten fand.

schenke an die großen Königshäuser Europas. Die größten Künstler seiner Zeit wie Raffael und Michelangelo porträtieren ihn. Michelangelo kürt Valerio Belli sogar zum Paten seiner Tochter. In Rom, Florenz und Venedig geht er in den nobelsten Kreisen ein und aus. Die Bergkristallarbeiten erzielen astronomische Summen: Valerio Bellis Meisterwerk – eine Truhe aus Bergkristall –, kunstvoll verziert mit Goldumrahmungen und mit verschiedenen Gravuren, erzielt die unvorstellbare Summe von 2000 Florentiner Gulden. Im Jahr 1525 hatte sie Papst Clemens VII. in Auftrag gegeben. Es sollte etwas Einzigartiges und Würdiges für die Hochzeit eines Königs sein. Erst fünf Jahre später beginnt Valerio Belli mit seiner Arbeit. Zwei Jahre arbeitet er an dieser Truhe, 24 Bergkristallscheiben werden säuberlich in kleinsten Details mit den verschiedensten Stationen aus dem Leben Jesu Christi versehen. Die Kristallgravuren erregen das Erstaunen und die Bewunderung der damaligen Welt. Immer wieder wird Valerio Belli an den Fürstenhöfen, aber vor allen Dingen von den Päpsten empfangen. Und er lässt sich für alles teuer bezahlen. Dann endlich, im Jahr 1532, ist Papst Clemens VII. zufrieden. Er überreicht die einzigartige Kristalltruhe als Hochzeitsgeschenk an Katherina von Medici bei ihrer Hochzeit mit dem französischen König Heinrich II.

Katherina von Medici vermacht postwendend die wertvolle Truhe ihrer Enkelin Christine von Lorraine, welche diese im Jahr 1589 als Brautgeschenk bei ihrer Hochzeit mit dem toskanischen Erzherzog Ferdinand I. wieder mit nach Florenz zurückbringt. Der Kreis schließt sich. So entzieht sich die Truhe der Zerstörung während der Französischen Revolution, die so manches Meisterwerk für immer und ewig vernichtet. Ein anderer berühmter Bergkristallschleifer, der veronesische Kunsthandwerker Matteo del Nassaro, mit Valerio Belli in enger Verbindung stehend, arbeitet dreißig Jahre lang fast ausschließlich für Franz I. Der Nähe zum König zuliebe zieht er sogar schweren Herzens nach Paris, um in der Umgebung des Louvre, inmitten anderer unzähliger Goldschmiede und Juweliere, seiner Arbeit nachzugehen.

Mailand im 16. Jahrhundert. Nicht untätig konnten natürlich die ehrgeizigen Mailänder Kristallschleifer zuschauen, wie sich in der Gegend von Venedig eine Hochkultur der Schleifkunst entwickelt hatte. In der Innerschweiz waren mittlerweile sagenhafte Kristallkeller gefunden worden, mit Bergkristallen, die durch ihre Reinheit alles bisherige in den Schatten stellten. Die Familien Miseroni und Saracchi sollten ab nun das Zepter der perfekten Kristallschleifkunst in die Hand nehmen. 1464 stehen die beiden Brüder Miseroni noch in den Diensten von Cosimo Medici. Und sie beliefern von dort aus halb Europa mit ihren Vasen. Doch dann geht es Schlag auf Schlag. Europas Fürstenhöfe raufen sich um diese berühmten Kunsthandwerker. Jacopo da Trezzo wird vom spanischen König Philipp II. nach Madrid abgeworben. Damit er sich in fremder Umgebung auch sicher wohl fühlt, werden auch andere Künstler gleichzeitig mit eingekauft. Die begabten Söhne der ersten Miseroni-Familie dagegen zieht es an den Hof des Habsburger Kaisers Rudolph II. nach Prag. Dort schaffen sie Werke voll einzigartiger Schönheit, die auch heute noch bestaunt, begafft und als Wunderwerke akzeptiert werden. Die Schweizer Strahler dagegen erfinden eine neue Qualitätsskala für ihre Bergkristalle. Die »Mailänder Ware«, Bergkristalle in vollendeter Reinheit, erzielen die höchsten Preise. Ein Vermögen gab Kaiser Rudolph II. für seine Kunstkammer aus. Und erregte damit den Neid anderer Herrscher, die nun mit ihm um die schönsten und ausgefeiltesten Schmuckstücke wetteiferten. Ein Miseroni aber sollte am Ende alle überstrahlen: Dionisio. Wann er geboren wurde, ist unbekannt; als er aber 1661 stirbt, hatte man ihn längst schon mit einem Adelstitel gewürdigt.

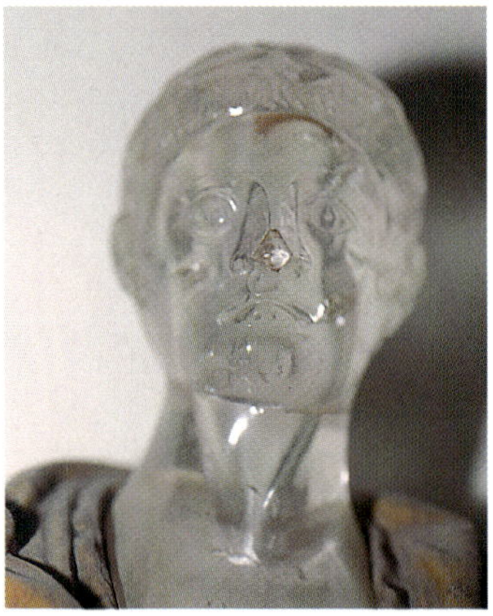

Besonders schön wurden dieser römische Staatsmann sowie dieses römische Amulett aus einem Bergkristall herausgraviert. Sie zieren heute – neben unzähligen anderen – die Sammlung im Palazzo Pitti in Florenz.

In einem erbitterten Wettkampf stand die Dynastie der Miseroni mit der Familie Saracchi, ebenfalls aus Mailand. Miteinander eiferten sie um die ausgeklügeltsten Kreationen und versuchten mit dem fragilen und leicht zerspringenden Material Bergkristall in die letzten künstlerischen Grenzbereiche einzudringen. Verzweifelt versuchte im Jahr 1573 der Herzog von Bayern, Albrecht V., gleichzeitig die drei Brüder Giovanni Ambrogio, Stefano und Simone Saracchi mit wahnwitzigen Angeboten nach München zu locken. Schlussendlich ließen sie sich gegen üppig fließendes Geld zermürben und vollendeten nun im Sinne des bayrischen Herrschers ihre Kunstwerke.

Dieses »ewige Eis« versuchte man mit immer neuen Ideen zu verarbeiten und mit neuen Inhalten zu füllen. Der Schrein, der die letzten Überreste des 1584 verstorbenen heiligen Karl Borromäus im Mailänder Dom birgt, besteht

Manfredo Settala, Domherr in Mailand, war einer der Ersten, der die Ausschussware der Kristallschleifer näher untersuchte. In seinen »Codici« bildete er die Stufen ab. Die Nadeln im Innern wurden erst viel später als das Mineral Rutil erkannt.

aus Bergkristall. Man nimmt an, die Kristalle stammten aus der Val Cristallina. Als der Bischof noch zu seinen Lebzeiten über den Lukmanierpass reiste, soll ihm ein prophetischer Begleiter zugerufen haben, dass man hier jenen Kristall fände, der in naher Zukunft seinen Leichnam umschließen werde. Er sollte Recht behalten.

Doch im Laufe des 17. Jahrhunderts erlosch das Interesse nach ausgefeilten Kunstwerken aus Bergkristall. Die Magier der Kristallschleifkunst starben aus, und immer mehr drängten sich nun plötzlich Museen, Wissenschaftler und Sammler in den Vordergrund. Sie wollten herausfinden, was die Kristalle in ihrem Innersten zusammenhält, es drängte sie förmlich danach, aus den Entstehungsbedingungen der Mineralien das Wesen der Erde zu erklären. Manfredo Settala, Domherr in Mailand und dort 1680 verstorben, interessierte sich weniger für die Kunstwerke aus Bergkristall, die in den dortigen Schleifereien herausgeschnitten wurden, als für die Abfallware. Bergkristalle mit seltsamen Einschlüssen waren darunter, ebenso wie eigenartige Kristallformationen. In großen Alben ließ er diese von jungen Malern und Zeichnern abbilden, die er endlich, im Jahr 1677, kurz vor seinem Lebensende, in einigen Prachtbänden, seinen »Codici Settala« veröffentlichen konnte. Als Kind seiner Zeit konnte er die Einschlüsse nur deuten, »Stroh, Goldähren ähnelnd« fand er in den Bergkristallen. Das Mineral Rutil war ihm, gleich wie schon den Römern, noch unbekannt. »Wassertropfen in schwarzer Farbe« bemerkte er bei einigen Kristallen, und er fand rätselhafte »grasgrünliche« Einschlüsse, wahrscheinlich Chlorit.

Großartig und zum Reichwerden war die Stellung der Strahler nie. Aber zumindest war man ein freier Mann. Knapp ein Dutzend berufsmäßiger »Strahler« oder »Cavacristallas«, wie sie in der Schweiz genannt werden, »Kristallsucher«, wie sie in den Ostalpen heißen, gibt es noch heute im gesamten Alpengebiet. Sie müssen mit dem ihr Leben fristen, das sie aus dem Verkauf der Mineralien erwirtschaften. In manchen Jahren ist es mehr, dann wieder, wenn kaufkräftige Kundschaft ausbleibt, sind Hungerzeiten angesagt. Auch die Marktpreise steigen oder fallen je nach Angebot, das wieder mit dem auf dem Weltmarkt Angebotenen konkurriert. Der Schweizer Teodosi Venzin, genannt Dosi, aus Rueras in der Surselva ist einer davon. Ein Leben lang hat er gebraucht, um die Kunst der Bescheidenheit zu lernen. Die strahlt er nun aus. Er kocht für uns, so wie ein Mann es tut. Irgendwann hielt es seine Frau nicht mehr bei ihm aus. Sie ging. Den Kaffee gießt er uns in die Teller, wir schlürfen daraus, indessen kocht er Polenta. Bücher über Mineralien wurden im Laufe der Zeit tausende geschrieben. Welche Mineralien man in welchen Tälern findet. Da werden sie dann in alphabetischer Reihe aufgezählt, die ganz großen und die Kleinmineralien. Aber wir wissen alle schon längst, dass bestimmte Gegenden der Alpen voll von Kristallen sind. Es ist das Abenteuer, das uns lockt, die Umstände des Sammelns, die Menschen, die dahinter stehen,

Kristallklüfte wie im Bilderbuch zeigen sich hier in der Cavradi-Schlucht im Schweizer Kanton Graubünden. Die sich quer zum Felsen gebildeten Einschnürungen und Löcher enthalten die gesuchten Klüfte, in denen Kristallisationen möglich waren. Da aber die leicht zugänglichen Stellen schon längst abgesucht sind, muss man sich in besonders schwieriges Terrain vorwagen.

mit ihren Gedanken und ihren Zielen. Lebensumstände interessieren uns. Deshalb haben wir Teodosi Venzin aufgesucht. Wir wollen mit ihm in die Cavradischlucht bei Sedrun, seinem Heimatgebiet, gehen. Berühmt wurde die Cavradi durch ihre, im Volksmund »Eisenrosen« genannten Hämatitkristalle, die dekorativ auf Bergkristall aufgewachsen sind. Die Schlucht selbst ist zwar nicht sehr groß, dafür aber sehr kluftreich. Im Laufe der Zeit wurden, teilweise durch Zuhilfenahme von Sprengstoff, hunderte von Klüften geöffnet. So wurde sie zu einem Naturdenkmal, das ihresgleichen in Europa sucht. Den wenigsten bekannt, aber berühmt für ihre Eisenrosen. Meist schlägt nur wenige Male im Leben eines Strahlers eine Sternstunde, wo es ihm gelingt, entweder eine große und reichhaltige Kluft zu öffnen oder Einzelstücke zu finden, die hoch quotiert werden. Dosi Venzin fand eine in der Nähe des Piz Cavardiras. In einem riesigen natürlichen Mauerwerk aus Granit öffnete sich ihm nach langer, gefährlicher Arbeit eine riesige Rauchquarzkluft. Mit fünf Fixseilen wurde die zweihundert Meter hohe Wand überbrückt, aber trotzdem ist es immer noch ein gefährliches Unterfangen, sich bis zur Fundstelle hinaufzuarbeiten. Im Laufe mehrerer Jahre wurden die besten Stufen abgeseilt. Bis auf eine 500 kg schwere Kristallstufe. In waghalsiger Bergung wurde diese mit einem Hubschrauber ins Tal befördert.

Das Kloster Disentis gilt schon seit Jahrhunderten als das geistige und kulturelle Zentrum Graubündens. Dorthin kehrt im Jahre 1782 ein dreißigjähriger Mönch zurück, der sich Jahre zuvor in Latein und Musik, Philosophie und Theologie ausgebildet hatte: Pater Placidus a Spescha. Der verständige Abt Columban Sozzi gibt dem vor Eifer sprühenden Mönch sofort Gelegenheit, sein Talent zu entfalten. Er vertraut ihm die Betreuung des Hospitals S. Gions am Lukmanierpass an. Sogleich beginnt Spescha die Berge wie ein ruheloser Wanderer zu durchforschen. Doch schon nach drei Jahren betrachtet der neue Abt des Klosters Disentis, Lorenz Cathomen, dieses Treiben mit äußerstem Argwohn und ruft den Erfolg versprechenden Mönch wieder zu sich zurück, um ihn in seiner Nähe besser hinter Klostermauern bewachen zu können. Es ist ein harter Schlag für Placidus a Spescha, doch das lässt ihn trotzdem nicht davon abbringen, in jeder freien Minute hinauf auf die nahe liegenden Berge der Surselva zu wandern. Er besteigt nun fast alle bedeutenden Gipfel der Surselva und gibt darüber sogar eine »Anleitung zur Unternehmung von Bergreisen« heraus. Er interessiert sich für alles, was sich in der Natur abspielt, und macht sich eigene Gedanken über die Entstehungsbedingungen vieler Phänomene: Von den Gletschern über die Pflanzen bis hin zu den Tieren sammelt er alles. Was ihn aber besonders fasziniert, das sind die Kristalle und Mineralien. Mit Inbrunst macht er sich ans Öffnen der Klüfte. »Selten ist man so glücklich, eine beträchtliche Krystalllage in ihrer Geburt selbst aufzusuchen«, schreibt er um 1800 begeistert. Inzwischen beginnt sich im Kloster Disentis eine Klosterzelle nach der anderen mit seinen Mineralien zu füllen. Voll gepackt kommt der schatzsuchende Geistliche abends mit seinem Bergsack – sehr zum Leidwesen seiner Vorgesetzten – nach Hause und zeichnet noch in den Nachtstunden seine Beobachtungen auf. Nicht in klarer wissenschaftlicher Sprache, aber richtig beobachtend beschreibt er das Kristallwachstum aus Keimen »und er nehme sein Wachstum von seinen kleinen Ebenbildern her«.

Mit Fernrohr, Thermometer, Kompass und Sonnenuhr beginnt Placidus a Spescha zu messen und zeichnet darüber hinaus die Berggipfel und Mineralienfundorte wie Schatzorte ein. »Nichts kam mir in meiner Jugend so schön und angenehm vor, als die Krystallen; ich sammelte sie am ersten, und meine Sammlung ward endlich groß und kostbar.« Die Sammlung wird wegen ihrer kostbaren Mineralien gerühmt. Doch dann folgt ein herber Schlag für den Geistlichen. Als die Franzosen mit Napoleon an der Spitze im Jahr 1799 ins Kloster einmarschieren, müssen vorerst einmal die wertvollen Kristalle als Kriegskontribution abgeführt werden. Und ganz nebenbei verbannt man den widerspenstig forschenden Mönch vorerst einmal nach Innsbruck ins dortige Servitenkloster. Dort allerdings findet der rührige Mönch Zeit genug, um seine »Bemerkungen über den Kristall« niederzuschreiben. Im Jahr 1801 darf er endlich zurückkehren, doch recht glücklich im Kloster wird er nicht mehr. Wie ein ruhiger Geist wirkt er nun als Pfarrer oder Kaplan an den verschiedensten Orten der Umgebung. Immer rührend sich um seine armen Seelen kümmernd, und trotzdem wieder tagelang auf seinen Streifzügen in freier Natur unterwegs. Seine Kristallsammlung wächst indes von neuem, und wird trotzdem nach und nach immer wieder weiterveräußert. Zum großen Teil in das benachbarte Städtchen Chur, der Rest in andere europäische Gebiete. Als Spescha im Jahr 1833 stirbt, sind es ihrer wenige, die seine Ideen und Forschungen als wichtig annehmen. Er gerät in dunkelste Vergessenheit. Was interessierte schon die Allgemeinheit sein immer vorgetragener Leitspruch, dass »Kristalle die Blumen der leblosen Materie« seien.

Erst im 20. Jahrhundert wird Pater Spescha wieder entdeckt. Von einem anderen Geistlichen: Pater Flurin Maissen. Geboren wurde auch er in der Surselva, einem der kristallreichsten Gebiete der Schweiz. Und wie viele andere Strahler des Gebietes lässt er sich von der Faszination der Mineralien, die in diesen Tälern gefunden werden, anstecken. Doch ihn interessieren vor allen die Menschen, die Kristalle suchen, die ihr Leben dafür riskieren, und die schönsten Stücke verkaufen müssen, um mit dem kärglichen Verdienst daraus die kinderreichen Familien zu ernähren. Recht viel gab das Tal sonst niemals her. Nur wertvolle Mineralien. Einen Fotoapparat immer bei sich führend begleitet Pater Flurin Maissen alsbald Sammler und dokumentiert ihr Leben und ihre Arbeitsweise. Die im Dreck wühlenden Strahler, das Wegsprengen der Felsen, um die dahinter versteckten Klüfte zu bergen, sind seine bevorzugten Schnappschüsse. So wird der Pater zum Chronisten. Bisher hatte es niemand für würdig empfunden, zu

Oben: Die Familie der Curschellas, eine alteingesessene Strahlerfamilie aus der Surselva. Der 65 cm große Kristall wurde von Luis Curschella am Fuß des Piz Blas gefunden. Oben Mitte: Ein Sammler begutachtet seine Schätze. Oben rechts: Der Strahler Leci Venzin mit seinem Sohn beim Reinigen der Stufen.

Gion Antoni Hitz beim Öffnen von Hämatitklüften in der Cavradi. Zuerst ist nur ein kleiner Spalt ersichtlich, den erweitert der Strahler mit dem Meißel sorgfältig. Anschließend verbreitert Hitz mit Sprengstoff die Kluft. Geboren wurde Hitz in Rueras im Jahr 1873, der Kristallsuche blieb er an die 50 Jahre lang treu und unternahm in dieser Zeit an die 1500 Strahlgänge in die Täler der Surselva. Für Pater Flurin Maissen war Gion Antoni Hitz ein Glücksfall, konnte er doch anhand seines Lebens die Psyche eines Sammlers dokumentieren. Oben links: Pater Flurin Maissen, der kristallsuchende Geistliche, dokumentierte zwischen 1942 und 1954 die Strahler der Surselva. Er bereicherte damit die Welt der Mineralien um eine neue Nuance.

Die Form einiger Mineralien erinnert an das Blumenreich. Berühmt geworden sind die »Eisenrosen« aus der Cavradi in der rätoromanischen Schweiz. Es handelt sich um eigenartig kristallisierte Hämatite.

dokumentieren, dass hinter jedem Kristall eine Person steckt, die ihn findet, unter Gefahren birgt und ins Tal schleift. Er schreibt die Aussagen der Strahler nieder, versucht ihr Tun zu analysieren und arbeitet die Hintergründe ihres Berufs auf. Man nötigt ihn, sich an der Universität im Fach Mineralogie zu inskribieren, widerwillig macht er mit, und er kürt die Sammler der Surselva als Grundlage für seine Doktorarbeit. Seine Dokumentation schreibt Geschichte: Die »Mineralklüfte und Strahler der Surselva« kommen als Buch heraus. Es ist keine Arbeit über die chemische Zusammensetzung der Mineralien, er analysiert keine Formeln, nein er beschreibt und dokumentiert einfach den Menschen bei der Suche nach den Schätzen. »Gott, Familie, Scholle und Muttersprache sind die vier Marksteine, die den Lebensraum des Volkes der Surselva eindeutig abgrenzen.« Das mag nicht nur für dieses Gebiet gelten, sondern für die ganzen Völker der Alpen. Suchte man früher die Kristalle vor allen Dingen als Rohstoff zur Verschleifung für Schmuckvasen und andere wertvolle Gegenstände, trat ab dem 18. Jahrhundert die museale Sammlung in den Vordergrund. Die großen Museen und Naturalienkabinette dürsteten nach Prunkstücken. Und parallel damit ging auch die Erforschung der Mineralienwelt.

Wie hat sich doch der Name Kristall in der Bevölkerung festgesetzt. Unzählige Gipfel hat man danach benannt: Es gibt den Monte Cristallo, den Kristallspitz, die Kristallwand. In der Schweiz sind dann sämtliche Varianten vorhanden, die nur irgendwie erfunden werden konnten: Es gibt den Piz Cristallina sowohl im Tessin als auch in Graubünden, die Forcella Cristallina, den Passo Cristallina, das Val Cristallina bei Airolo und das Gleiche nochmals in Graubünden. Schon das Wort allein scheint höhere Mächte und Kräfte heraufzubeschwören.

Wie kaum in einem anderen Bereich der als »Schatzsuche« zusammengefassten Triebe ist die Suche nach Mineralien und Kristallen durch uralte ungeschriebene Gesetze geregelt, die auch heute noch eisern – vor allen Dingen in der Schweiz – eingehalten werden. »Jeder Bürger hat das Recht, Mineralien zu suchen. Wenn ein Strahler an einer bestimmten Stelle sucht und er seine Werkzeuge während seiner Abwesenheit dort zurücklässt, darf für ein Jahr und einen Tag keine andere Person an dieser Stelle weiterarbeiten.« Dieses Gesetz, im Schweizer Kanton Uri schon im Jahre 1759 festgeschrieben, regelte auf einfachste Art und Weise den Besitz einer Fundstelle. Und es war trotzdem dem Ehrgefühl des Einzelnen überlassen, dies auch einzuhalten. Die Suche nach Kristallen ordnete man immer schon mehr dem Bergwerkswesen und nicht archäologischen Kostbarkeiten zu. So konnte sich ein Marktwert bilden und die Stücke legal weiterverkauft werden.

Dosi Venzin erzählt uns von seinen Klüften. Von jenen Stellen, wo er tagelang, manchmal jahrelang arbeitete. Mann gegen Felsen. Manchmal kommen rätoromanische Ausdrücke über seine Lippen. Auch er ist ein Heimatmensch. Nie würde er tauschen. Die Kristalle sind sein Leben. Die Eisenrosen der Cavradischlucht, sie bedeuten für ihn Broterwerb. Sie bedeuten für ihn aber auch, die Berge kennen zu lernen. Sich mit ihnen zu vereinen. Geborgene Schätze den anderen zu zeigen.

Die große Kluft am Piz Cavardiras gab unzählige Kristallstufen frei, die Eingang in die Museen fanden. Hoch oben an der Fundstelle sind die Kristallspitzen noch weiß und unansehnlich. In mühevoller Arbeit werden sie ins Tal gebracht und dort gereinigt. Diese faszinierenden Bilder führen die harte Arbeit der Strahler vor. Paul von Känel (oben links beim Frühstück) und Dosi Venzin arbeiten am Piz Cavardiras, in der Gegend von Sedrun, im ausgesetzten Felsen an einer großen Rauchquarzkluft. Frühmorgens hangeln sich beide an fünf langen Fixseilen die senkrechte Wand in die Höhe, bis sie die Fundstelle erreichen. Dort brechen sie aus dem harten Granit die Kristallgruppen aus dem Felsen.

Von den Edelsteinen

Die Tränen der Bäume

Die Bernsteinstraßen · Das Bernsteinbergwerk von Golling · Der älteste Bernstein

Der Riesensmaragd

Wahrheit und Dichtung aus dem Habachtal · Was geschah wirklich mit dem Krautzer-Smaragd? · Wer hat Recht, wer log?

Die letzten Granatsucher

Vom Edelstein der Armen · Kampf um die Granatgründe · Die Zillertaler Granatschleifer

Die Bernsteinforscherin Waltraud Winkler aus Salzburg bei Analysen der Fluids im Innern der Bernsteinknollen. Dadurch lassen sich Rückschlüsse auf die Entstehungsgeschichte des Bernsteins finden.

Wie eigenartig und wie zufällig manche außerordentliche Funde getätigt werden und wie schnell – einem kurzen Goldrausch gleich – der Spuk wieder zu Ende geht, konnte im Jahr 1979 in Golling, einem kleinen Ort im österreichischen Bundesland Salzburg, erlebt werden. Als Bagger beim Bau einer Forststraße eine dunkle, kohlehaltige Schicht abtrugen, kam plötzlich so viel Bernstein ans Tageslicht, dass sich sofort eine Pächtergemeinschaft um den Salzburger Mineraliensammler Gerhard Fischer fand, die damit begann, dieses wertvolle fossile Harz bergmännisch zu gewinnen. Denn der Abbau lohnte sich: Alsbald wurden 800 kg Bernstein geborgen und füllten die Sammlungen verschiedenster Liebhaber.

Zwar schätzten schon vor fast 3000 Jahren die im nahe gelegenen Hallein das dortige Salzvorkommen abbauenden Kelten den wertvollen Bernstein als Schmuck, doch den mussten sie mühselig von der Ostsee im Tauschhandel in diese abgelegene Berggegend transportieren. Das kostbare Material wurde hauptsächlich für die Herstellung von Halsketten, für die Verzierung von Fibeln, als Einlegearbeiten sowie als Einlegematerial für andere Schmuckstücke verwendet. Bernstein gehört zu den ältesten vom Menschen entdeckten Schmucksteinen. Schon im Paläolithikum, also vor 30 000 Jahren, wie die in der Gudenushöhle in Niederösterreich gefundenen Objekte zeigen, fand er Verwendung. Der Bernstein wurde meist von der Ostsee über die Alpen nach Italien gebracht. Als Bernsteinstraßen fanden die Wege Eingang in die Geschichte.

Der Bernstein von Golling fand alsbald nach seiner Entdeckung viele Liebhaber. Munter wurde von den Sammlern der Bernstein abgebaut, und als eines Tages W. Grubelnik ein brotlaibförmiges Stück von mehr als 4 kg mit einem Umfang von fast einem Meter fand, war man überzeugt, auf ein weltweit einzigartiges Vorkommen gestoßen zu sein. Denn mittlerweile hatten erste Analysen ergeben, dass dieser Bernstein aus den Alpen mit zu den ältesten der Welt gehörte. Nur der auch wegen seiner Reichhaltigkeit berühmt gewordene Libanon-Bernstein war etwas älter. Vor 120 Millionen Jahren, in der Unterkreide, mussten an den Ufern der damaligen Tethys, einer riesigen Bucht, Araukarienwälder gestanden haben. Aus diesen Bäumen trat in großen Mengen Harz aus oder sammelte sich sogar im Innern des Holzes an. Als dann diese Bäume meist durch verheerende Stürme oder durch Wasserfluten ins Meer verfrachtet und rasch mit Sand bedeckt wurden, härtete das Harz zum typischen Bernstein aus, während das Holz in

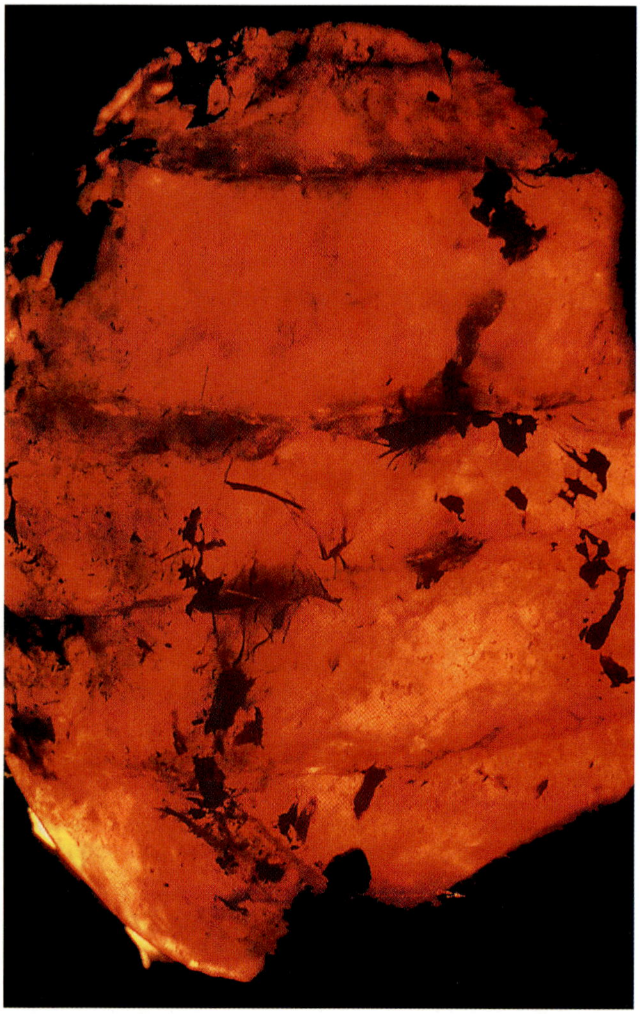

Die Tränen der Bäume: Vor 225 Millionen Jahren hinterließen Bäume, die einer Frühform der Araukarien angehörten, diese Harztropfen. Dieser Bernstein gehört zu den ältesten weltweit gefundenen. Paolo Fedele aus Cortina in den südlichen Dolomiten, betrachtet die von ihm entdeckten Bernsteinkugeln.

Die Bernsteinfundstelle von Golling bei Salzburg. Den Bernstein sieht man deutlich in den Linsen. Unten links: Die Fundstelle wurde über einige Jahre gepachtet und lieferte eine Fülle von Bernstein. Gerhard Fischer, ein Salzburger, beim Abbauen von Bernstein. Leider war der Bernstein durch die alpine Metamorphose aufgeheizt worden, sodass eventuelle Lebewesen im Innern zerstört wurden.

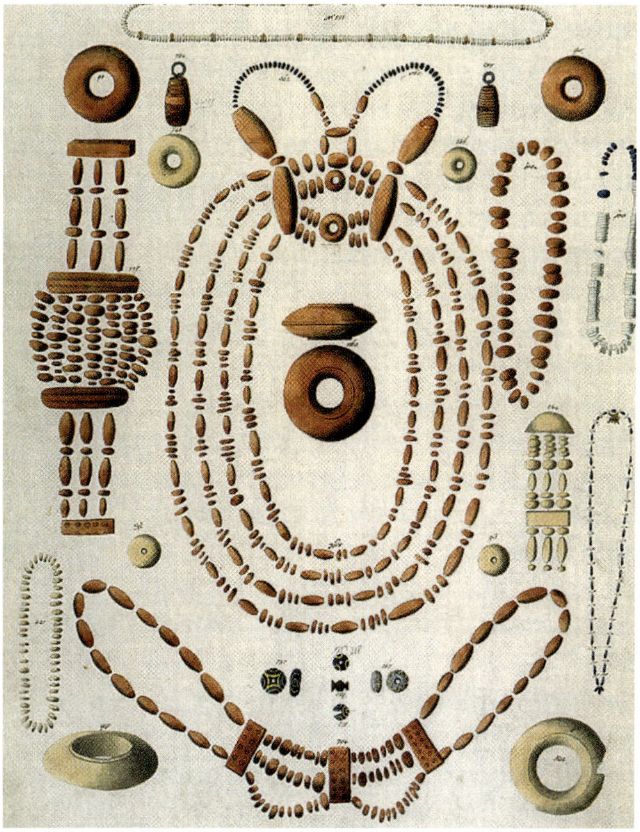

Ketten aus Bernstein und Glasperlen. Tafel, die Johann Georg Ramsauer bei seinen Ausgrabungen in Hallstatt um 1860 anfertigen ließ. Der Bernstein stammte vermutlich aus der Ostsee, die Glasperlen wurden in Slowenien gefertigt. Links: Hannes Peschl aus dem südbayrischen Lauffen beim Betrachten seiner Bernsteinsammlung aus Golling.

Kohle verwandelt wurde. Die Alpenfaltung, der Druck und die Hitze taten ein Übriges, um den Bernstein so zu verformen, dass er zwar wegen seiner Reichhaltigkeit berühmt war, aber nur sehr sporadisch als Schmuckstein in Frage kam. Aber er enthielt sogar Achatinklusionen, die dieses Vorkommen für die Wissenschaftler interessant machte. Doch so schnell wie der Bernsteinrausch der Alpen aufgeflammt war, so schnell verebbte er auch. Im August 1982 rückten die Planierraupen an, um den Steinbruch endgültig zuzuschütten, obwohl der Bernsteinabbau erst am Anfang stand. Inzwischen war aber bei Cortina in der Dolomitenprovinz Belluno ein 225 Millionen Jahre alter Bernstein ans Tageslicht gefördert worden. Nicht große Klumpen, aber kleine Kugeln. Er gehört so zum weltweit ältesten gefundenen. Vor 225 Millionen Jahren wurden Harztropfen eines ursprünglichen Nadelbaumes in das nahe gelegene Meer geschwemmt, wo sie durch Karbonatschlämme überlagert wurden und so bis heute erhalten geblieben sind.

Als Schmuckstein, von der Antike an, erlangte der Bernstein große Bedeutung, aber in den Ostalpen gab es noch eine andere Fundstelle. Ein noch viel gefragterer Edelstein wurde dort ans Tageslicht gefördert. Und erlangte durch die wechselvolle Geschichte Berühmtheit. Der Smaragd vom Habachtal.

Die Geschichte klang zu unglaublich, als dass wir ihr Glauben schenken konnten. Da behauptete jemand, er habe den größten und legendärsten Smaragd, der je im Habachtal gefunden wurde, bei sich zu Hause. Das konnte nicht sein. Der legendäre Krautzer-Smaragd war doch beim Schleifen durch den Wiener Starjuwelier Roman Englisch in tausend Stücke zersprungen. Gab es etwa noch einen anderen Smaragd, der irgendwann gefunden wurde und von dem wir keine Kenntnis hatten? Wir fragen uns weiter, wie zufällig nennen wir die Namen Hermann Krautzer und Roman Englisch. Der skurrile Mann vor uns verzieht überlegen die Mundwinkeln, sodass sein Riesenschnurrbart erst richtig zur Geltung kommt. Wir machen einen Termin in einem Heurigenlokal vor Wien aus. Und wir warten gespannt auf das Kommende. In aller Hast studieren wir noch einige Literatur über den Smaragdabbau im Habachtal.

Mit Edelsteinen waren die Alpen niemals reich gesegnet. Zwar gab es immer schon eine Menge von Fundstellen, die Halbedelsteine lieferten, doch mehr als zur Verschleifung zu einfachen Schmuckstücken für die Bauern reichte es

Die Geschichte um den wohl spektakulärsten Smaragdfund im Habachtal scheint gelöst zu sein. Die Bilder von heute und aus dem Jahr 1957 ähneln sich. Der Smaragd hatte eine abenteuerliche Reise hinter sich gebracht. Ganz rechts: 6 cm Smaragdkristall aus dem Habachtal funkeln uns entgegen.

kaum. Nur im Habachtal, im österreichischen Pinzgau, konnten sich durch besondere Bildungsverhältnisse im Glimmerschiefer Smaragde einlagern, die teilweise sogar in die Kronjuwelen europäischer Königshäuser hineinverarbeitet wurden. So soll, durch modernste Isotopenanalysen untermauert, der bereits seit 1226 bekannte »Saint-Louis-Smaragd«, ein daumengroßer 50-Karäter, die französische Landeskrone zieren, während ein 42-karätiger Smaragd Eingang unter die englischen Kronjuwelen gefunden haben soll. So darf es nicht verwundern, dass es selbst den berühmten dänischen Naturforscher Nikolaus Steno zu den Smaragdgruben hinzog, »um zu untersuchen, was sich tun lässt«. Stolz schreibt dies im Jahr 1669 die Erzherzogin Anna Medici an ihren Bruder, wahrscheinlich in der Hoffnung, dass die Ausbeutung der Smaragdminen zusätzliche Finanzmittel in die Staatskassen hineinfließen ließe. Doch dem war nicht so.

Der Smaragdabbau wollte doch nicht recht in Schwung kommen, obwohl es im Laufe der folgenden Jahrhunderte einen Ansturm auf die schwer zugängliche und nur einige Monate im Jahr eisfreie Fundstelle auf über 2200 Meter Meereshöhe gab.

Im Jahr 1861 ist es ein Wiener Juwelier, Samuel Goldschmidt, der anfängt, den Smaragdabbau bergmännisch zu betreiben. Mehrere Stollen werden in den smaragdführenden Glimmerschiefer hineingetrieben. Als Goldschmidt im Jahr 1871 stirbt, hinterlässt er einen Abbau, an dem niemand mehr Interesse zeigen will. Allmählich drohen die Anlagen in Verfall zu geraten. Dann ist es eine englische Gesellschaft, die ihr Glück versucht. Die »Limited Forster« aus London heuert an die 30 Arbeiter an und betreibt mit Erfolg die Anlage, dann kommt die »Emerald Mines Ltd.« von 1896 bis 1913 in den Besitz der Anlagen. Die Ausbeute ist mehr als befriedigend; bei besonders guten Funden wird ausgiebig gefeiert und geprostet. Das Jahr 1903 wird zum besten Jahr: 68 000 Karat Smaragde verlassen das Habachtal. Einige werden nach Indien geschickt, um als indische Smaragde höhere Preise zu erzielen. Doch das Glück ist nur von kurzer Dauer: Im Jahr 1913 ziehen die Engländer, große Schulden hinter sich lassend, ab. Ein Abenteurer nach dem anderen versucht sein Glück, baut einige Smaragde ab und scheitert trotzdem wieder. Es ist als laste ein Fluch auf dem Tal.

Ist das der legendäre Krautzer-Smaragd, der berühmteste Smaragd, der je im Salzburger Habachtal gefunden wurde? Lange Zeit galt er als verschollen.

Dann kommt der 16. August 1957. Hermann Krautzer aus dem kärntnerischen St. Veit an der Glan kann es nicht fassen: Vor ihm liegt ein kinderhandgroßer Smaragd, in allen Grünfarben schillernd, noch roh in einem großen Glimmerschieferblock. Seit vielen Jahren zog es den kaufmännischen Angestellten in Goldgräbermanier während des Urlaubs ins Habachtal. Um 10 Schilling erwarb er sich die Tageslizenz in der Hoffnung auf den ganz großen Fund. Und nun war er so nahe wie nie zuvor an einer riesengroßen Sensation. Gierig versucht er seinen Bergkameraden mit einer List abzulenken, dann arbeitet er den Stein heraus und steckt ihn mit einer schnellen Bewegung in die Tasche. Mit wackeligen Knien und fiebrigen Gebärden teilt er seinem Begleiter mit, dass nun für dieses Jahr endgültig der Abschied gekommen sei. Wortlos und mit trommelnden Herzschlag hält Hermann Krautzer Österreichs führendem Edelsteinschleifer Roman Englisch aus Wien den Smaragd vor die Augen. Der Juwelier begutachtet den Stein, beginnt zu zittern und zieht geheimnisvoll den Kärntner in die hinteren Geschäftsräume. Dann beginnt der Juwelier mit schweißtriefender Stirn zu schätzen. »Zwei Millionen, nein vier Millionen«, entfährt es ihm.
Die Sensation ist perfekt! Die Presse berichtet in Schlagzeilen vom Riesenfund, einen 180-Karäter aus dem Habachtal. Hermann Krautzer fühlt sich als Erfolgsmensch. Er kündigt seinen Posten als kaufmännischer Angestellter und schwelgt in Träumen, zeit seines Lebens reich und gefeiert zu sein. Im stillen Habachtal setzt ein Smaragdrausch ohnegleichen ein. Wohlhabende Leute, in ihrer Gier sich noch weiter zu bereichern, hasten in den Pinzgau ebenso wie Erfolglose, die vom großen Fund träumen. Die Fremdenbetten sind überbelegt, auf den Almen im Heu, in Zelten, im Freien übernachtet man, um frühmorgens an Ort und Stelle zu sein. Dann beginnt eine Heerschar von Fantasten sich fiebrig abzurackern. Leute in Halbschuhen, mit Hemd und Krawatte tauchen genauso auf wie Frauen und Kinder, die sich am gierigen Rausch der Männer beteiligen. Heinz Pech aus Wien, beinamputiert, jongliert schwer atmend über den Sedl zum Stollen.
Doch an der Nebenfront schlägt eine Bombe ein: Als Hermann Krautzer, der Finder des Riesensmaragds, beim Starjuwelier Roman Englisch seinen Millionenstein abholen will, händigt dieser ihm sieben krümelige Steine aus. Die nicht zu erkennenden natürlichen inneren Risse hätten den Smaragd zerspalten. Hermann Krautzer ist am Boden zerstört. Schon hatte er eine Amerikareise gebucht, um dorthin überzusetzen, und nun hält er einige Steinchen in den Händen. Dies alles will er nicht wahrhaben.
Er schickt die verschliffenen Reste der Smaragde an die Hamburger Universität zur Begutachtung. Das Resultat dort ist ernüchternd und vernichtend: »Die verschliffenen Steine bestehen aus grünem Glas«, lautet die dortige Expertise. Eine sofortige Anzeige für Österreichs führenden Edelsteinschleifer ist die Folge; Roman Englisch wird für acht Wochen wegen des Verdachts auf Veruntreuung in Haft

Die Familie Steiner aus dem Oberpinzgau betreibt auch heute noch ein Smaragdbergwerk. Je nach Jahr kommen mehr oder weniger spektakuläre Smaragde ans Tageslicht. Alois Steiner aus dem Pinzgau beim Reinigen der Smaragdstufen.

genommen. Dort bricht er zusammen: Er habe bloß aus Prahlerei und Sensationsgier vor der Presse den Smaragd so hoch eingeschätzt. Hermann Krautzer habe ihm ein wertloses Stück Glas gebracht. Der Beschuldiger wird zum Beschuldigten.
August 1959. Der Prozess zwischen dem Starjuwelier Roman Englisch und dem vermeintlichen Besitzer des Millionensmaragds Hermann Krautzer geht in die Endphase. Auf der Anklagebank sitzt nun Krautzer. Vorgeworfen werden ihm Veruntreuung und Verleumdung. Doch trotz Dutzender Gutachten und Gegengutachten können sich die Richter zu keiner eindeutigen Entscheidung durchdringen. Nach einer langen Beratung wird

das überraschende Urteil verkündet: Freispruch für alle Beteiligten.
So ging die Geschichte vom größten Smaragd aus dem Habachtal in die Geschichte ein. Einige Jahre später stirbt Roman Englisch, und auch Hermann Krautzers Lebenszeit ist nach all den Enttäuschungen sehr bald zu Ende.
Gespannt warten wir im Heurigenlokal. Würde der Mann überhaupt kommen? Was würde er uns zeigen? Unsere Erwartungen sind tief gesteckt. Wir richten uns darauf ein, einen gemütlichen aber unergiebigen Heurigenabend zu verbringen. Wir schmökern in einem Buch. »Smaragde« von Karl Weisbach. Im fernen Jahr 1971 kam es auf den Markt. Wir überfliegen die Seiten und stoßen auf ein Kapitel: »Smaragd kriminell« liest sich der Titel. Bei einigen Zeilen werden wir stutzig. »Die Geschichte ist wahr, der Smaragd erfunden. Oder war er es nicht? ... Die Geschichte ist vergessen ... Trotzdem ist die Geschichte interessant, weil sie zeigt, dass es in der Habach Dinge gibt, die es gar nicht gegeben hat. Oder gab es sie doch?« Wusste auch Karl Weisbach mehr über diesen Riesensmaragd, und wagte er es auch nicht, damit an die Öffentlichkeit zu treten? Hinter diesem Riesensmaragd muss es vielleicht doch noch eine Geschichte geben, von der die Öffentlichkeit nie etwas in Erfahrung bringen konnte. Die dunkle Seite, das Unsichtbare und der Abschaum.
Die Tür des Heurigenlokals öffnet sich, herein tritt ein Mann wie ein gran signore. Dieser Mann muss mit allen Wassern gewaschen sein. Er stützt sich auf einen teuer gemachten Stock. Selbstsicher setzt er sich zu uns. Wir beginnen von Gott und der Welt zu palavern, wir durchdringen uns gegenseitig. Der Mann ist belesen, er rezitiert auswendig große Literaten der Weltgeschichte. Er hat studiert, er ist schon in jungen Jahren wohlhabend geworden. Und mit vierzig wurde er zum Aussteiger und Abenteurer. Nun hat er die sechzig Jahre überschritten, sein langer Schnurrbart ist weiß geworden. Er pokert mit uns, stellt uns auf die Folter. Er erzählt vom Absturz seines Segelflugzeuges im Diamantensperrgebiet in Namibia. Von Frauengeschichten. »Und der Smaragd?«, werfen wir ein. Wir sind lange genug auf die Folter gespannt worden. Was würde er uns zeigen? Und all dies würde uns nichts nützen, wenn wir kein Foto von diesem Smaragd machen dürften. Umständlich kramt er in seiner Brusttasche. Er zieht ein Messer heraus und legt es vor uns auf den Tisch. Danach einen Revolver. Dann kommt ein Täschchen zum Vorschein. Er zieht den Smaragd heraus. Er ist lang und dick. Er schiebt das Objekt unserer Begierde zu uns herüber. »Kein Foto, keinen Namen. Verstanden«, gibt er uns zu verstehen und legt auch seinen Stock dezent auf den Tisch. Langsam entriegelt er den Stock und zieht ihn in die Länge. Ein Säbel kommt überraschend zum Vorschein. Einen halben Meter lang und scharf. Wir haben verstanden. Mit mineralogischem Auge mustern wir den Smaragd. 7 cm lang, 3 cm dick schätzen wir. Schwarzer Biotit ist in ihm verwachsen. Ein Habachtaler, kein Zweifel. Vorsichtig schieben wir das aufgerasterte Foto des Zeitungsartikels aus dem Jahr 1957 darunter. Wir kommen aus dem Staunen nicht heraus. Er ist es. Der legendäre Krautzer-Smaragd. Uns fröstelt. An diesem Stein klebt Ichsucht und Gier wie man es sich nicht hätte erträumen lassen. Wir mustern unseren Mann. Mit überlegenem Lächeln blickt

Die Granatsucher im Zillertal: Schon seit Jahrhunderten wird dort dieser »Edelstein der Armen« abgebaut. Der Zillertaler Walter Ungerank bei der Granatsuche.

auch er auf uns herab. Dann beginnt er zu sprechen: »Diesen Smaragd, meine Herren, werde ich mit ins Grab nehmen. Ich habe keine Frau, keine Kinder. Er soll mich auf meiner ewigen Reise begleiten.« Wir starren ihn entgeistert an. Warum nicht einmal wieder ein Leben führen wie die

Walter Ungerank betrachtet eine Stufe mit Granaten. Es bedeutete sehr viel Arbeit, um daraus Schmuckstücke zu fertigen. Friedrich Kröll klettert in eine Höhle. Wahrscheinlich wurde sie vor Jahrzehnten von Granatsuchern auf der Suche nach den gefragten Edelsteinen angelegt. Eine alte Hütte der Granatarbeiter fiel einem Lawinenabgang zum Opfer. Noch immer lassen sich in ihrem Innern zurückgelassene Schmuckstücke finden.

ägyptischen Pharaonen, scheint er uns zu sagen. Das Wertvollste einfach mitnehmen. Mögen Grabräuber irgendwann einmal einen Zufallsfund machen. Und darüber rätseln, wer der vornehme Tote einmal war. Wir schlucken! Auch eine Lebensphilosophie könnte dies sein.

»Dürfen wir dann wenigstens ein Foto machen?«, fragen wir besorgt, ein Nein in Kauf nehmend.

»Der Smaragd zwischen meinen Fingern, das sei genehmigt!«

Wir atmen auf. Wenigstens ein Beweis und ein Dokument! Zusammen verlassen wir das Lokal, gehen ins Freie und suchen einen diskreten Platz. Dann schießen wir die Fotos. Den legendären Smaragd eingeklemmt zwischen seinen wuchtigen Pranken. Darunter das Schwarzweißfoto der Tragödie. Es ist ein Beweis, mehr nicht. Doch wie kam der Smaragd in seine Hände. Wer war der Gauner? Vorsichtig lässt er den Smaragd wieder im Brusttäschchen verschwinden und wir kehren ins belebte Heurigenlokal zurück. Dann beginnt er zu erzählen.

Als passionierter Edelsteinfreund habe er um 1990 auf der Züricher Mineralienbörse Smaragde aus Kolumbien begutachtet. Als er nach noch schönerer Ware verlangt, bedeutet man ihm, dass man auch diese vermitteln könne. Sie stecken ihm eine Adresse in der Bahnhofstraße zu. Wie in einem Sicherheitstrakt wird er an der angegebenen Adresse durchsucht, dann erst darf er in die abgesperrten Räume. Überall lagern Edelsteine. Ob ihn ein besonders schöner Smaragd aus dem Habachtal interessiere, fragen ihn die Verkäufer. Es sei ein Smaragd mit »Geschichte«. Mehr wollen sie ihm auch nicht sagen. Der Sammler bejaht. Umständlich öffnen die Edelsteinschleifer einen Tresor und ziehen einen riesigen Smaragd heraus. Niemand hat eine Ahnung woher er stammt. Wahrscheinlich stellt dieses Prunkstück den Nachlass aus einer Erbschaft dar. Mehr weiß niemand oder will es nicht wissen. Der Preis ist hoch, doch schnell werden die beiden Parteien handelseins. Der Riesensmaragd wandert wieder nach Österreich zurück.

Wir kombinieren und ziehen unsere Schlüsse. Noch einmal hält uns der alte Mann den Smaragd unter die Nase, dann steht er auf, verabschiedet sich und verschwindet, nicht ohne uns noch einmal ein Zitat zuzuflüstern: »... dass es in

der Habach Dinge gibt, die es gar nicht gegeben hat. Oder gab es sie doch?«
Mit Walter Ungerank und Friedrich Kröll, zwei Zillertaler Granatsuchern, ziehen wir in die Höhe. Sie wollen uns zu jenen Stellen führen, wo die »Edelsteine der Armen« abgebaut wurden. Jahrhundertelang stand der Granatbergbau hier im Zillertal in voller Blüte, jetzt ist der Glanz dieser Zeit vorbei. Unser Weg führt uns an alten Hütten vorbei. Hier lebten die Bergleute, die den Granat abbauten, die Steine trommelten, um sie für den Feinschliff vorzubereiten. Jetzt sind diese Hütten zum großen Teil zerstört und vermodert. Lawinen haben das ihrige dazu beigetragen. Der Zillertaler Bauer Andrä Kreidl war im Jahr 1745 der Erste. Bei der Gamsjagd fallen ihm im Gebiet des Rossrückens rot leuchtende Steine auf. Er sucht um eine Schürfgenehmigung an. Sie wird ihm erteilt. Die Geschäfte laufen alsbald gut und schon kommen die ersten Neider. Auch sie wollen mitverdienen. 1838 kommt es zu Grenzstreitigkeiten, man will den Kreidls die Besitzrechte in Frage stellen. Was war Ödland und was Weideland? Kilometerweit treibt Andrä Kreidl seine Schafe in die Höhe, nur um zu beweisen, dass sein Weideland wirklich so ausgedehnt war. Die Kreidls verlieren den Prozess, der Granatabbau beginnt im gesamten Zillertal zu boomen. Bald sind es 38 verschiedene Orte, an denen Granat abgebaut wird. Granatmühlen zerkleinern die Steine, in Fässern verpackt gelangen sie ins Tal, wo sie zu den großen Zentren der europäischen Granatschleiferei in Böhmen und Mähren verfrachtet werden. Schmuckstücke wurden daraus gefertigt und Kunstgegenstände, doch sehr schnell folgte der Niedergang, und schon Anfang 1900 befand sich der einst so blühende Granatbergbau in seinen letzten Zügen.
Der Granatbergbau ist zu Ende, aber noch immer treibt es eine eingefleischte Schar von Granatsuchern hinauf auf die Berge. Mühsam schleppen sie die granatführenden Steine ins Tal, mit Sticheln und anderen Geräten entfernen sie in tagelanger Arbeit den umhüllenden Glimmerschiefer, damit endlich am Ende ein Museumsstück zum Vorschein kommt, das an den einstigen Ruhm und Glanz des Granatbergbaus erinnert.

Vom versteinerten Leben

Am Monte San Giorgio, zwischen der Schweiz und Italien gelegen, wurden eine Unzahl von fossilen Wirbeltieren geborgen. Auch heute noch sind die Forschungen im Gang. Eine Gruppe italienischer Paläontologen unter der Führung von Andrea Tintori birgt großformatige Platten, aus denen im Labor Fischfossilien herauspräpariert werden.

Der Sintflutmensch

Die Glarner Urzeitzeugen · Scheuchzers große Vision · Versteinerte arme Sünder

Fischer der versteinerten Lagune

Fischplatten vom Monte Bolca · Der Engelsfisch kommt ans Tageslicht · Die Familie Cerato hält durch

Donnerkeile und Lügensteine

Der Herr des Blitzes und des Donners · Von versteinerten Kuhtritten · Zu Stein erhärteter Urin · Die Lügensteine des Johannes Adam Beringer

Dinosauriermenschen

Bombenlöcher werden Dinosaurierfährten · Padre Giuseppe Leonardis abenteuerliches Dinosaurierleben · Ceratosaurus in der Hölle

Das aufgetürmte Korallenmeer

Dolomieu entdeckt einen eigenartigen Stein · Tiere bauen Berge · Zardini der eifrige Fossiliensammler

Vom Monte San Giorgio in die Urzeit

Medizin aus Saurieröl · Bernhard Peyer und die fürchterliche Hand · Große Echsen beherrschen die Meere · Ein Paläontologe wird zum Mörder

Neue Pflanzen werden geboren

Eine Riesenkatastrophe vernichtet alles Leben · Eine Pflanzenwelt kommt ans Tageslicht · Querverbindungen führen zum Erfolg.

Nach jenen Schätzen, die uns von vergangenen Generationen hinterlassen wurden, den Erzen, Kristallen und Edelsteinen wollen wir uns auf die Spuren vergangenen Lebens setzen. Der Aufstieg des Lebens verlief nie geradlinig. Es gab immer wieder Katastrophen, die den Großteil allen Lebens auf dieser Erde ausradierten und so Platz für neue Arten schuf. Die Alpen sind voll von Spuren aus der Vergangenheit. Aber die Mehrzahl dieser Mosaiksteine liegt heute noch tief im Innern der Felsen verborgen. Aber wir wollten uns von dem nicht entmutigen lassen, wir wollten Spuren unserer Vorfahren suchen, Spuren unseres Lebens. Doch vorerst einmal führten uns unsere Reisen in die Museen. Wie gelang es der Menschheit überhaupt, das Puzzlespiel »Leben« zu lösen? Das Ergebnis war über viele Jahrhunderte mehr als ernüchternd. Der richtige Zugang zu den zuhauf gefundenen Versteinerungen wollte einfach nicht gelingen. Wir beginnen in der Schweiz, in Zürich. Am Paläontologischen Institut und Museum der dortigen Universität.
Als im Jahr 1694 der frisch promovierte Mediziner Johann Jakob Scheuchzer aus dem holländischen Utrecht wieder in sein Heimatland, die Schweiz, zurückkehrt, sprüht er voll Lebensenergie, so als habe die Welt nur darauf gewartet, von ihm entdeckt und erforscht zu werden. Sofort unternimmt Scheuchzer eine Reise durch die Schweiz, deren Täler und Berge auf der Suche nach verborgenen Kostbarkeiten. Eine Reise führt ihn dabei auch in den Kanton Glarus, nach Engi, wo er den Plattenberg besteigt. Dort bauen Arbeiter einen schwarzen Schieferstein ab, der zur Herstellung von im In- und Ausland begehrten Schreibtafeln dient. Die größeren Platten dagegen werden von den Steinhauern fein geschliffen, um als Tische verwendet zu werden. Scheuchzer ist in seinem Element. Er interessiert sich für die Platten und versucht ihrer Entstehung auf den Grund zu gehen. Bis ihm auffällt, dass beim Spalten dieser Steintafeln auch Überreste von Fischen und anderen Lebewesen zum Vorschein kommen. Von woher kamen die Fische, und wie alt waren sie? Scheuchzer ist um eine Antwort nicht verlegen. Im Jahr 1708 erklärt er vollmundig in seiner Naturgeschichte der Schweiz: »Es ist kein Zweifel, daß in jener grössesten Sünd- und Wasserfluth eine grosse Menge allerhand Fischen zu Grunde gegangen sind.« Es war die Sintflut.

Der Schweizer Paläontologe Heinz Furrer, Konservator am Züricher Museum, vor einem der berühmtesten Fossilien, Scheuchzers »Sintflutmensch«. Manchmal ist die Geschichte wichtiger als das Fossil. Erst dadurch wurde diese Versteinerung zur Legende.

Ein Rückblick. Im 16. Jahrhundert hatte der irische Erzbischof James Ussher nach gründlichsten Überlegungen und mathematischen Berechnungen, aufbauend auf das Alte Testament, das Alter der Erde zu errechnen versucht. Am 23. Oktober 4004 vor Christi Geburt, Schlag 9.00 Uhr, war die Erde samt ihren Tieren, Pflanzen und Lebewesen erschaffen worden. Die nächste Folgerung war schon viel einfacher. 1650 Jahre später habe die Sintflut stattgefunden. Da dürstete die Welt förmlich nach Beweisen für die große, alles vernichtende Sintflut. Und Johann Jakob Scheuchzer findet diese Zeugen in den Glarner Plattenschiefern. Waren diese versteinerten Fische früher von den Arbeitern als lästig empfunden worden, weil sie eine schöne Schieferplatte praktisch wertlos machten, so belehrt sie Scheuchzer nun eines Besseren. Sie mussten aus diesen Platten das Verborgene lesen lernen. Diese versteinerten Fische waren im Schlamm der Sintflut erstickt, andere wiederum überlebten nicht die Vermischung von gesalzenem Wasser mit dem Süßwasser des unaufhörlich herunterprasselnden Regens. Der immer mehr als Universalwissenschaftler berühmt werdende Mediziner zeigt sich nicht kleinlich. Er lässt die Arbeiter gezielt nach Fischen suchen, zahlt ihnen hohe Preise und beginnt, die allmählich in Zürich antrudelnde Ware sorgfältig zu untersuchen. So findet er eine »Anguilla diluviana«, einen Sintflutaal, und sogar noch eine »Spica hordei diluviana«, eine Gerstenähre aus der Sintflut. Dass diese Versteinerung als Schwanz einer Schnabelmakrele bestimmt wurde, konnte glücklicherweise der Gelehrte nicht mehr erleben. Neuland betrat Scheuchzer mit seinen Sintfluttheorien sicher keines. Aber er wurde zum berühmtesten und eifrigsten Verfechter dieses Gedankens. Hatte doch schon der römische Jurist Tertullian um 200 nach Christus, als Anhänger des sich immer weiter verbreitenden Christentums, dies auch schon zu belegen versucht. Viele Gelehrte folgten blind diesen doch so fest untermauerten Theorien, angefangen vom spanischen Kleriker Isidor von Sevilla (um 560 bis 636), bis hin zu einem weiteren Schweizer Gelehrten, dem 1389 als Spross einer begüterten Familie in Zürich geborenen Felix Hemmerli. Im Jahr 1424 promovierte Hemmerli an der Universität Bologna zum Doktor des kanonischen Rechts, um fortan in der Schweiz mit beißendem Spott alles in Frage zu stellen, was ihm irgendwie nur in den Weg geriet. 1451 veröffentlicht er sein Hauptwerk, das ihn zu den Fossilien hinführt. »Im Diluvium, d. h. bei der allgemeinen Überschwemmung, als die ganze Erde in Bewegung und durcheinander geriet, wurde deren Oberfläche offensichtlich umgestaltet.« Und er beobachtet auch, dass »sich Felsen oder Gesteine, die aus Meersand entstanden sind« bei genauer Suche finden lassen. »Sie sind nämlich voller Schneckengehäuse, Schalen, Rochen, Meeresschildkröten und Meeresungeheuer, die durch den Einfluss der Sonnenwärme in Stein verwandelt worden sind.« Wieder ein Beweis für die Sintflut.

Johann Jakob Scheuchzer übernimmt, was von den vor ihm lebenden Gelehrten zusammengetragen worden war, und

Der Züricher Naturgelehrte Felix Hemmerli (1389–1459). Die Hintergründe, die zur Bildung der Fossilien führten, waren jahrhundertelang ein Rätsel.

Johann Jakob Scheuchzer (1672–1733) aus Zürich galt als einer der wichtigsten Naturwissenschaftler seiner Zeit. Mit dem Fund des Sintflutmenschen wurde er berühmt.

Ein von Johann Jakob Scheuchzer bestimmter Ammonit. Noch immer sind Teile seiner großen Sammlung in Zürich erhalten.

Bis ins 19. Jahrhundert währte der Glaube, dass Fossilien nichts anderes als Zeugen der Sintflut seien. Eines der berühmtesten Fossilien der Welt wird im Teyler Museum in Holland zur Schau gestellt. Rechts: »Der Sintflutmensch« von Johann Jakob Scheuchzer. Erst 1811 stellte der Franzose Georges Cuvier fest, dass es sich um nichts anderes als einen fossilen Salamander handelte. Ganz rechts, oben und unten: Immer noch hat das Teyler Museum sein altes Flair bewahrt. Es gilt als Museum im Museum.

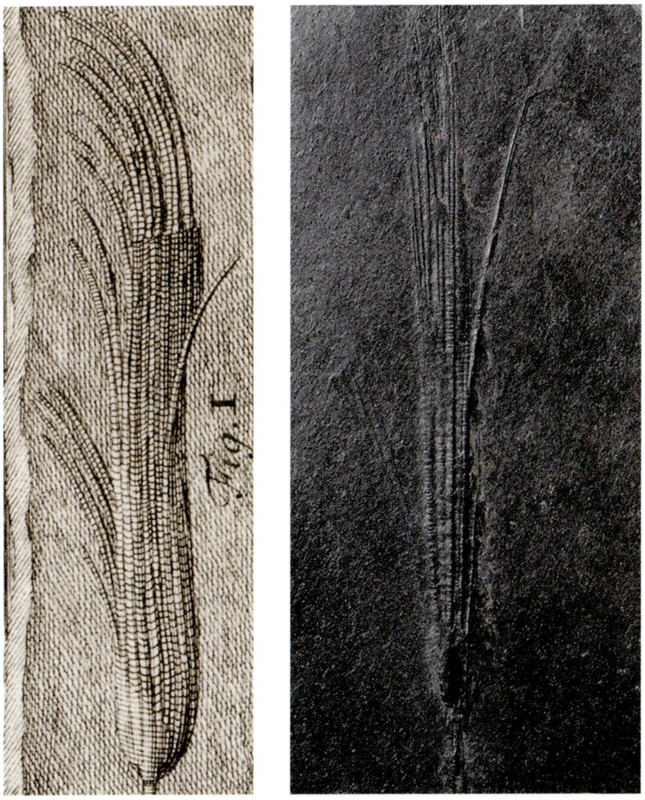

Eine versteinerte Gerstenähre vom Landesplattenberg Engi stellte sich alsbald als Schwanz der Schnabelmakrele heraus (Palaeorhynchus glarisianus).

versucht mit akribischem Eifer das Vorhandene mit neuen Beweisen weiter zu untermauern. Und dies gelingt ihm auch. Sein Ruf steigert sich wie ein Orkan, weit über die Grenzen hinaus. Er wird zu einer Berühmtheit, nicht nur in der Schweiz, sondern auch im Ausland. Eine Unzahl von wissenschaftlichen Institutionen, von der Royal Society in London bis zur Preußischen Akademie in Berlin, ernennt Scheuchzer zum Ehrenmitglied, eine Einladung nach St. Petersburg als Leibarzt Peters des Großen muss er widerwillig ausschlagen. Und er veröffentlicht wie ein Besessener. 2100 Seiten stark – mit 750 teuren Kupferstichen – ist allein seine vierbändige »Kupfer-Bibel«. Für die wenigsten Leute der damaligen Zeit ist sie erschwinglich. An die 300 gedruckte Veröffentlichungen erscheinen aus seiner Feder, mit seinem »Herbarium diluvianum«, in dem er versteinerte Pflanzen abbildet, wird er zum Begründer der Paläobotanik. Er interessiert sich für Mineralogie und Geologie, für Wetterbeobachtungen und natürlich für alles, was mit der Sintflut zu tun hat.

Das Jahr 1725 macht Scheuchzer dann endgültig berühmt, und eine Versteinerung mit ihm. Aus Oehningen in Deutschland bringt man ihm eine Steinplatte, auf der sich ein Schädel mit anhaftenden Wirbeln abzeichnet. Scheuchzer braucht nicht lange, um herauszufinden, welche Bewandtnis es mit dieser Versteinerung hat. Unzweifelhaft liegt vor ihm als Riesensensation »das Beingerüst eines in der Sintflut ertrunkenen Menschen«. Wie lange hatte er danach gesucht, wie sicher war er gewesen, die Reste von Menschen irgendwann zu finden. Wie hatte er doch resignierend geschrieben: »Indessen ist verwunderlich, dass vom Menschlichen Geschlechte so wenig übrig geblieben ...« Und nun liegt der »arme Sünder« vor ihm. Von den zwei ihm gebrachten Versteinerungen, stellt das besser erhaltene einen fast 1,60 cm großen Menschen – gleich groß wie Scheuchzer – dar. Diesem einzigartigen Fossil widmet er sich nun mit grenzenloser Leidenschaft und Energie. 1726 ist er so weit. Sein Traktat über den »homo diluvii testis« (»einem Menschen als Zeuge der Sintflut«) wird veröffentlicht. Eingehend geht er darauf ein, warum trotz vieler versteinerter Pflanzen, Fische und anderer Lebewesen bisher so wenig von den Menschen gefunden wurde. »Sie schwammen tod auf der obern Wasser-Fläche und verfaulten«. Scheuchzers Sintflutmensch findet überall in Europa weite Beachtung und auch uneingeschränkte Akzeptanz, während der Gelehrte nicht müde wird, auf unzähligen Vorträgen seine Sintfluttheorie durch immer neue Beweise zu

Der Glarner Urvogel. Schon 1839 wurde er von Hermann von Meyer beschrieben. Lange Zeit galt er als der älteste fossil gefundene Vogel der Welt.

untermauern. Im Jahr 1733 stirbt Scheuchzer hoch geachtet in Zürich. Doch welchen Weg nahm dieses weltbekannte Fossil nach seinem Tod? Im Jahr 1802 kommt Professor Martinus van Marum, Direktor des Teyler Museums von Haarlem in Holland, zu Besuch nach Zürich. Dort trifft er auch Johann Jakob Scheuchzer, einen Mediziner und Neffen seines berühmten Vorfahren. Bald werden beide handelseins. Nicht billig, um stattliche 14 Louisdor, kauft ihm der Museumsleiter Platte und Gegenplatte des »homo diluvii testis« ab. Stolz nimmt er die Versteinerung mit nach Holland, wo sie auch heute noch im Teyler Museum ausgestellt wird.

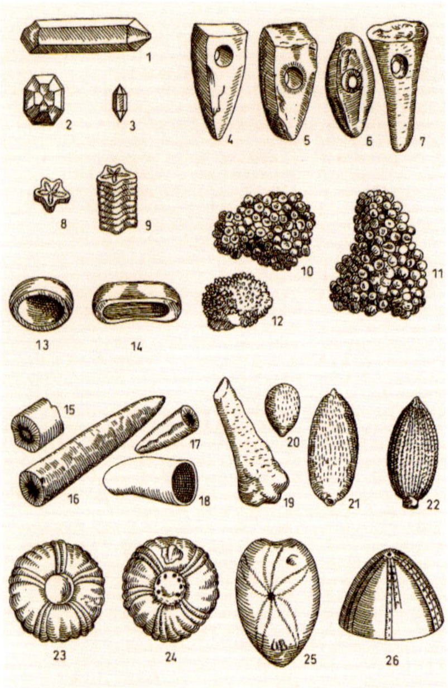

Aus der Frühzeit des Sammelns. Conrad Gesner vermischte in seinen ersten Abbildungen erdwissenschaftlicher Funde Mineralien und Fossilien mit Steinwerkzeugen des Menschen.

Als einem der Ersten gelang es dem Universalgenie Leonardo da Vinci die Hintergründe der in den Bergen gefundenen versteinerten Lebewesen zu ergründen.

Von Leonardi da Vinci gezeichnete »nichi«, wie er seine Versteinerungen nannte.

Allmählich beginnt sich Widerstand gegen die Deutung des hoch geachteten Scheuchzer zu regen. Diese Versteinerung konnte keinem Menschen angehören. Doch dauert es noch bis ins Jahr 1811, um den endgültigen Durchbruch zu schaffen. Es ist dem Franzosen Georges Cuvier vorbehalten, der im Mai 1811 für zwei Tage im Teyler Museum zu Besuch weilt, und die Zeichnung eines heutigen Salamanderskelettes über diesen Sintflutmenschen legt, um ganz klar und deutlich das Skelett richtig zuzuordnen. Ein Rätsel war gelöst. Es war eine vor einigen Millionen Jahren lebende Salamandergattung. Doch das Fossil hätte ohne diese Irrdeutung sicherlich niemals diese Berühmtheit erlangt.

Sie rannten alle an gegen diese rätselhaften Tiere im Stein. Sie kamen nahe heran, und sie verfehlten wieder weit ihr Ziel. Aristoteles, der große griechische Denker, kommt in seiner »meteorologia« dem Problem etwas näher: »Das Meer bedeckt heute Gebiete, die einst Festland waren, und Land wird eines Tages dort zutage treten, wo heute Meer ist.« Teophrastos von Lesbos, ein Schüler von Aristoteles, versucht es dagegen mit einer transzendentalen Entstehungstheorie. Die Versteinerungen sind nichts anderes als ein geistiges Abbild der vorhandenen Lebewesen. Die Jahrhunderte vergingen, die Fossilien fanden Eingang in die Medizin und Heilkunde, man verschrieb sie für allerlei Krankheiten. Auch die ersten Deutungen der Sintflut tauchten auf. Und als 1497 Kolumbus Amerika entdeckt, ist die Wissenschaft kaum weitergekommen. Sie sind »lusus naturae«, Spiele der Natur, von okkulten Kräften geformt, Spiele des Teufels, aber auch Gottes erste vollkommen gescheiterte Versuche, Leben zu formen. Weiter kommt da schon das Universalgenie Leonardo da Vinci. Unbeirrt von herrschenden Lehrmeinungen zieht er seine eigenen Schlüsse. In seinem Codex Leicester (1508–1509) notiert er: »Bei den Versteinerungen handelt es sich um Überreste von Seetieren, welche dort gelebt haben, wo sie heute gefunden wurden. Schlamm drang am Meeresboden in die Gehäuse ausgestorbener Muscheln und Schnecken ein und ließ sie versteinern. Die Sintflut kann diese Reste nicht zusammengeschwemmt haben …« Leonardo zieht in Italien herum, sammelt in der Toskana, pilgert zu den Alpen, kommt in die Gegend von Verona. Die »nichi«, wie er die Versteinerungen nennt, faszinieren ihn. Er forscht und zeichnet. In der Gegend von Verona findet er reichlich Beute. Ammoniten in roten Schichten »Ammonitico rosso« genannt. Denn hier in Verona wird ein neuer Stern geboren. Gerolamo Fracastoro. Vielleicht haben sich beide sogar getroffen. Auf jeden Fall lässt sich Fracastoro in Padua zum Arzt ausbilden, kehrt in seine Heimatstadt zurück und beginnt zu wirken. Er wird berühmt, sein Buch »Diascordon« über die Pest, erreicht Weltruhm, und er beginnt sich mit jenen Fossilien zu beschäftigen, die in den nahen Bergen gefunden werden. 1517 fällt ihm ein »Baobab lapideus«, eine Art Palme auf. Darüber hinaus faszinieren ihn noch eine »Anguilla lapidosa«, ein »Rhombus lapideus« und vor allen Dingen »varii lapides variorum piscium«, versteinerte Fische, welche ihm aus Bolca, einem Ort in den Lessinischen Bergen, zugetragen werden.

Wir fahren in das norditalienische Dorf Bolca neben Verona, dorthin, wo sich die Alpen allmählich aufzubäumen beginnen. Hier liegt eine der Wiegen der paläontologischen

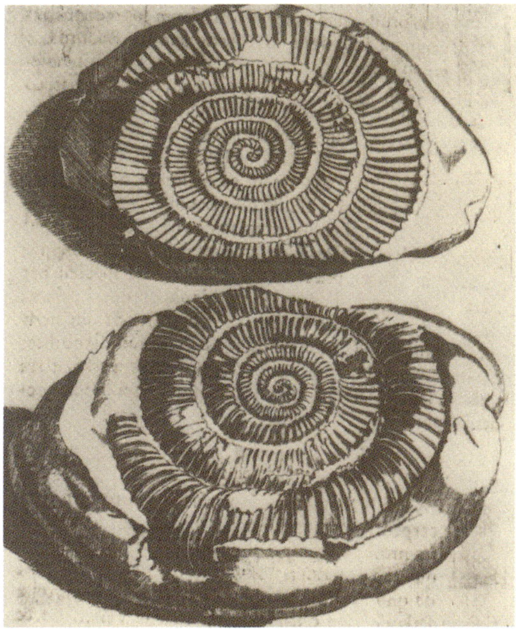

Ammoniten aus dem Museum Calceolaranium. Lange Zeit hielt man sie für Schlangensteine.

Der Veroneser Arzt Gerolamo Fracastoro zog fast zeitgleich wie Leonardo da Vinci aus, um dem Wesen der Versteinerungen auf den Grund zu kommen.

Um 1571 entsteht aufbauend auf der Sammlung von Francesco Calceolari ein erstes Museum. Das Museum Calceolaranium, voll gestopft mit Versteinerungen, Mineralien und anderen Naturwundern, zog die Menschen in Scharen an.

Forschung. Hier beschäftigte sich der Mensch schon seit dem Mittelalter intensiv mit Versteinerungen. Hier kamen versteinerte Fische ans Tageslicht, in einer Pracht und Schönheit, dass die Menschen nicht anders konnten, als sie bewusst zu suchen und in ihren Wohnungen zur Schau zu stellen. Man sammelte und hortete, staunte und studierte. Und einige der Veroneser Bürger dachten daran, all diese Gegenstände irgendwo aufzustellen, damit das Publikum diese Wunder der Natur betrachten konnte. 1571 ist es so weit. Das Museum wird geboren. In Verona kann Francesco Calceolari, ein reicher Arzt, sein Museum Calceolaranium, eröffnen. Das Museum erregt Staunen und Anerkennung, handelt es sich doch um eines der ersten Naturalienkabinette weltweit. Die Menschen sind fasziniert. Sie schaudern vor dieser vielfältigen Natur, auch weil es für viele der ausgestellten Sehenswürdigkeiten keine Erklärung gibt. Alsbald beginnt in Verona ein wahrer Sammlerboom auszubrechen. Sebastiano Rotari nennt um 1716 schon 200 versteinerte Fische sein Eigen, der Chemiker Vincenzo Bozza 700. Bis Graf Giambattista Gazzola auf den Plan tritt und sich im Jahr 1791 diese Fossilien einverleibt, um damit seine schon bisher umfangreiche Fischsammlung noch weiter zu ergänzen. Doch damit nicht genug. Der naturverliebte Graf Gazzola sinnt besessen darauf, weitere Fische anzuhäufen. Er will von allen die schönsten, besten, erlesensten besitzen. Kurzerhand kauft er das ganze Gelände rund um Bolca auf und lässt eigens angeheuerte Arbeiter danach suchen. Und alsbald sollte eine Erfolgsgeschichte beginnen, die weltweit einzigartig ist. Eine Familie tritt auf den Plan. Arm kommen sie von den Bergen nach Bolca, aber ausgestattet mit viel Willen. Sie wollen ihr Leben in den Dienst der Fossilien stellen. Und mit ihnen auch die Nachkommen. So wurde die Familie Cerato weltbekannt.

Denn die Familie Cerato ersinnt sich einen eigenartigen Beruf, den es sonst nirgends gibt. Sie sind Fischer, doch keine im herkömmlichen Sinn. Sie werden zu Fischern der versteinerten Lagune, und das ununterbrochen seit 1843. Seit vielen Generationen arbeiten sie an den weltbekannten Fossilienfundstellen. In 50-jähriger Grabungstätigkeit barg allein Massimiliano Cerato, im 20. Jahrhundert der wichtigste Vertreter aus dieser großen Dynastie, an die 150 000 Platten mit Versteinerungen. Das meiste davon waren Fischplatten. Über 250 Arten aus 140 Gattungen, 90 Familien und 19 Ordnungen konnten im Laufe der Zeit beschrieben werden, während viele noch einer Erstbeschreibung harren.

Die Gegend von Bolca vor 50 Millionen Jahren im Eozän: Ein tropisches Riff breitet sich vor dem Festland aus. Die flache Lagune dazwischen bildet Lebensraum für hunderte von Rochen, Trompetenfischen und Butten. Am Riff selbst leben Aale, Muränen und vor allem Barsche, während am Vorriff und dem Meer Thunfische, Haie, Schwertfische und Barracudas herumschwimmen. Immer wieder werden vom Festland Pflanzen in die Lagune hineingeschwemmt. Doch die flachen Lagunen sind aufgrund der stehenden Gewässer zu einer von ihnen unerkannten Bedrohung für die Lebewesen geworden. Es fehlt der lebensnotwendige Sauerstoff. Betäubt sinken viele der Meerestiere zu Boden, werden schnell mit feinstem Sand überdeckt und blieben uns so mit all ihren Abdrücken bis auf den heutigen Tag in hervor-

Die Familie Cerato und ihr berühmtes Fossilienbergwerk in der Nähe von Bolca. Seit sechs Generationen bauen sie dort die versteinerten Fischfossilien ab. Eine einzigartige Konstellation weltweit.

ragendem Zustand erhalten. So erhielten wir Einblick in eine Millionen Jahre alte Welt, die sich von der unseren durch mannigfaltige Merkmale unterscheidet.
Und die Funde der Ceratos haben Geschichte geschrieben, allen voran der Engelsfisch, der »Pesce Angelo« oder lateinisch »Platax«. Er gehört zu den schönsten und eindrucksvollsten Fischversteinerungen weltweit. Verwandt ist er mit den heute noch lebenden Fledermausfischen des Indischen Ozeans. Als im 18. Jahrhundert Gaetano und Pietro Rigoni den ersten Fisch dieser Art zufällig finden, sind sie ob seiner Schönheit mit seinen bestens erhaltenen Schuppen, Flügeln und dekorativen Elementen so begeistert, dass sie nicht anders können, als ihn »Engelsfisch« zu taufen. Diesen Schatz wollen sie versilbern, um fortan ihr Leben in Prunk und Reichtum genießen zu können. So machen sie sich auf, um dem Grafen Giambattista Gazzola aus Verona dieses Exemplar teuer zu verkaufen. Der Graf zeigt sich interessiert, will diese Versteinerung auch kaufen, doch klaffen zwischen Angebot und Nachfrage abgrundtiefe Unterschiede. Sie handeln, sie feilschen und werden sich trotzdem nicht handelseins, sodass die beiden Brüder Rigoni am Abend enttäuscht eine Herberge in Verona aufsuchen, um in den darauf folgenden Tagen den Prachtfisch doch noch an einen weiteren reichen Mäzen weiterzuvermitteln. Doch Tag um Tag scheitern sie an ihren überzogenen Forderungen, während die Unterkunftsspesen gleichermaßen immer weiter ansteigen. Und diese können sie eines Tages nicht mehr bezahlen. So bleibt ihnen nichts anderes übrig, als den Engelsfisch dem Gastgeber als Faustpfand zu hinterlassen, mit dem festen Vorsatz, die Summe alsbald zu begleichen. Doch die Tage verrinnen.
Niemand von den Rigonis erscheint in den nächsten Tagen und Wochen. Immer ungeduldiger wird der Wirt, bis er eines Tages beschließt, diese besondere Versteinerung Graf Gazzola anzubieten. Postwendend ersetzt ihm dieser die geringen Unterkunftsspesen. So kommt eine der schönsten Versteinerungen der Welt zu einem lächerlichen Preis in eine der berühmtesten paläontologischen Sammlungen Europas. Doch auch Graf Gazzola fühlt sich zu Höherem berufen. Er will gesellschaftlich aufsteigen. Im Jahr 1797 verkauft der Graf einen Großteil seiner Sammlung an den Feldherrn Napoleon Bonaparte, der sie alsbald dem Musée des Plantes in Paris weitergibt. Dort verbleiben die Fische lange Zeit unbeachtet, bis der unbedarfte Student Louis Agassiz sie für sein revolutionäres Werk »Recherches sur les poissons fossiles« als Vergleichsstudium heranzieht. Zwischen 1822 und 1843 arbeitet er daran, und er bringt zum ersten Mal Ordnung in die Welt der fossilen Fische.
Im Jahr 1843 kommt die Sternstunde der Familie Cerato. Mit Giuseppe an der Spitze hatten sie bisher im Auftrag des Grafen Gazzola die Fundstellen am Monte Bolca ausgebeu-

Besucher im Museum der Ceratos in Bolca bestaunen den Engelsfisch (ca. 50 cm). Dieser auch heute noch vorkommende Fisch (ein konserviertes Exemplar aus dem Naturhistorischen Museum in Wien) gehört mit dem Archaeopterix aus Solnhofen, dem Urvogel, zu den schönsten Versteinerungen weltweit. Foto unten: Massimiliano Cerato im Jahr 1970 beim Auffinden des »Eoplatax papilio«, des Engelsfisches. Seit über hundert Jahren war kein Exemplar mehr zum Vorschein gekommen.

Im Jahr 1908 präsentieren Giuseppe und Massimiliano Cerato stolz einen seltenen Exellia velifer. Ihr Verkaufsladen ist noch sehr einfach ausgestattet. Sie finden aber auf der ganzen Welt Käufer für ihre Fische.

tet, nun kaufen sie das felsige Gelände. Sie beginnen ein Fossilienbergwerk anzulegen, wo sie auf verschiedenen Ebenen Stollen in die Schichten treiben und im Laufe der Jahrhunderte hunderttausende Fischplatten zutage fördern. Mit Baumstämmen und Holzbalken werden die Gänge gestützt und notdürftig gesichert. Wissenschaftler, Forscher, Sammler und Museumskustoden aus aller Welt pilgern nach Bolca. Doch so sehr sie auch suchen, bleibt den Ceratos ein sehnlichst erhoffter Fund verweigert: der Engelsfisch. Über hundert Jahre lang graben und suchen sie ihn und finden doch keinen. Bis zum Jahr 1970. Als der Sohn des berühmten Massimiliano Cerato, der von der italienischen Regierung sogar zum Ritter geschlagen wird, im Dunkel des Stollens eine Steinplatte spaltet, bemerkt er zu seinem Erstaunen, dass endlich der lang ersehnte »Eoplatax papilio« zum Vorschein gekommen ist. Die Ceratos feiern, sind überglücklich. Denn nun geht es Schlag auf Schlag. Auch in den nächsten Jahren finden sie Engelsfische, »Pesci d'Angelo«.

Doch trotz all ihrer spektakulären Funde ist es nur mehr ein Abklang früherer glorreicher Zeiten. Im Jahr 1939 wird von der faschistischen Regierung ein Gesetz erlassen, das bestimmt, dass die Hälfte aller Fossilien automatisch dem Staat gehören. Es ist ein erster Schlag, doch unverdrossen und mit noch mehr Einsatz arbeiten die Ceratos weiter. Sie liefern ab und verkaufen den Rest und halten sich notdürftig über Wasser. Dann werden um 1990 große Teile der Gegend zum Naturpark erklärt. Man versucht die Familie Cerato zu enteignen. Nach langjährigem Rechtsstreit können die nun seit sechs Generationen tätigen Ceratos dies noch vermeiden. Aber alles ist nur ein Pyrrhussieg. Nun verweigert man ihnen die Genehmigung, weitere Grabungen zu tätigen. Und so werden den Fischern der versteinerten La-

Der Fisch Ceratoichthys pinnatiformis zu Ehren der Familie Cerato so benannt. Er gehört zu den Stachelmakrelen (ca. 50 cm). Fast alle der aufgesammelten Fische in Bolca haben heute noch lebende Vertreter.

Oben: Die Muschel Megalodon hat die Fantasie der Alpenbewohner immer wieder angeregt. Versteinerte Kuhtritte sollen es gewesen sein. Die Alpen haben sich aufgetürmt und wurden wie ein Blätterteig zusammengeschoben. So können wir Einblicke in die Jahrmillionen erhalten. Links: Die Bletterbachschlucht, ein riesiger Cañon im Süden Südtirols.

gune ihre einzigen Fischgründe entzogen. Doch die Rettung kam wieder in letzter Minute. Man entsann sich doch der Ceratos, man erkannte ihre wahre Größe. Ein Museum wurde in Bolca errichtet, für die Ceratos, das Fossilienbergwerk wurde fürs Publikum geöffnet. Wieder können die Ceratos weitersuchen.

Die Erforschungsgeschichte der Zeugen der Urzeit ist auf Anhieb voll von Fabelgestalten, Missdeutungen, Irrlehren, dass man meinen könnte, auf ein Gegenstück von Märchen aus Tausendundeiner Nacht gestoßen zu sein. Wie zielstrebig versuchte man mit eigensinnigsten Erklärungen paläontologischen Fragen auf den Grund zu gehen, die uns jetzt, nachdem wir wahrscheinlich das Wissen (oder auch nicht) über die wahre Entstehung gefunden haben, nur mehr zu Hohn und Spott hinreißen. Da gab es die versteinerten Kuhtritte, die in den Dachsteinkalken der Alpen zuhauf gefunden wurden, die man wegen ihrer Ähnlichkeit mit den Hufen der Kühe als solche abtat. Vor 200 Millionen Jahren hinterließ auf einer riesigen Gezeitenebene die Muschel Megalodon diese »Trittsiegel«. Die Muschel Daonella erkannte man als versteinerte Sonnen. Oder die »versteinerten Münzen«, die mancherorts als »Teufelsgeld« oder »Pfennige« Eingang in die wissenschaftlichen Beschreibungen fanden. Im Eozän traten diese Einzeller mit ihrem mehrkammerigen, meist eingerollten, kalkigen Gehäuse massenhaft auf. Nummuliten werden sie in der Fachwelt genannt, was auch nichts anderes als »Münzsteine« bedeutet. Anderswo werden sie auch »steinerne Linsen« genannt. Oder die »Sternsteine«, Stielglieder von Seelilien, die mit ihren magischen Mustern die Menschen fasziniert haben.

Wir wollen uns auf die Spuren jener Menschen setzen, denen die Erforschung der Urzeit zur Lebensaufgabe geworden ist. Die es in die Berge zieht, um dort Reste einstigen Lebens zu bergen, damit es erforscht werde. Wissenschaftler sind darunter, aber auch Hobbyforscher. In diesem großen Gebiet wie den Alpen, ist jeder Sucher wichtig. Überall, selbst an den unscheinbarsten Orten können Sensationen zum Vorschein kommen. Viele dieser Menschen arbeiten auf unterschiedlichsten Gebieten und bringen gerade deshalb die Menschheit weiter. Die einen haben sich darauf spezialisiert, die Fossilien aus den Felsen in höchster Meisterschaft zu präparieren, andere wiederum ergänzen in einem Mosaik einen Haufen wirrer Steine, sodass ein Gesamtkunstwerk herauskommt.

Hans und Helmut Schader aus Teissendorf, einer kleinen südbayerischen Gemeinde an der Grenze zu Österreich, haben sich darauf spezialisiert, die in den Nördlichen Kalkalpen überall vorkommenden Ammoniten sorgfältig herauszupräparieren. Sie sind Steinmetze von Beruf. Die roten Liaskalke, dem italienischen Ammonitico Rosso entsprechend, haben sich in einigen hundert Meter tiefen Meeresbecken abgelagert, als allmählich im Ober-Jura, vor 170 Millionen Jahren, große Teile der heutigen Alpen immer tiefer im Meer zu versinken begannen. Diese roten

Hans und Helmut Schader bergen aus einem reißenden Fluss in den Liaskalken bei Lofer eine große Steinplatte. Noch kann man nur hoffen, dass sich im Innern eine Fülle von Ammoniten befindet. Die Freilegung von Fossilien mit ihren zierlichen Knochen, Schuppen und Zähnen erfordert von den Präparatoren neben handwerklichem Können ein gehöriges Maß an Geduld, Einfühlungsvermögen und Beharrlichkeit. Mit dem Binokular wird mit feinen, gut geschärften Präpariernadeln und sehr oft auch mit Sandstrahl, in seltenen Fällen mit verdünnter Säure, das Fossil freigelegt. Dann erst ist das Prunkstück fertig.

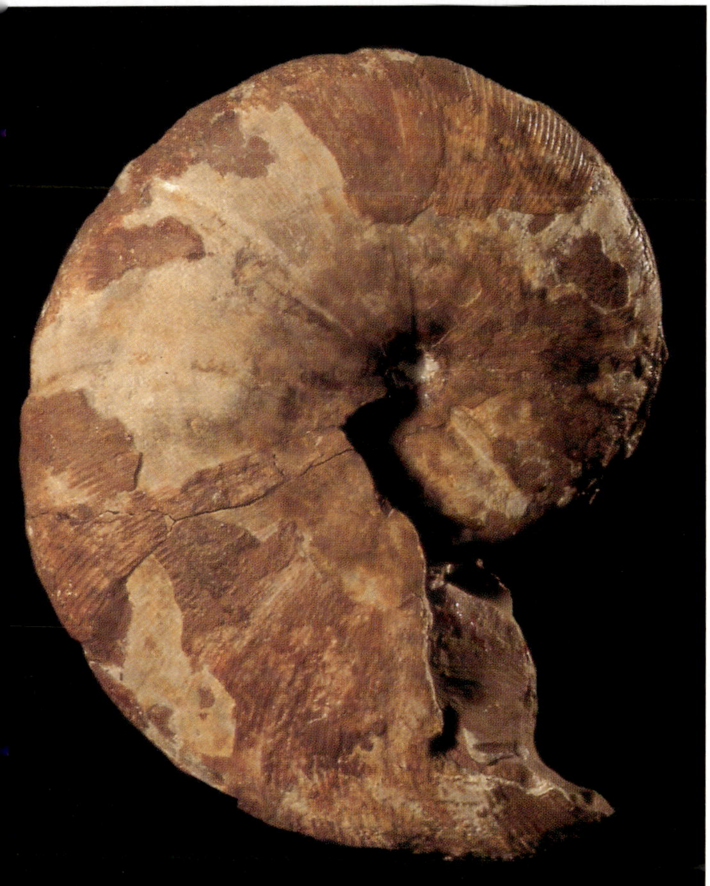

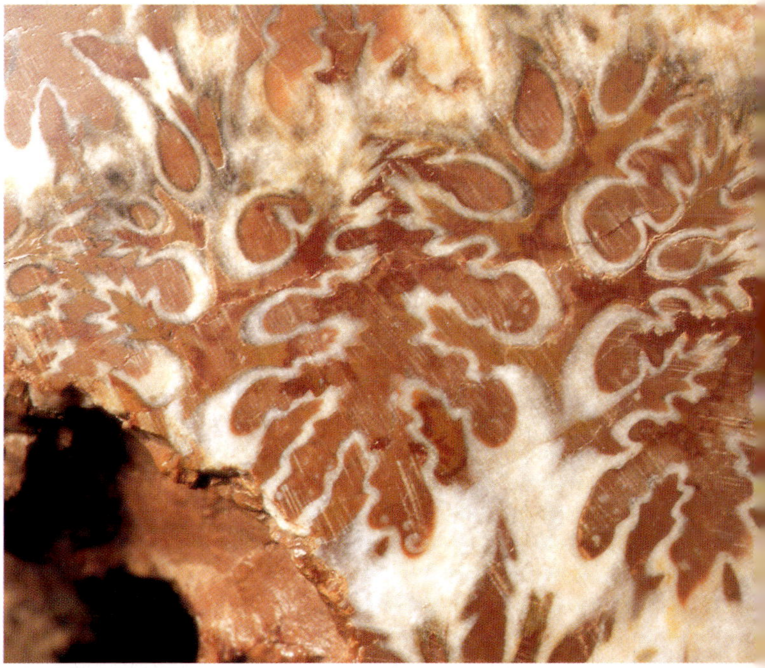

Die Ammoniten gelten als das Paradefossil schlechthin. Vor 65 Millionen Jahren starben sie aus. Oben: Der Nautilus, in der Südsee lebend, gilt als letzter Vertreter dieser einst so dominierenden Gruppe. Links und rechts: Erst nach dem Anpolieren gibt dieser Ammonit (Phylloceras mediterraneum – Cortina d'Ampezzo, Lerosa 15 cm) seine wahre Schönheit mit all seinen Lobenlinien preis (4 cm).

Robert Darga, Kustos des Museums in Siegsdorf in Südbayern, zeigt eine Sammlung von Nummuliten, so genannte »Münzsteine«. Als »Teufelsgeld«, »versteinerte Linsen« oder »Pfennige« fanden sie Eingang in die wissenschaftlichen Beschreibungen. Es handelt sich um Einzeller, die in manchen Fällen große Dimensionen erreichen konnten. Gewisse Nummuliten, wie die Art Nummulites, können ein bis zu 10 cm großes Gehäuse aufweisen (Museum Siegsdorf, Fundort Adelholzen).

Knollenkalke zeichnen sich durch ihren großen Reichtum an Ammoniten aus. Kaum ein Fossil hat den Menschen so in seinen Bann gezogen wie dieses. Schlangensteine nannte man sie, ihren Namen erhielten sie vom ägyptischen Sonnengott Amun Re. Über viele hundert Millionen Jahre bestimmen Ammoniten die Meere. Obwohl ihre Gehäuse Ähnlichkeiten mit jenen der Schnecken aufweisen, sind sie mit diesen nicht näher verwandt. Sie gehören zu den Kopffüßern. Die nächsten Verwandten sind die heutigen Tintenfische, wie die Kalmare und Kraken, und als lebendes Fossil der Nautilus. Das Gehäuse der Ammoniten besteht wie auch beim heutigen Nautilus aus einer sich gegen vorn allmählich weiter werdenden Röhre, die meist zu einer geschlossenen Spirale eingerollt ist. Im vorderen nicht unterteilten Abschnitt befindet sich der Weichkörper des Tieres. Die einzelnen Kammern sind durch Röhren miteinander verbunden, die mit Gas gefüllt sind. So kann dieser Kopffüßer im Wasser schweben und durch Meerwasser, das er durch die Kiemenhöhlen aufnimmt und schnell durch einen Trichter nach außen spritzt, sich durch Rückstoß schwimmend fortbewegen. Dank vieler Ornamente, wie Rippen, Einschnürungen, Wülste, Knoten, Stacheln und Furchen war die Vielfalt der Kopffüßer, die sich erstmals im Kambrium vor ungefähr 500 Millionen Jahren entwickelten, riesengroß.

Gerade wegen der verschiedenen Lobenlinien und der Form der Gehäuse können die Ammonoiden unterschieden werden und bilden so vorzügliche erdgeschichtliche Zeitzeugen. Innerhalb kürzester Zeit veränderten sie sich wieder, und das überall in den Meeren. Darin ist auch die große Wichtigkeit der Ammoniten zu sehen.

Man braucht nur den Weg manch eines Fossils nachzuverfolgen, um manchmal über die Fantasie unserer Ahnen zu staunen. Die Belemniten zum Beispiel. Es handelt sich dabei um nichts anderes als um die versteinerten Reste des Innenskelettes von Kopffüßern. Die Belemniten, zigarrenförmige Gebilde mit meist rundlichem Querschnitt, wurden zu tausenden gefunden. Der große römische Dichter Ovid, 43 v. Chr. geboren, 17 n. Chr. gestorben, nennt sie Lynkurium, was nichts anderes als Luchsstein bedeutet. Seine Überlegung: Da sie an der Oberfläche gerieben, nach Ammoniak riechen, konnte es sich um nichts anderes als zu Stein erhärtetem Urin von Luchsen oder Katzen handeln. Ein erster Erklärungsversuch. Da der Urin von Katzen die Augen reizt, ging man daran, diese Versteinerungen – fein gerieben – als Mittel gegen Augenleiden zu verwenden. Konrad von Megenburg empfahl 1349 in seinem »Buch der Natur« die Belemniten als Arzneimittel, die in keiner Apotheke fehlen sollten. Da sie eine penisartige Form aufweisen, ging man noch weiter und empfahl Belemnitenpulver als Aphrodisiakum, und um einer Ganzkörpermedizin Genüge zu tun für Blasen- und Nierenleiden, gegen Hexenschuss und nicht zuletzt gegen Geschlechtskrankheiten und Verstopfung. Dieser Glaube hielt sich bis ins 19. Jahrhundert, in manchen Gegenden auch noch länger. Denn inzwischen hatte eine neue Erklärungstheorie Fuß gefasst. Belemniten sind nichts ande-

Vor ca. 45 Millionen Jahren lebten diese Seeigel in einem tropischen Meer. Genauso wie dieser Krebs wurden sie nach ihrem Absinken auf den Meeresgrund sehr rasch von Schlamm überlagert und blieben so bis auf den heutigen Tag erhalten (Museum Siegsdorf).

res als »Donnerkeile« oder »Blitzsteine«. Ihre Spitze sei der versteinerte Rest von Blitzen.

Wir brechen auf zu Hannes Peschl aus Lauffen, einer Grenzgemeinde zwischen Österreich und Deutschland. Er ist Fossiliensammler, und er ist ein exzellenter Fotograf. Die Blitze sind seine Leidenschaft. Wo Stürme toben, besonders zu nächtlicher Stunde, ist er zur Stelle, um sie aufs Bild zu bannen. Jenen kurzen Augenblick, wo sich die wuchernden Verästelungen in voller Gewalt entladen. Hannes Peschl hat die Fossilienfundstellen der Umgebung aufgesucht, Korallen, Brachiopoden und andere Versteinerungen geborgen. Teile hat er zu kunstvollen Vasen verschliffen, andere Fossilien stellt er wiederum aus. Sie alle erzählen von der Vielfalt des Lebens, vom Aufstieg und den dauernden Veränderungen. Wie auch die Belemniten, die Donnerkeile. Es war eine Irrlehre über die Jahrhunderte, dass gerade die Gewitter diese Spuren hinterließen. Das waren nichts anderes als versteinerte Reste dieser Meerestiere. Dass jedoch Blitze wirklich Spuren hinterlassen, die aber ganz anders aussehen und heute Fulgurite genannt werden, stellte sich erst im Laufe der Zeit heraus. Sie entstehen, wenn Blitze in sandigen, quarzreichen Boden einschlagen. Die enorme Hitze – bis zu 30 000 Grad für Bruchteile von Sekunden – reicht aus, um die winzigen Quarzkörnchen im Boden zu glasigen, mehrere Meter langen, daumendicken Röhren zu verschmelzen.

Im ersten Augenblick möchte man meinen, Gewitter und Blitze sowie Versteinerungen haben wirklich nicht im Geringsten etwas Gemeinsames miteinander. Doch dem ist nicht so. Als sich die beiden amerikanischen Forscher Harold Urey und Stanley Miller im Jahr 1955 in Laboruntersuchungen damit beschäftigen, wie das erste primitive Leben auf der Erde vor Milliarden von Jahren entstanden sein könnte, versuchen sie die Uratmosphäre im Laboratorium nachzuahmen. Nach der langsamen Abkühlung der glutflüssigen Erde waren vor Jahrmilliarden erste Festlandplatten entstanden, während sich durch weltweiten Vulkanismus eine erste Atmosphäre bildete, aus der sich vermutlich ständig schwere Unwetter, Regengüsse und Blitze entluden. Solch eine »Ursuppe« aus den Gasen Ammoniak, Methan, Kohlendioxyd mischten die beiden Wissenschaftler nun zusammen und setzten diese elektrischen Ladungen aus. Und zu ihrem Erstaunen bildeten sich die ersten Grundbaustoffe des künftigen Lebens – Aminosäuren, die wiederum die Grundlagen der Eiweißmoleküle bilden. Diese stellen die Grundvoraussetzung für die Entstehung von höher entwickeltem Leben dar. Also können Blitze tatsächlich mit dazu beigetragen haben, dass auf unserer Erde vor mehreren Jahrmilliarden erstes einfaches Leben entstanden ist.

Doch auch der Weg der Paläontologie und damit das Wissen um die Entstehung unseres Lebens war, als ob es nicht schon von allein schwierig genug gewesen wäre, gepflastert von Neid, Missgunst und Intrigen. Und sehr oft erlöste ein gnädiger Tod jene, ob durch eigene oder fremde Schuld auf Irrwegen wandelnden Menschen, damit sie nicht noch mehr Unheil anrichten konnten.

Hannes Peschl aus Laufen bei Salzburg hat sich darauf spezialisiert, Blitze zu fotografieren. Durch viel Glück und Geduld, besonders in der Nacht, entstanden so im Laufe der Zeit magische Aufnahmen dieser Naturphänomene. Klassische Fundstellen der Belemniten, der so genannten Donnerkeile, sind die roten Jurakalke der Nördlichen Kalkalpen, z. B. im Gebiet um Adelholzen bei Siegsdorf in den dortigen Oberkreide-Schichten. Eine weitere ergiebige Fundstelle ist aus den der Oberkreide angehörenden Pattenauer Schichten des Helvetikums bekannt. Es handelt sich um einen schmalen Sedimentationsstreifen, der sich von der Schweiz kommend den Nördlichen Kalkalpen entlang mit Unterbrechungen über das Allgäu, Chiemgau bis ins Salzburger Land verfolgen lässt. Rechts: Die Körper der Belemniten bestehen aus Kalzit, die zum Teil sogar durchscheinend sind und von unten her beleuchtet und fotografiert, einen geheimnisvollen, fast mystischen Eindruck hinterlassen.

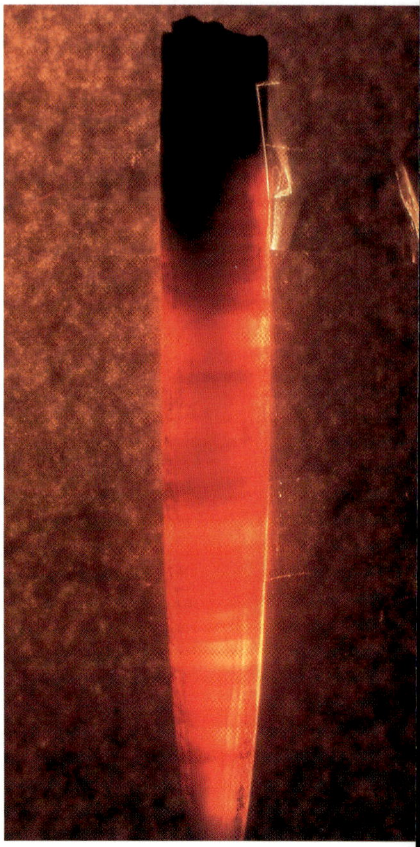

Ein Blitz schlägt ein. Nur selten gelingen Hannes Peschl Aufnahmen wie diese. Manchmal gelingt es dann auch die Schmelzspuren, herrührend von einem Blitzeinschlag, nachzuverfolgen. In grünem Serpentin am Brennkogel in den Hohen Tauern hat ein Blitzeinschlag typische Verbrennungsspuren, so genannte Fulgurite, hinterlassen.

Oben: Erst nach der Politur zeigen diese Brachiopoden, ein heute fast ausgestorbener Armfüßer, ihre wahre Schönheit.
Links: Blick vom Lammertal in der Nähe von Abtenau in südwestlicher Richtung zum Tennengebirge. Rechts liegt der Scheiblingkogel. In den dortigen Dachsteinkalken findet sich eine Fülle von Fossilien. Sie müssen aber erst mühsam aus dem Gestein freigelegt werden.
Viele der Versteinerungen zerbrechen während der Bergung in viele Einzelteile und müssen erst wie bei einem Puzzlespiel zusammengesetzt werden.

Versteinerungen als Kunstwerk. Das war in der Antike nicht anders als heute. Korallen werden zu Vasen verschliffen, Brachiopodenplatten zu Aschenbechern.

Der 31. Mai 1725 sollte zum Schicksalstag für Johannes Bartholomäus Adam Beringer werden. Christian Zänger, 17 Jahre, und die beiden Brüder Nicolas und Valentin Zänger, 18 und 14 Jahre alt, brachten völlig neuartige Versteinerungen, die das Herz des begeisterten Naturforschers und Arztes des Fürstbischofs von Würzburg höher schlagen ließen. Da sind fossil gewordene Blumen darunter, gleich wie ein versteinerter Stern, Frösche und eine Spinne, die gerade eine Fliege fängt. Zu Stein geworden war die Spinne sogar im Augenblick des Sprunges auf ihr Opfer. Beringer ist hellauf begeistert und kauft die bisher noch nie aufgetauchten Fossilien sofort um einen nennenswerten Betrag ab. Um seine Skepsis zu besiegen und gierig auf weitere einzigartige Funde spekulierend, lässt er sich von den Jugendlichen genau zu der Stelle nach Eibelstadt führen, wo sie im Kalkstein ihre außerordentlichen Entdeckungen gemacht hatten. Und die Fundstelle erweist sich mehr als ergiebig. Unglaubliches tritt ans Licht der Sonne: Fledermäuse finden sich, Eier legende Vögel und sogar Platten voll mit hebräischen Buchstaben werden in den nächsten sechs Monaten zutage gefördert. Vor aller Öffentlichkeit lässt sich Beringer zur Feststellung hinreißen, dass die Erdgeschichte völlig neu geschrieben werden müsse. Um die gewaltige Summe von insgesamt 300 Reichstalern kauft der Professor den Jugendlichen 2000 Kunstwerke ab. Mittlerweile war es dem ehrenvollen Naturforscher sogar gelungen, eine für ihn beweiskräftige Theorie über die Entstehung dieser Versteinerungen zu erarbeiten. Der gesamte Fund sollte der erstaunten Öffentlichkeit präsentiert werden. Zum ewigen Ruhme seines Erstbeschreibers. 1726 ist es so weit: Mit sorgsam ausgearbeiteten 23 Kupferstichen erscheint seine »Lithographiae Wirceburgensis«. Mittlerweile hatte man Beringer sogar einen Kalkstein mit seiner Buchstabenkombination zugetragen, was ihn zwar etwas skeptisch machte, doch immer noch keinen Anlass für ihn gab, nicht eisern zu seinem Werk zu stehen. Doch immer mehr Anrüchiges dringt ans Tageslicht. Ein Freund von Beringer, der Jesuit Jean Ignace Roderique, solle hinter einem Komplott stehen, und die Jugendlichen zu dieser Heimarbeit mit angestichelt haben. Immer weitere Kreise zieht der Fall, bis sich ein Gericht damit zu befassen beginnt. Beunruhigendes tritt zutage, die Finder gestehen ihre Missetaten, geben zu, auf Anordnung gehandelt zu haben. Die Öffentlichkeit erfährt von den »Würzburger Lügensteinen«. In einem Anflug von Verzweiflung versucht Beringer noch die Gesamtauflage seines Werkes aufzukaufen. Doch nicht einmal das gelingt ihm, überstieg doch der teure Rückkauf seine finanziellen Verhältnisse so weit, dass er in den Ruin schlitterte.

Intrigen gab es zuhauf, genauso oft nicht erkannte oder erst im Laufe der Zeit richtig interpretierte Zeugen der Vergangenheit. Das war immer so und wird auch immer so bleiben. Michele Lanzinger und sein Kollege Giuseppe Muscio, beide Direktoren von Naturmuseen, der Erstere in Trient, der Zweite in Udine, können es nicht glauben. Fieberhaft messen die beiden mit den Gürteln ihrer Hosen die Abstände zwischen den geradlinig weiterlaufenden Löchern. Und sie staunen, ist doch der Abstand immer derselbe. Generationen von Geologen und Paläontologen sind hier an den eigenartig abfallenden Felsen der Lavini di Marco in der Nähe von Rovereto vorbeigewandert. Allen waren diese sonderbaren Löcher aufgefallen, und trotzdem hatte sie keiner weiter beachtet. Als Bombenlöcher aus dem Ersten Weltkrieg hatten die einen diese Vertiefungen abgetan, als Werk zerstörerischer Pflanzen die anderen. Bis im Mai 1990 der pensionierte Ingenieur Luciano Chemini die weite, geneigte Fläche hinaufwandert. Luciano Chemini ist kein Schatzgräber, er ist einfach ein von Natur aus neugieriger Mensch. Er war unbedarft genug, um einen Gedanken aufkeimen zu lassen, der so querdenkend klang, dass ihm sicher keiner Glauben schenken würde. Und wenn diese Löcher doch Spuren von Dinosauriern wären? Er fotografiert die Löcher und schickt einige Abzüge davon in aller Bescheidenheit an das Naturmuseum Trient. Wie bei vielen anderen Zusendungen – Diamantenfunden in den Bergen, die nichts anderes als Calcit waren und Gold, das sich als Biotit herausstellt, begutachtet man die Fotos und misst ihnen keinen weiteren Wert zu. Man legt alles in die dicken Aktenordner, die sich füllen, um niemals mehr beachtet zu werden. Bis man trotzdem eines Tages beschließt, bei den Lavini di Marco einen Lokalaugenschein vorzunehmen. Und es kam das ans Tageslicht, was nicht sein durfte. Diese Schichten waren nicht, wie allgemein angenommen, vor 200 Millionen Jahren unter Wasser gelegen, sondern bildeten Teil des Festlands. Und darüber stapften eines Tages einige Dinosaurier. Große sogar, wahrscheinlich Fleisch fressenden Ceratosauriern angehörend. Andere wiederum waren kleiner, und gehörten wieselflinken Syntarsus an. Vor 225 Millionen Jahren entwickelten sich die ersten Dinosaurier und wurden sehr schnell zur alles bestimmenden Tierklasse auf dem Festland. Bis sie vor 65 Millionen Jahren aus ungeklärten Gründen ausstarben, spalteten sie sich in eine Fülle von Untergruppen ab, die eine Vielzahl von Nischen besetzten.
Dann waren die Bombenlöcher also Dinosaurierspuren und der wackere Pensionist Chemini ein Prophet. Auch die beiden Museumsdirektoren waren nun mit ihrem Wissen am Ende. Nun mussten Fachleute her. Zum Beispiel Pater Giuseppe Leonardi, einer der versiertesten Dinosaurierfährtenleser der Welt. Gegensätzlicher hätte das Leben dieses Paters nicht verlaufen können. Geboren wird Giuseppe als Sohn des wohl berühmtesten italienischen Alpingeologen, Piero Leonardi. Anfänglich wandelt er auch auf den Spuren seines Vaters und lernt versteinerte Lebewesen und Fährten der Urzeit zu verfolgen, bis ihm seine innerste Neigung auf

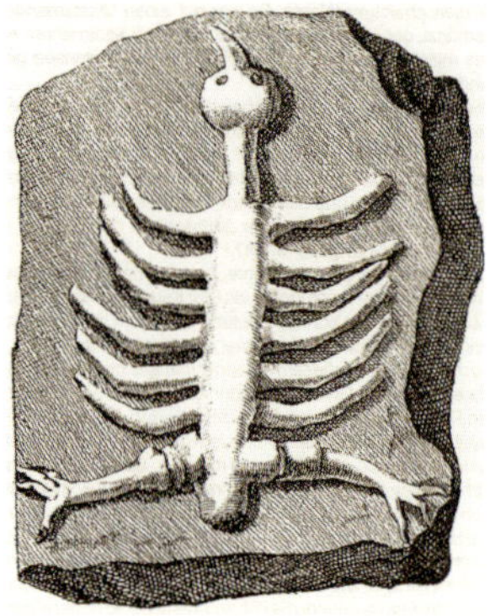

Als eine der größten Fälschungen im paläontologischen Bereich gingen »Beringers Lügensteine« in die Geschichte ein. Sie ruinierten den biederen Naturforscher vollends.

den Spuren Gottes wandeln lässt. So findet Giuseppe sich in jungen Jahren – als Paläontologe und Geistlicher – zwischen zwei Welten, die ihn zu zermürben drohten. Das Wesen armer Sünder sollte ihm gleich vertraut werden wie die Spuren der geheimnisvollen Vergangenheit, die so sehr Göttliches vermissen ließen. Auf einfache Weise beendet die römische Kurie die Gewissensbisse des durch seine Forschungen aufhorchen lassenden Padre. Sie versetzt ihn kurzerhand nach Brasilien in ein Nest, wo der Urwald sämtliche Spuren der Vergangenheit baumhoch überwucherte.
All sein früheres Leben und die geologischen Bücher und Instrumente hinter sich lassend, widmet Leonardi sich von nun an den Verfolgten und Ärmsten in Brasiliens Hinterland. Überreste von Dinosauriern hatte man in Brasilien bisher erst einmal, im fernen Jahr 1913, gefunden, und seit damals galt dieses große Land als Niemandsland auf diesem Gebiet. Bis Giuseppe Leonardi eines Tages im Jahr 1976 durch die Straßen der Stadt Araraquara bei São Paolo schlendert und zu seiner grenzenlosen Überraschung auf den Sandsteinplatten der Gehsteige überall eigenartige Spuren erspäht. Niemandem der 400 000 Einwohner waren diese merkwürdigen Abdrücke jemals aufgefallen, und nun staunen sie, wie sich plötzlich ein Geistlicher auf den Boden stürzt und kriechend damit beginnt, diese Spuren nachzuzeichnen. Man hält ihn für einen Verrückten, bekreuzigt sich, hält respektvoll Abstand zu diesem bemitleidenswerten Sohn Gottes. Zu unerfassbar sind die Wege des Herrn, als dass man mit normalem Einfühlungsvermögen die Gesten des Geistlichen hätte deuten können. Padre Giuseppe Leonardi dagegen, der es bisher gewohnt war, die Schichten der Berge zu zeichnen und mit Höhenangaben zu versehen, findet nun Gefallen daran, seine geologische Karte mit Hausnummern und Straßenbezeichnungen zu versehen. Und bei besonders gut erhaltenen Dinosaurierspuren kann

Der Ort, an dem die bis heute zahlreichsten und eindrucksvollsten Spuren von Dinosauriern in den Alpen gefunden wurden, sind die Lavini di Marco in der Nähe der Stadt Rovereto im südlichen Trentino. Die Schichten können dem Beginn des Jura zugeordnet werden (vor zirka 190 Millionen Jahren). Die Dinosaurier hinterließen hier auf einer großen karbonatischen, durch die Gezeiten geformten Ebene, die landschaftlich mit dem heutigen Küstengebiet am Persischen Golf vergleichbar ist, ihre Spuren. Als Bombenlöcher wurden diese Einbrüche im Felsen abgetan. Bis ein biederer Pensionist feststellte, dass die Aneinanderfolge keinen menschlichen Ursprung haben konnte. Dann erst wurde klar, dass es sich um nichts anderes als Dinosaurierspuren handeln musste. Links unten: Ein großer Ceratosaurus und einige kleinere räuberische Coelophysis. Oben: Padre Giuseppe Leonardi begutachtet die neu entdeckten Dinosaurierspuren bei den Lavini di Marco in der norditalienischen Provinz Trient.

er nicht anders, als Gott um einen Augenblick des Nichthinschauens anzuflehen, um solche paläontologische Kostbarkeiten aus den Gehsteigen herauszumeißeln und sie durch belanglose Sandsteinplatten zu ersetzen. Gott ist gnädig und lässt Padre Leonardi viele Jahre lang in Ruhe. Eine Fülle von Dinosaurierstellen entdeckt er nun im ehemals von Dinosauriern so verschonten Brasilien. Sein legendärer Ruf dringt in die Vereinigten Staaten, man würdigt ihn als führenden Forscher auf dem Gebiet der Dinosaurierfährten. Auch die römische Kirche wird hellhörig, sie winkt mit dem Zaunpfahl, ermahnt den Geistlichen, eines Tages erreicht Leonardi der unwiderrufliche Befehl, wieder in seine Heimat zurückzukehren. Padre Leonardi fügt sich seinem Schicksal und kehrt treu ergeben zurück.

Und nun steht er im Jahr 1991 kopfschüttelnd vor den Dinosaurierspuren der Lavini di Marco. Eine Gegend, in die der große italienische Dichter Dante Alighieri sein Inferno, seine Hölle in der »Göttlichen Komödie« verlegt hatte. Wieder vernachlässigt Padre Leonardi den Ruf Gottes, um sich voll und ganz der weiteren Erforschung und Vermessung von Dinosaurierspuren zu widmen. Er muss sie einordnen und katalogisieren, um anhand der Fährten Rückschlüsse auf das Aussehen des gesamten Tieres zu ziehen. Die Dinosaurierspuren der Lavini di Marco werden zu den berühmtesten der Alpen, sie sind aber nicht die einzigen. Schon 1961 fand man im einzigen Schweizer Nationalpark im Engadin auf 2450 m Höhe in der Nähe des Piz dal Diavel auf einer steil aufgestellten Kalkplatte 14 verschiedene Fährten mit 200 Trittsiegeln. Gerade in einem Nationalpark, wo außer Gämsen und Rehen kein Mensch abseits einiger weniger eingezeichneter Wege seinen Fuß hinsetzen durfte. 220 Millionen Jahre alt sind die Schichten, und diese Tritt-

Im Nebel erscheinen diese Dinosaurierspuren am Piz dal Diavel im schweizerischen Nationalpark noch eindrucksvoller. In der Obertrias vor mehr als 200 Millionen Jahren hinterließen die Dinosaurier diese Trittspuren. Erst bei der alpinen Gebirgsbildung wurde diese Karbonatbank steilgestellt.

spuren gehören zu den ältesten jemals aufgefundenen. Aber es blieben immer nur Spuren. Die Wissenschaftler lechzten förmlich danach, wie im von Dinosauriern so gesegneten Nordamerika, endlich einmal Dinosaurierskelette ans Licht der Welt zu befördern. Bis in Frick in der Nordschweiz in einer Tonziegelei die ersten Skelette zutage gefördert wurden. Im Jahr 1985 konnte dann sogar das vollständige Exemplar eines Prosauropoden freigelegt werden. Als Plateosaurus ging er in die Geschichte ein.

Die Dinosaurierjäger. Unter den Sammlern und Suchern fühlen sie sich als die Könige. Bei nichts gerät die menschliche Psyche so aus dem Gleichgewicht wie bei den Dinosauriern, den »schrecklichen Echsen«, wie der Name übersetzt lautet. Diese Tiere, ausgestorben vor 65 Millionen Jahren bei einer jener Katastrophen, die die Welt bewegten, fördern unser kollektives Urbewusstsein und unsere Ur-Erinnerung zutage.

Sauriermuseum Aathal in der Schweiz. In jahrelanger Arbeit ist es Hans-Jakob »Köbi« Siber gelungen, ein Dinosaurierzentrum aufzubauen. Irgendwann erfasste auch ihn das Dinosaurierfieber. Er wurde selbst zum Ausgräber, zum Finanzier, zum Forscher. Er gründete sein eigenes Dinosauriermuseum, und gleichzeitig auch Forschungszentrum. Alsbald wurden ihm die heimischen Gefilde zu klein. Er ging in die Fremde. Immer auf der Suche nach den Spuren der Dinosaurier. 150 Millionen Jahre beherrschten diese Echsen die Erde und besetzten eine Unzahl von Lebensnischen. Von ihnen gabelte sich im Laufe der Zeit eine Vielzahl von Untergruppen ab, die auch heute zum Teil noch nicht ausgestorben sind. Die Vögel sind darunter, die Krokodile und andere Echsen. Wechselvoll ist die Geschichte ausgestorbenen Lebens und auch rätselhaft. Vom Wasser strebte das Leben ans Land, um manchmal in einigen Fällen wieder in veränderter Form zurückzukehren.

Schweizer Forscher vermessen die Spuren. Der Felsen ist so steil, dass sie sich sichern müssen. 200 Trittsiegel haben sich erhalten, und sie dürften wahrscheinlich von Prosauropoden stammen. 1961 wurden sie auf 2450 m Meereshöhe im Nationalpark entdeckt.

Auch einige der Saurier kehrten vom Land wieder ins Meer zurück. Wie bei den heutigen Walen, die sich erst vor geologisch kurzer Zeit wieder dem Meer zu bewegten, geschah dies schon in der Trias bei den Ichthyosauriern. Sie glichen in vielen Belangen heutigen Delphinen, mussten zum Atmen an die Wasseroberfläche und brachten ihre Jungen lebend zur Welt. Warum wir dies alles wissen? Im Laufe der Zeit hat sich die Forschung mit Riesenschritten weiterentwickelt. Jede gefundene Versteinerung, war sie auch manchmal noch so klein und bruchstückhaft, trug dazu bei, das Puzzle zu lösen. Als im Jahr 1991 Gerhard Wolf, ein Fossiliensammler aus Hallein bei Salzburg zusammen mit seinen Freunden aufbrach, um Fossilien zu suchen, riss er im Hallstätter Kalk eine Steinplatte hervor, die sofort halbmetergroße Rippenbögen zu erkennen gab. Gottfried Tichy, Ordinarius für Geologie und Paläontolgie der Universität Salzburg wurde eingeschaltet, ein Jahr später eine Grabungskampagne organisiert. Würde jemals das ganze Skelett gefunden werden, und um was handelte es sich? Es war ein vollkommen erhaltenes Skelett. Wissenschaftler analysierten und fanden heraus, dass es ein Omphalosaurus sein musste. Einige, an der Hand abzuzählende dürftige Knochenstücke hatte man bisher gefunden, nun war endlich das Rätsel gelöst. Vor 235 Millionen Jahren hatte sich dieser 3,5 Meter lange, krokodilähnliche Vorgänger der Ichthyosaurier im Meer getummelt. Als Omphalosaurus wolfi, dem Finder zu Ehren, ging er in die Geschichte ein.

Dass große Teile der Alpen nichts anderes sind, als ein aufgetürmtes versteinertes Meer, überrascht uns auch heute noch. So hoch oben auf den Drei- und Viertausendern sind wir erst seit den letzten Jahrmillionen, über mehr als 200 Millionen Jahren aber benetzten tropische Meere mit Lagunen, Atolle und Südseeflair die Gegend. Die Spuren davon findet man überall, besonders in den Dolomiten. Dort wol-

Ganz oben: Köbi Siber und sein Sauriermuseum in Aathal in der Schweiz. Jahr um Jahr werden Ausgrabungen finanziert, dem Publikum wird versucht, den Mythos Dinosaurier näher zu bringen. In einer ehemaligen Ziegeltongrube bei Frick in der Schweiz wurde ein fast vollkommen erhaltenes Skelett eines Plateosaurus geborgen. Oben: Die Knochen der etwa 5–6 m langen Dinosaurier wurden eingegipst und dann vorsichtig im Labor restauriert. Das Skelett gehört zu den seltenen im Alpenraum gefundenen, vollkommen erhaltenen Dinosauriern.

Faszination Dinosaurier im Museum. Wir wollen alles über diese Tiere wissen, tragen sie doch unser genetisches Erbe in sich. Wie ernährten sie sich, welche Brutpflege wandten sie an, wie intelligent waren sie? Kinder sind fasziniert von diesen Riesenechsen und tragen dazu bei, dass die Dinosaurierforschung weltweit einen Boom erlebt.

Oben: Der Omphalosaurus von Hallein wird vorsichtig freigelegt. 15 Tonnen Gestein mussten dabei abgebaut werden. Nackte Knochen aber sagen noch nicht alles aus. Erst die Rekonstruktion gibt dem Laien ein Abbild dieses Lebewesens, das seinen Weg vom Land wieder ins Meer zurückfand (unten).

len wir die versteinerten tropischen Welten suchen und finden. Korallen, Muscheln und andere Meerestiere. Pflanzen aus der Urzeit. Wer gemeint hätte, dass die Dolomiten sich als offenes Tagebuch preisgäben und relativ früh erforscht wurden, der irrt gewaltig. Die Erforschungsgeschichte der Dolomiten ist spannender als ein Kriminalroman und hat sich trotzdem erst in den letzten 200 Jahren abgespielt.
Jahrhundertelang galten die Dolomiten als weißer Fleck auf der Landkarte. Das Gebirge, das durch seine magische Schönheit besticht, war unbekanntes Land. Nicht einmal einen Namen hatte man sich ausgedacht, und was blieb, das waren Gedanken an die Sagenwelt. Die Bevölkerung selbst hatte alle Hände voll zu tun, um den immer wieder auf sie hereinbrechenden Naturgewalten einigermaßen zu trotzen, und die Fremden eilten meistens schnell hindurch und würdigten die Berge kaum eines Blickes.

Mitte 1789 reist ein französischer Adeliger mit dem hochtrabenden Titel Dieudonné-Silvain-Guy-Tancrède de Gratet de Dolomieu, geboren am 23. Juni 1750 im französischen Ort Dolomieu, mit seinem Schüler Fleuriau de Bellevue durch Tirol. An verschiedenen Stellen, schon in der Nähe des Brenners, sowie aufgelagert auf den Porphyr zwischen Bozen und Trient finden sie eine merkwürdige Gesteinsart, welche dem Kalk vollkommen gleicht, beim Beträufeln mit Salzsäure aber nicht aufbraust. Daraufhin lässt Dolomieu seinem Freund Saussure insgesamt zwölf Proben dieses eigenartigen Allerweltsgesteins zukommen. Sofort erkennt Nicolas de Saussure, dass das Mineral vorher noch niemandem aufgefallen war. Ein begeisterter und bescheidener Dolomieu schlägt vorerst den Namen »Tyrolensis« für diesen Stein vor, geht aber davon ab, weil er erkennt, dass das neu entdeckte Gestein nicht nur in Tirol anzutreffen ist. Im gleichen Atemzug schlägt er dann den Namen Saussurit zu Ehren des Vaters von Nicolas de Saussure vor. Doch Saussure ist noch bescheidener. Im März 1792 erscheint dann im »Journal de Physique« ein Artikel Saussures unter dem Titel »Analyse de la Dolomie«, welcher indirekt die Namensgebung vorwegnimmt. Der Artikel zeichnet sich durch eine genaue Analyse des neuen Minerals aus. Obwohl dieses nun detailliert beschriebene Kalzium-Magnesium-Doppelkarbonat schon früher mit einer Anzahl von Bezeichnungen, welche von »Spat« über »Perlspat« reichen, bekannt geworden war, beginnt sich dieser Name durchzusetzen. Dolomieu höchstpersönlich war der Erste, der diese neue Bezeichnung mit sehr großem Stolz anwendet. Ansonsten ist das Leben Dolomieus mehr von Tiefen als von Höhepunkten gezeichnet. Der unglückliche Ausgang eines Duells hatte ihn schon in jugendlichen Jahren ins Gefängnis gebracht. Er wird zu lebenslanger Haft verurteilt, und nur durch die Beziehungen seiner Freunde sowie von Papst Klemens XIII. wird er nach wenigen Monaten aus dem Kerker entlassen. Früh interessiert sich Dolomieu für die Naturwissenschaften. Mit 26 Jahren durchstreift er halb Europa, wobei er sich für vielfache Phänomene begeistert. Er interessiert sich für die Bergwerke der Bretagne gleich, wie für die Basaltgebiete Portugals. Dann fasziniert ihn wieder der Vulkanismus in Süditalien: 1784 ist er in Kalabrien, um die Folgen des Erdbebens zu studieren, anschließend erlebt er den Ausbruch des Ätna. All die Forschungen des Autodidakten, welcher auch in mondänen, sowie politischen Kreisen seinen Einfluss geltend macht, tragen ihm sogar die Mitgliedschaft im »Institut de France«, der berühmten französischen Akademie ein. Mit dem Aufstieg von Napoleon Bonaparte wird er zu dessen glühendstem Anhänger. 1798 nimmt er mit Napoleon Bonaparte am Ägyptenfeldzug teil, was sich alsbald als schwerwiegender Fehler herausstellen sollte. Er ist einer der Beauftragten, welcher auf Malta an den dortigen Kapitulationsverhandlungen teilnehmen soll. Doch bei der Rückreise erleidet er bei Tarent Schiffbruch. Er wird gefangen genommen und in Sizilien als Rache für längere Zeit unter unmenschlichen

Bedingungen im Gefängnis gehalten. Nach dem Sieg von Marengo setzt sich Napoleon für den Gefangenen ein, und er erwirkt auch umgehend seine Freilassung. Trotzdem: Dolomieus Wille ist gebrochen. Als kranker Mann kommt er 1801 wieder frei, gerade Zeit genug, um vor seinem Tod noch eine letzte Alpenreise unternehmen zu können. Am 16. November 1801 stirbt Dolomieu, 51-jährig. Dass Triumph und Tragik eng miteinander verbunden sind, beweist das Schicksal von Giovanni Arduino. Einige Jahre vor Dolomieus Entdeckung erscheint 1779 in Venedig ein dünnes Büchlein mit dem Titel »Osservazioni chimiche sopra alcuni fossili« (Chemische Beobachtungen einiger Gesteine). Autor ist der aus Verona stammende Geologe Giovanni Arduino. Dort beschreibt er in einer kurzen Abhandlung ein in den Dolomitgesteinen der Vicentinischen Berge in der Nähe von Schio gefundenes Mineral. Arduino behandelt die Proben mit Schwefelsäure und fertigt verschiedene Analysen an. Die Eigenschaften dieser »Marmorart« weisen

Déodat de Dolomieu als Vierzigjähriger, 1789 in Rom porträtiert durch die Schweizer Malerin Angelica Kauffmann. Es ist das einzige überlieferte Bild des französischen Entdeckers.

Der untere Teil vieler Berge der Dolomiten, wie hier am Settsass mit dem weltberühmten Richthofen-Riff, gelten als Musterbeispiel eines ehemaligen Riffs. Algen, Korallen und Schwämme bauten in einem Wettlauf gegen die Zeit diese Riesenburgen, die heute zu Stein geworden sind.

eindeutig auf Dolomit hin, trotzdem widmet er seiner Entdeckung keine Aufmerksamkeit und findet es nicht einmal für notwendig, dem eigenartigen Gestein einen Namen zu geben. So geht Giovanni Arduino zwar als hoch geehrter »Vater der italienischen Geologie« in die Geschichte ein, die Anerkennung als Entdecker des Dolomits bleibt ihm jedoch versagt.

Vorerst hatte das Mineral wenigstens einen Namen erhalten: Dolomit. Doch die Berge blieben immer noch namenlos. Bis in den Jahren 1861 bis 1863 die beiden wohlhabenden Engländer Josiah Gilbert und George Cheetham Churchill durch die Gegend reisen. Begeistert starren sie auf diese hoch aufragenden Türme, geblendet sind sie von den stets wechselnden Farben dieser Felstürme. Sie veröffentlichen ein Buch »The Dolomite Mountains«. Der Name des Minerals wird zum Namen des Gebirges: die Dolomiten. Man wettert

Die Dolomitengeologin Maria Ogilvie Gordon und der Bergführer und Sammler Josef Kostner um 1910.

dagegen, schimpft, und trotzdem setzt sich die Bezeichnung durch. Denn mittlerweile war ein dreißigjähriger Geologe wie ein Orkan in den damaligen Wissensstand über diese Berge hineingefahren. Sein Name: Ferdinand Freiherr von Richthofen. Seine Kernaussage, als er zum ersten Mal in die Dolomiten kommt: »Die Dolomiten sind ein Korallenriff, und diese Berge waren einst ein tropisches Meer.« Ungläubiges Staunen im Jahre 1860. Konnte es sein, dass diese hoch aufragenden Zinnen zum großen Teil von kleinen bis kleinsten Meerestieren erbaut worden waren? Es konnte sein. Und Belege fand man nun überall. Versteinerte Muscheln, Korallen und andere Meerestiere.
Nun eilten die Forscher aller Herren Länder in die Dolomiten und bewirkten, dass diese markanten Zinnen innerhalb kürzester Zeit zu einem der am besten erforschten Gebiete weltweit wurden. Denn Einzigartiges hatte sich in dieser Gegend zugetragen. Vor 250 Millionen Jahren noch eine Wüste, versank dieses Gebiet allmählich im Meer. Millionen von Algen, später auch Korallen und Meeresschwämme begannen Burgen zu bauen. Dann setzte Vulkanismus ein und zementierte wie ein Abbild das vergangene Leben fest. Inseln bildeten sich, flache Meere, Korallenriffe entstanden. Es war eine Mikrowelt im Kleinen, die sich erstaunlicherweise bis heute erhalten hat. Auch heute noch bilden sich Korallenriffe in den Meeren fast überall dort, wo das Wasser selbst in der kalten Jahreszeit nicht kälter als 20 Grad wird. Korallen und Schwämme benötigen zu ihrem Überleben außerdem warmes, gut durchlüftetes und nicht durch Flüsse oder Sandanlagerungen verunreinigtes Meerwasser. Bis zu fünfzig Meter Meerestiefe können sie maximal überleben, am wohlsten fühlen sie sich in bis zu zehn Meter tiefen Gewässern. Die heutigen tropischen Meere mit ihren verschiedenen Arten von Riffen, Lagunen und Atollen können so als Maßstab für die über 200 Millionen Jahre alten Riffe der Dolomiten genommen werden.

Viele Generationen von Forschern beobachteten und erkannten. Hier kollidierten die österreichischen Geologen alsbald mit den deutschen und englischen. Nach einem verlorenen Ersten Weltkrieg machten sich die italienischen Wissenschaftler breit und veröffentlichten ihre Geheimnisse. Laien waren genauso unter ihnen wie wahre Geologiepäpste.
Auch eine Frau war darunter. Maria Ogilvie Gordon, geboren in Schottland. 1891 kommt sie zum ersten Mal in die Dolomiten und ist fasziniert. Sie will in eine Männerdomäne einbrechen, Geologie studieren. Man verweigert ihr anfänglich diese Möglichkeit, doch sie beharrt. Unermüdlich durchsteigt sie die Dolomiten, kartiert und forscht. Dann beendet sie ihre bahnbrechende Arbeit. Lange wogt der Kampf hin und her, dann überwindet sich das konservative England. Sie erhält das hart umkämpfte Doktorat der Naturwissenschaften. Sie heiratet, bekommt drei Kinder und zieht nun gegen Deutschlands Frauenfeindlichkeit los. Auch hier will sie das Doktorat erlangen. Gegen den Willen vieler Männer, auch hier schafft sie es. Als erste Frau promoviert sie an der Universität München zum Doktor der Philosophie. Rastlos zieht Ogilvie Gordon weiterhin durch die Berge, gleichzeitig kämpft sie für die Rechte der Frauen und deren Gleichberechtigung. Als sie am 24. Juni 1939 stirbt, haben sich viele ihrer Träume verwirklicht.
Eine nie enden wollende Schar erforschte die Dolomiten. Der berühmteste und bekannteste Forscherpapst von allen: Piero Leonardi. Der berühmteste Laie: Rinaldo Zardini.
Zeit seines Lebens hatte Rinaldo Zardini den Beruf eines Dorffotografen in seiner Heimatstadt Cortina in den Dolo-

Rinaldo Zardini beim Sammeln von Fossilien. Originelle Weihnachtskarte von Zardini mit Seeliliengliedern als Schneeflocken.

Ptychostoma waehneri

Dicosmos maculosus

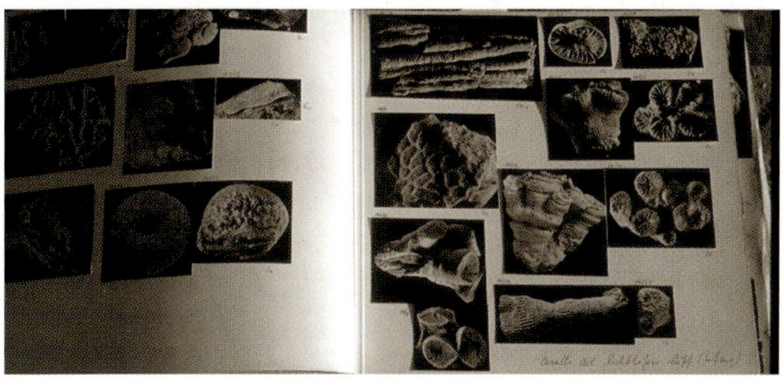

Es verwundert immer wieder, dass Meerestiere wie diese Muscheln sogar über Jahrmillionen ihre Originalfarben erhalten können. In seltenen Fällen ist dies möglich. Gleich wie diese Korallen noch alle feinsten Konturen aufweisen, so als stammten sie aus einem heutigen tropischen Meer. Rinaldo Zardini war ein unerreichter Künstler der Fotografie. So gelang es ihm, noch so feine Einzelheiten wie bei diesem Seeigel auf Zelluloid zu bannen.

Elysastraea plana var. foliosa

Pinacophyllum gracile (Seelandalpe) 2x

miten ausgeübt. Zwar war Rinaldo Zardini immer ein begeisterter Bergmensch gewesen, der mit inbrünstiger Liebe Pflanzen und Blumen der Dolomiten sammelte, aber mehr als eine dürre Broschüre darüber hatte er nicht zu Stande gebracht. 1902 war er in Cortina, das damals noch unter der Herrschaft des österreichischen Kaisers stand, auf die Welt gekommen. Die Eltern schickten ihn nach Zürich zum Studium, das er leidlich bewältigte, und als er zurückkehren wollte, waren längst schon die italienischen Truppen einmarschiert. Nach den Wirren des Ersten Weltkrieges stieg Rinaldo in das elterliche Fotolabor ein, und alles hätte einen ganz normalen und unauffälligen Lauf genommen, wäre er nicht eines Tages im Schotter des Baches Boite auf einen eigenartigen Stein gestoßen. Da er ihn weder zu deuten noch einzuordnen wusste, stellte er ihn gut sichtbar in die Nähe seiner Pflanzensammlung und bat alle Gelehrten, die ihn besuchten, genauere Auskünfte über diesen Felsbrocken zu geben. Bis ihn ein englischer Botaniker aufklärte, dass es sich um eine versteinerte Koralle handelte. Nun wurde die Neugierde von Rinaldo Zardini erst richtig erregt, sodass er fieberhaft nach dem Herkunftsort dieser Koralle in den Dolomiten zu suchen begann. Nachdem er aberhunderte Kilometer in endloser Suche an den Felshängen zugebracht hatte, führte ihn eine Wanderung eines Tages zum Fuß des Monte Faloria, wo aufgrund der immer wieder vorkommenden Muren große Teile ohne Pflanzenwuchs dalagen. Und zu seinem Erstaunen sah er, dass hier überall Muscheln, Schnecken, Ammoniten und andere versteinerte Le-

Grabung durch Bernhard Peyer im Jahr 1924. Zum ersten Mal wird die Gegend um den Monte San Giorgio wissenschaftlich erforscht. Vorher baute man noch Steinplatten zur Herstellung von Saurieröl ab.

Oben: Nicht sehr viel hat sich seit der Anfangszeit am Monte San Giorgio verändert. Das Foto entstand um 1920 und dokumentiert die Abbauarbeiten unter Leitung des Schweizer Paläontologen Bernhard Peyer. Linke Seite: Großformatige Platten wurden mühsam ins Tal geschleppt, die Schichten so abgebaut, dass die Saurier im Ganzen geborgen und hernach im Labor in mühevoller Arbeit frei präpariert werden können. Heute graben italienische Paläontologen zusammen mit ihren Schweizer Kollegen weiter in diesem Gebiet. Links: In ähnlichen Schichten, aber einige hundert Kilometer entfernt in der italienischen Val Brembana, versuchen Studenten der Universität Mailand einen kleinen Fischsaurier in einer exponierten Wand zu bergen. Die Faszination Paläontologie liegt sehr oft im Unbekannten. In jeder Steinplatte könnte eine Sensation zum Vorschein kommen.

bewesen einer längst vergangenen Welt vor ihm lagen. Es war als »befände ich mich am Strand eines heutigen Meeres«, schrieb er zum ersten Mal nieder. Rinaldo Zardini begann zu sammeln. Bald schon füllten hunderttausende Versteinerungen sein Haus. Bis eines Tages Professor Franco Rasetti, einer der bekanntesten Atomwissenschaftler Italiens, bei einem Besuch bei Rinaldo Zardini nur den Kopf schütteln kann und ihm zu erkennen gibt, dass »so lange Sie Ihre Erkenntnisse nicht niederschreiben, es ist, als wären sie unter einem Stein verborgen«. All diese Korallen, Muscheln und Meerestiere hätten überhaupt keinen Wert, wenn sie nicht in Form von Veröffentlichungen der Allgemeinheit zugänglich gemacht würden. Rinaldo Zardini wehrt ab, gibt zu erkennen, dass er nicht schreiben könne, er auch kein Wissenschaftler sei, doch Rasetti insistiert: »Niemand ist als Meister vom Himmel gefallen ... lieber Mann, habe nur Mut und geh an die Arbeit ... Ziehen Sie alles heraus, was Sie erkannt haben, und teilen Sie es denen mit, die es noch nicht wissen ...!«

Im Jahr 1972 wird Rinaldo Zardini siebzig Jahre alt. Für die meisten Personen ein Alter, wo die geistigen Regungen auf dem Rückzug sind und die Gedankengänge sich verlangsamen, während die Lebensenergie immer mehr nachlässt. Doch für Rinaldo Zardini setzen nun fast zwei Jahrzehnte rastlosen Schaffens und bahnbrechender Veröffentlichungen ein. Er beschreibt Fossil um Fossil, Muschel um Muschel. In den nächsten fünfzehn Jahren ändert sich das Wissen um die Entstehung der Dolomiten und deren Lebenswelt aufs Grundlegendste. Als alter Mann schreibt Rinaldo Zardini Geschichte. Für die Wissenschaft sind es Meilensteine, für das Publikum unverständliches Gedankengut. Doch Rinaldo Zardini gibt nicht auf. Er investiert sein Vermögen in diese Bücher. Fünf Atlanten veröffentlicht er in den folgenden Jahren. Über 1400 verschiedene Korallen, Schwämme und andere Meerestiere können im Laufe der Zeit bestimmt werden. Viele erweisen sich als neu und bisher unbekannt für die Wissenschaft. Als Rinaldo Zardini im Jahr 1988 stirbt, hat er sein Lebenswerk vollendet.

Welche großen Zufälle manche wissenschaftliche Entdeckungen erst ermöglichen und wie oft zuerst ganz andere Wege eingeschlagen wurden, bis endlich eine andere Gesinnung eintrat, zeigt eine andere große und klassische Stätte geologischer Forschung der Alpen: der Monte San Giorgio. An diesen eher belanglosen Berg stößt von Süden die Republik Italien, während sich auf der anderen Seite der Schweizer Kantons Tessin heranschmiegt. Um 1830 versuchte das nahe gelegene Mailand bei Besano auf italienischem Boden aus den heraustretenden und mit Bitumen angereicherten Schichten Gas für die Beleuchtung herauszupressen. Die immer wieder bei dieser Arbeit gefundenen

Ganz oben: Christina Lombardo, eine italienische Paläontologin vermisst am Monte San Giorgio die feinsten Schichten. Lebewesen können sich über die Jahrtausende in Nuancen verändert haben. Aussagekräftige Daten sollen darüber erzielt werden. Oben: Andrea Tintori spaltet die Platten, um Fischfossilien zu bergen. Immer wieder kann es zu Überraschungen kommen. Rechts: Eine Schweizer Paläontologin arbeitet in einem ehemaligen Stollen, wo vor hundert Jahren noch »Saurieröl« abgebaut wurde.

Der Präparator der Universität Mailand, Mauro Brunetti arbeitet das teilweise noch im Stein verborgene Fossil frei. Um aber die Versteinerungen für ein breites Publikum aufzubereiten, müssen, wie dieser Neusticosaurus, eine kleine Meerechse, diese erst rekonstruiert und teilweise auch Modelle angefertigt werden. Vergleiche zu heute noch lebenden Tieren werden angestellt. Manchmal kommen dann auch Sensationen zutage. Links: Der Quastenflosser galt schon lange als ausgestorben, bis im Jahr 1938 vor der Ostküste Afrikas ein Exemplar entdeckt werden konnte. Dieses lebende Fossil gehört zu den wichtigen Bindegliedern der Erdgeschichte.

Fossilienabenteuer im Hochgebirge. An einer exponierten Stelle bei der Ducanfurgga in der Nähe von Davos, graben Mitarbeiter des Paläontologischen Instituts Zürich nach Fischversteinerungen. Den größten Teil des Jahres liegt die Fundstelle im Schnee, nur an wenigen Wochen des Jahres apert sie aus. Das Prachtexemplar eines Saurichthys, eines 50 cm langen Raubfischs, kommt aus diesen in der Mittleren Trias abgelagerten Schichten zutage.

versteinerten Fische und Saurier erregten kaum das Interesse der Arbeiter. Dem italienischen Geistlichen Antonio Stoppani, 1824 geboren, der seine vordergründigste Aufgabe mehr in der Geologie und Paläontologie, als im Studium der Lehren Jesu Christi sah, war es vorbehalten, die ersten Grabungen ins Leben zu rufen. Er fand in Emilio Cornalia, im gleichen Jahr wie Stoppani geboren, später langjähriger Direktor des Naturwissenschaftlichen Museums in Mailand, einen idealen Weggefährten, der alsbald eine Menge von Sauriern zutage förderte. Munter wurde in den Folgejahren in diesen asphalthaltigen Schichten, Grenzbitumenzone genannt, weitergegraben.
Doch noch immer stand das wissenschaftliche Interesse im Hintergrund. 1902 stellte man fest, dass sich durch Pressung der saurierführenden Schichten Saurieröl gewinnen ließe. Als Salbe sollte es Schmerzen lindern und eine Vielzahl von Krankheiten, besonders Hautentzündungen, vermeiden helfen. Als »Saurol« kam es in den Handel und war so begehrt, dass ein eigener Bergbau ins Leben gerufen wurde, um die Schichten sogar unterirdisch abzubauen, und das zerkleinerte Gestein so weit auszupressen, dass der kostbare »Sauriersaft« herausperlte. So ruhte vorerst einmal die wissenschaftliche Forschung, obwohl es ein Leichtes gewesen wäre, die am Fabrikhof in Meride für die Weiterverarbeitung auf Saurol bereitliegenden Platten zu untersuchen. Bis endlich im Herbst 1919 der Züricher Paläontologe Bernhard Peyer tatsächlich diese Steinplatten zu untersuchen begann und sofort Reste eines kleinwüchsigen Fischsauriers fand. Nun hatten auch die sonst mit Versteinerungen nicht reich gesegneten Schweizer Wissenschaftler ein Betätigungsfeld, das sie bis in die heutige Zeit beschäftigte und eine Vielzahl von Aufsehen erregenden Funden und neue Erkenntnisse über die Lebenswelt vergangener Zeiten ans Tageslicht beförderte. Italiener und Schweizer Paläontologen gruben sich in eine Welt, die sich vor 235 Millionen Jahren abspielte. Wir fahren zu den beiden Tempeln paläontologischer Erforschung der Alpen. Nach Zürich zum Paläontologischen Institut und nach Mailand. An die dortige Universität der Erdwissenschaften und zum Naturkundemuseum.
Heinz Furrer, Konservator am Paläontologischen Institut und dem Museum führt uns durch die Räume. Hier stehen sie, die Höhepunkte aus hundert Jahren Grabungstätigkeit am Monte San Giorgio. Großformatige Fossilplatten, aufwändig abgebaut und in mühevoller Arbeit von den umlie-

genden Schichten befreit, sind ausgestellt. Man sieht hier nur das Beste und das Feinste. Der Rest, zwar manchmal wissenschaftlich interessant aber ästhetisch ungenügend, lagert in den Untergeschossen. Die Entwicklung des Lebens wird dargestellt. Anhand der Fossilien aus diesem Grenzgebiet zwischen Italien und der Schweiz.

Warum konnte gerade hier eine solche Artenvielfalt bis auf den heutigen Tag erhalten bleiben? Wieso nicht an anderen Orten? In dieser ehemaligen innersten Bucht des Tethysmeeres war ein Meeresbecken durch ein Riff von der Zufuhr frischen Wassers so abgesperrt worden, dass kaum ein Wasseraustausch stattfand. Besonders am Boden dieser Lagune herrschte Sauerstoffmangel, sodass die absinkenden toten Tiere kaum verwesen und durch andere Räuber oder Aasfresser gefressen werden konnten. In diesem Faulschlamm, aus dem dann die bitumenreichen Tonschiefer hervorgegangen sind, wurden die Saurier und Fische eingebettet und blieben ausgezeichnet erhalten. Da im Laufe der Jahrtausende sehr wenig Sandschlamm abgelagert wurde, konnten sich in diesen Schichten viele Skelette ansammeln und bilden einen Grund für die besondere Reichhaltigkeit dieser europaweit einzigartigen Schichten.

Wie hier auf einer heutigen tropischen Südseeinsel dürfte sich das Leben in den Alpen über Jahrmillionen abgespielt haben. Korallen und Schwämme, versteinerte Fische und andere Lebewesen, ins Meer geschwemmte Reste der heutigen Araukarien ähnlichen Bäume und Farne, sind mehr als eindeutige Beweise dafür.

Für Bernhard Peyer und die Universität Zürich sollte es zu einer Lebensaufgabe werden. Erst einmal versucht Peyer im Stollen durch behutsame Sprengungen vollständigere Fischplatten zu bergen, als die zusammenhanglosen Trümmer. Doch die Erfolge wollen sich nicht einstellen. Mit zwei Bergleuten wendet er sich einem verlassenen Tagebau zu, wo er die Gesteinsschichten flächenhaft abzutragen beginnt. Und genau diese Technik führt zum Erfolg. Reiche und außerordentliche Funde stellen sich ein. Nicht nur die erwarteten Fischsaurier, sondern auch Placodontier. Diese im Meer lebenden Echse zeichnet sich durch ihr starkes Gebiss mit pflasterartigen Zähnen, das wie ein Nussknacker Muscheln und andere Meerestiere zerquetschte, aus. In den folgenden Jahren und Jahrzehnten wurden bis zu 100 Qua-

Franz Baron von Nopcsa galt als einer der blendendsten Paläontologen des 20. Jahrhunderts. Er starb aber in geistiger Umnachtung. Unten: Anhand dieser Bruchstücke bestimmte er eine neue Saurierart: »Von niemandem erkannter italienischer Saurier«. Er sollte Recht behalten.

dratmeter große Flächen – wie die Blätter eines Buches – Schicht um Schicht abgetragen. Das war das Geheimnis des Erfolges des Paläontologen Bernhard Peyer.
Szenenwechsel zur Universität Mailand. Mit Andrea Tintori, einem Spezialisten für mesozoische Fische, fahren wir nach Meride. Eine Grabungskampagne der Universität Mailand läuft. Da der Schweizer Teil durch die waagrecht liegenden Schichten gegenüber dem italienischen bevorteilt ist, wird auf Schweizer Gebiet gegraben. Ein Vertreter des dortigen Kantonmuseums ist anwesend und überwacht die Arbeiten. Die besten Stücke, auch von den italienischen Wissenschaftlern, werden nach dem Ende der Studien im Kanton Tessin verbleiben. Nicht in Zürich, nicht in Mailand. Lang genug mussten sie sich wehren.
Andrea Tintori erklärt uns die Abbautechniken. Schicht um Schicht wird freigelegt. Kleine Fische, allesamt einer kleinen Art angehörend, kommen zum Vorschein. Eine Gruppe von Freiwilligen löst die Platten im großen Schichtverbund. Die Fische werden aussortiert. Es könnte ja sein, dass sie sich im Laufe der Jahrtausende in kleinsten Nuancen änderten und so zu neuen Unterarten mutierten. Der Monte San Giorgio wurde berühmt für seine große Anzahl an Fischsauriern, Fischen und Meeresreptilien. Von den Fischen entdeckte man Haie, Strahlenflosser, Quastenflosser teilweise noch in sehr primitiven Ausprägungen. Wie eindrucksvoll und unerwartet dringt auch die Urzeit immer ans Tageslicht. Gerade die für die Entwicklungsgeschichte so wichtigen Quastenflosser galten als vor langer Zeit ausgestorben. Bis im Jahr 1938 als Sensation wirklich ein Quastenflosser auf einem Fischmarkt an der Ostküste Afrikas entdeckt wurde. Andrea Tintori führt uns in die Welt der versteinerten Fische ein. Er erklärt uns die kleinen Unterschiede. Am zahlreichsten vertreten waren die Strahlenflosser. Saurichthys war ein wendiger Räuber mit blitzschnellem Stoßschlag, der bevorzugt im flacheren Wasser lebte und seine Beute aus der Deckung heraus überfiel. Bobasatrania und Dipteronotus dagegen konnten mit ihrem kurzen und hohen Körper auf engstem Raum hervorragend manövrieren und schwimmen. Sie hatten zudem noch ein kräftiges Greifgebiss aus zylindrischen Zähnen, um die harten Muschelschalen zu öffnen. Doch wir wollen noch mehr erfahren über das Abenteuer Paläontologie. Über die Menschen, die forschten und suchten.
An der Universität Mailand gehen wir die Ahnengalerie jener Menschen durch, die hier Geschichte schrieben. Namen berühmter Paläontologen werden genannt. Alles verwebt sich zu Abenteuern, die das Leben schrieb. Spannend bis zum Letzten. Manch ein dürftiger Name eines Fossils erzählt die Geschichte von Intrigenspiel und Bosheit, Verbrechen und Niedertracht.
Askeptosaurus italikus. Hinter diesem Zungenbrecher verbirgt sich die Tragödie eines der besten Paläontologen des 20. Jahrhunderts. Franz Baron von Nopcsa hieß er. In Ungarn wurde er 1877 geboren, adelig die Herkunft. Doch 1933 bringen die Zeitungen in Wien und Budapest eine groß aufgemachte Geschichte. Depressiv wie er war begann er seine Wahnsinnstat. Sein albanischer Sekretär war das erste Opfer. Er erschoss ihn, dann irrte er planlos umher, um seinem eigenen Leben ein Ende zu bereiten.
Aufgebrochen war er als unbedarfter Jüngling, um den europäischen Geologen und Paläontologen das Fürchten zu lernen. 1924 verschlug es ihn nach Mailand, an das dortige Naturwissenschaftliche Museum, wo ihm eine kleine und höchst unansehnliche Fossilplatte auffiel. Einige wenige Knochen waren darauf zu sehen, doch das hinderte den selbstsicheren jungen Baron in keiner Weise, sofort seine Schlüsse zu ziehen. Es war ein neues Reptil, ein früher Vertreter der Echsen, man konnte nur einen Namen für diesen Saurier wählen: *Askeptosaurus italicus,* leichter verständlich als: »Von niemandem erkannter italienischer Saurier«. Die italienischen Paläontologen fühlten sich vor den Kopf gestoßen, sie haderten, doch Baron von Nopcsa bekam Recht, als wenige Jahre später wirklich ein komplettes Skelett dieser Urechse gefunden wurde. Doch der forsche Baron hielt nicht inne. Immer wieder hatte man Reste eines eigenartigen Sauriers gefunden, den man nirgends einordnen konnte. Die eigenartigen Körperformen waren scheinbar keinem

Manchmal helfen erst Quervergleiche weiter. Diese Spuren eines Chirotheriums wurden in Deutschland gefunden. Der Ticinosuchus, ein räuberischer Saurier als Skelett am Monte San Giorgio. Spuren und Skelett gehörten wahrscheinlich einem einzigen Tier an. Der Schweizer Beat Scheffold schuf dann anhand der verschiedenen Vorlagen ein Bild dieses Tieres. So könnte sich das Leben vor 235 Millionen Jahren an den Stränden einer tropischen Insel abgespielt haben.

einzigen Schema zuzuordnen. Baron Franz von Nopcsa wusste sofort warum, er war um keine Antwort verlegen: Es war ein Flugsaurier, und damit war die Sensation perfekt, denn um 1920 stand die Erforschung dieser Tiere erst in ihrem Anfangsstadium. Er beschrieb das Tier, er zeichnete es und war stolz auf seine Leistung. Nicht die einzige. An die 150 wissenschaftliche Werke hatte er veröffentlicht, als Abenteurer zog es ihn nach Albanien, er lernte die dortigen Lebensgewohnheiten und die Sprache kennen. Das Volk fasste solches Zutrauen zu diesem Wissenschaftler, dass es ihm sogar die Regentschaft eines kleinen Reiches anvertraute. Man ernannte ihn zum Direktor des Ungarischen Königlichen Geologischen Instituts. Er kämpfte an vielen Fronten. Die Retourkutsche beim Flugsaurier kam im Jahr 1931. Bernhard Peyer, der Schweizer, fand ein vollkommen erhaltenes Exemplar. Es trug einen riesenlangen Hals und kurze Beine und lebte wahrscheinlich im flachen Meer oder an den Ufern. »Tanystropheus longobardicus« benannte man es. Und das Tier zerstörte damit den Mythos Nopcsa. Der Baron konnte nur gereizt seinem Kollegen antworten: »Sonnenklar, es war ein Riesenfehler.« Kurze Zeit später hatte er seinem Leben ein Ende gesetzt.

Doch wie schaute vor 235 Millionen Jahren das Leben auf dem Festland aus? Die Dinosaurier standen erst am Anfang ihres Aufstiegs. Welche Tiere bevölkerten damals die Inseln der heutigen Alpen? Dass sich Landtiere erhalten, geschieht viel seltener als bei Meerestieren. Lange Zeit tappte man im Dunklen. Zwar hatte man schon sehr viel früher in Deutschland Trittspuren gefunden und sie »Chirotherium«, was »Hand eines fürchterlichen Tieres« bedeutete, benannt. Die Frage nach dem geheimnisvollen Tier, das diese Spuren hinterließ, blieb lange Zeit unbeantwortet, weil nirgendwo passende Skelettfunde gemacht werden konnten. Und so wäre es auch geblieben, wenn nicht am Monte San Giorgio eines Tages bei Grabungsarbeiten das komplette Skelett eines großen Landraubtiers mit kräftigem Gebiss und säbelförmigen Zähnen zutage gefördert worden wäre. Die Paläontologen sind nach ersten Präparationsarbeiten so von diesem Tier mit seinem messerscharfen Zahngebiss beeindruckt, dass sie ihm den Namen »*Ticinosuchus ferox*«, was »wilder Saurier aus dem Tessin« bedeutet, geben. Es glich einem primitiven Krokodil. Durch einen Riesenzufall musste dieses Landtier in ein Meeresbecken geschwemmt und dort schnell mit Schlamm überlagert worden sein. Als man das Skelett von Ticinosuchus alsbald näher untersuchte, stellte sich zur Überraschung aller heraus, dass die an anderen Orten gefundenen Trittspuren von Chirotherium genau den Skelett-Teilen von Ticinosuchus entsprachen.

Wie im Zeitraffer hatten wir die Jahrmillionen durchwandert und die Zeugen einstiger Welten auf uns wirken lassen. So vollzog sich der Aufstieg des Lebens. So erforschten Wissenschaftler anhand winziger Spuren das Werden einer Landschaft. Uns zog es hinauf in die Berge, um dort die Seiten des Tagebuches der Alpen zu durchsteigen. In den Dolomiten wollten wir den Versuch wagen, neue Seiten zu öffnen. Wir begannen die steilen Grate und Gräben zu durchsteigen. Schichten kamen zum Vorschein, und je wilder die Schluchten abfielen, desto deutlicher wurden sie. Vor 250 Millionen Jahren hatte die größte Katastrophe der erforschbaren Erdgeschichte stattgefunden. Neunzig Prozent aller Lebewesen zu Wasser und zu Lande waren ihr zum Opfer gefallen. Über die Ursachen dieses Massenaussterbens streiten sich die Forscher auch heute noch. Bis dahin wollten wir dringen, wir wollten uns auf die Spuren eines leeren Planeten setzen. Wo das Leben erst aus Katastrophen keimt. Schicht um Schicht durchkletterten wir, erlebten die Tiefe des Meeres, abgelagert wie seichte tropische Lagunen und Inseln. Weit unter uns lag das Dolo-

Wo die Berge ihre Gefährlichkeit zeigen. An den brüchigen Abgründen verbergen sich Schichten mit versteinerten Pflanzen. Michael Wachtler seilt sich ab, um diese Versteinerungen freizulegen. Diese Nadelbäume, Farne und viele andere heute ausgestorbene Pflanzen können dazu beitragen, das Puzzle vom Aufstieg und Wandel des Lebens weiter zu vervollkommnen.

mitendorf Olang, dazwischen aber Abgründe und Schluchten. Welche Spuren würden wir finden? Eigenartige rötliche Platten fielen uns auf, kleine Saurier hatten darauf Dutzende Spuren hinterlassen. So lagen sie, von der Forschung vergessen. Wir konnten nur kombinieren. 235 Millionen Jahre. Im Züricher Museum hatten wir das Skelett eines kleinen Landsauriers gesehen. Macrocnemus hatten sie ihn genannt. Zu diesem Tier konnten diese Spuren passen. Dann der Abdruck eines großen Sauriers. Er lag da im Schutt. Chirotherium hatten sie seine Spuren genannt. Ticinosuchus das Skelett. Wir lagen richtig. Wir brauchten nur Quervergleiche anzustellen. Zwischen den Dolomiten und dem 400 Kilometer entfernten Monte San Giorgio. Ungefähr die gleiche Zeit und die gleichen Tiere. Genauso wie heute. Noch wilder wollten wir in die Grate und Schluchten hineinklettern. Dort wo kaum Menschen sich hinwagten. Bald schon würden wir zu jenen Schichten kommen, die den Ausbruch der Riesenkatastrophe beinhalteten. 240 Millionen Jahre vor unserer Zeit. Wie im Fieber arbeiteten wir uns weiter.

Uns fiel Heinrich Moroder ein, aus dem Südtiroler Grödental stammend. Sein Leben lang hatte er Versteinerungen von den Bergen heruntergeschleppt. Pflanzenfossilien waren darunter, die tiefe Einblicke in die Entwicklung der Nadelbäume preisgaben. Er gab sie Professor Leonardi in Ferrara, einer italienischen Universitätsstadt, zum Studium, der konnte auch nicht weiterhelfen und versandte sie zum weltweiten Spezialisten auf diesem Gebiet. Rudolf Florin hieß er, Schwede von Geburt war er. Sie waren wichtig, diese versteinerten Pflanzen. »Ortiseia leonardii« wurden diese Nadelbäume aus dem Perm genannt. Warum nicht »Ortiseia moroderi«? Wir stutzen. Welches Recht hat ein Finder überhaupt? Keines. Heinrich Moroder fand wenig später einen Fisch. Als »Archaeolepidotus leonardii« ging dieser in die Geschichte ein. Gibt es überhaupt Gerechtigkeit im Bereich der Paläontologie? Wohl kaum. Woran lag hier der Verdienst von Piero Leonardi. Ach ja, er sandte Fisch und Pflanze zu einem Spezialisten. Darin lag die große Tat. Heinrich Moroder bat, man möge ihm seine Versteinerungen wieder nach Ende der Forschungen zurückgeben, um sie seinem Heimatmuseum in Gröden als Andenken zu überlassen. Die Universität Ferrara wand sich und suchte Ausflüchte, zierte sich und wehrte ab. Haben die Alpenbewohner ein Recht auf die Zeugen ihrer Landschaft?

Auch uns sticht eine eigenartige zwei Meter dicke Schicht ins Auge. Mit unseren Hämmern öffnen wir einige große Steinplatten. Sie teilen sich und versteinerte Abdrücke von Pflanzen kommen zum Vorschein. Klar erkennbar sind die

Links: Der Kühwiesenkopf in den Pragser Dolomiten ist vom Steinschlag gefährdet und brüchig. Das Bergen der Fossilien mühevoll und aufwändig. Oben: Die Paläobotanikerin Evelyn Kustatscher versucht an Ort und Stelle Zusammenhänge zwischen den verschiedenen Pflanzen zu finden. Es ist sehr selten, dass eine gesamte Pflanze gefunden wird. In den meisten Fällen liegen Blätter, Zweige, Früchte und Stämme zusammenhanglos da und müssen erst zugeordnet werden.

feinsten Nuancen und Äderchen. Ein riesiges Farnblatt liegt vor uns. Wohl hunderte Geologen und Paläontologen mögen diese Schichten hier in den Olanger Dolomiten untersucht haben und doch sind wir in ein Neuland gestoßen. Über uns tut sich wieder eine gleiche, mächtige Schicht auf und darüber noch eine. Dieser unerforschte Berg besteht aus versteinerten Pflanzen. Wie im Fieber arbeiten wir uns weiter. Wir öffnen Platte um Platte. Fische erscheinen, ähnlich denen am Monte San Giorgio. Saurichthys, Bobosatrania, Dipteronotus. Andrea Tintori, der Mailänder Paläontologe, Fachmann auf diesem Gebiet, hatte uns eingeführt, von Heinz Furrer, dem Züricher Konservator hatten wir gelernt. Auch Quastenflosser kommen ans Tageslicht. War es möglich, dass diese Berge noch so voll von unentdeckten Geheimnissen waren?

Wir hatten in den letzten Jahren die größten Kristallgruppen der Alpen entdeckt und geborgen. Hart hatten wir gearbeitet, aber es hatte sich gelohnt. Und nun standen wir an den Abgründen des Kühwiesenkopfes und konnten nur staunen. Hier lag ein bisher noch verschlossenes Tor zur Vergangenheit. Wild fielen die Felsen unter uns ab, während Steinplatten über uns herabzustürzen drohten. Pflanze um Pflanze erschien, eine aussagekräftiger als die andere. Hier konnten wir das Pflanzen- und Tierleben einer tropischen Insel vor 240 Millionen Jahren erahnen und gleichzeitig zum Monte San Giorgio fehlende Bindeglieder ergänzen. Denn dort waren nur kümmerliche Pflanzenreste zutage getreten, die wenig Aussagekraft hatten. Eine der führenden Paläobotanikerinnen, Johanna van Konijnenburg-van Cittert aus Utrecht in Holland, hilft uns weiter. Eine junge Forscherin, Evelyn Kustatscher, lässt sich mit begeistern. Dieser Garten Eden, aus der Katastrophe keimend, musste erforscht werden. Zu aussagekräftig lagen die Steinplatten vor uns, zu klar zeigten sie die Entwicklung und die Ursprünge pflanzlichen Lebens auf. Zweige von Voltzien, einem Nadelbaum, kamen zum Vorschein. Ihre Zapfen waren noch in einer Entwicklungsphase, ihre Samenschuppen noch mehrfach geteilt. Wie die Araukarien am Gestade heutiger Südseeinseln mögen sie sich präsentiert haben und waren trotzdem in ihrem Aufbau weit davon entfernt. Anomopteris, der Farn lag vor uns mit seinen Riesenwedeln, Equisetites, der Schachtelhalm. Und dann die Überraschungen. Palmfarne traten ins Rampenlicht, zum ersten Mal. Klar und deutlich zeigten sie mit ihren eigenartig gefiederten Zapfen die Entwicklungslinie dieser Art auf. Wenige Millionen Jahre später würde eine Epoche nach ihnen benannt werden. Das Zeitalter der Cycadeen und Dinosaurier. Als Bjuvia sollte sie eine lange Entwick-

Oben: Isoetës, ein urtümliches Bärlappgewächs gilt als eine der interessantesten Pflanzen der Erdgeschichte. Sie kann Stress-Situationen hervorragend vertragen. Ein naher Verwandter dieser Pflanze wurde erst 1954 im Andenhochland auf fast 5000 m Meereshöhe gefunden. Die Farne Neuropteridium (unten) und Anomopteris (rechts) zeigen sich auch noch nach 240 Millionen Jahren in absoluter Perfektion.

lungslinie durchmachen. Und hier oben in diesen Schichten lag die Geburtsstätte dieser Pflanze. Klar und deutlich hoben sich die Riesenwedel mit ihren parallel verlaufenden Adern von den Gesteinsplatten ab. In diesem blank gefegten Planeten hatten all diese Pflanzen und Tiere die nötigen Spielräume, um sich rasch zu entwickeln und in vielerlei Variationen zu mutieren.
Ein kleines Reptil kommt urplötzlich zum Vorschein. Eine Sensation. Es musste ins Wasser geschwemmt worden sein, mitsamt all den Pflanzen. Bei einem Sturm wahrscheinlich. Und Schlamm musste Pflanzen und Tiere sehr schnell überlagert haben. Wir schauen um uns. Eine von Algen erbaute Erhebung, an die all diese Pflanzenschichten stießen, musste einst aus dem Meer herausgehoben worden sein, und auf ihr mussten einst all diese Pflanzen sich ausgebreitet haben. Bis immer wieder heftige Orkane ihr zerstörerisches Werk taten und die Farne, Nadelbäume, Cycadeen und auch die an Land lebenden Tiere ins Meer schwemmten. Über hunderte Meter taten sich diese Schichten auf. Hier kam vor unseren Augen plötzlich und unerwartet ein Garten Eden als Stätte geologischer Erforschung ans Tageslicht. Und führte uns vor Augen, dass immer noch einzigartige Entdeckungen möglich waren. Eine letzte Pflanzengruppe nahm unsere Aufmerksamkeit gefangen. Pleuromeia und Isoetës, beides ursprüngliche Bärlappgewächse. Sie waren die Pionierpflanzen nach der Riesenkatastrophe zwischen Perm und Trias. Sie begannen zu kolonialisieren und den Boden für weitere Pflanzen zu ebnen, um dann, nach dem Aufblühen der Pflanzenwelt sehr schnell zu verschwinden. Sie mussten Platz machen für andere Pflanzen, die unter den nun verbesserten Lebensbedingungen leichter die Nischen zu füllen im Stande waren. Ihr Schicksal gleicht dem der Quastenflosser. Man hielt sie für ausgestorben, bis man 1954 in einer auf 4750 m Meereshöhe gelegenen Lagune im peruanischen Hochland eine ähnliche Art entdeckte. Stylites andinica benannte man sie. Wir kletterten weiter in die Urzeit. Die Schichten wurden leer und leerer. Eine einzige Muschel trat noch zutage. Claraia hatte man sie benannt. Nach einem

So fremdartig mag die Landschaft vor 240 Millionen Jahren in den Alpen sich präsentiert haben: Schachtelhalme (Equisetites) bevölkerten die feuchten Bereiche, die Farne Neuropteridium und Anomopteris lebten im Schatten der Nadelbäume (Voltzia). Die ersten Palmfarne (Bjuvia) vermehrten sich rasend schnell und verdrängten die Katastrophenpflanzen Pleuromeia und Isoetës. Links: Ein kleines unscheinbares Reptil, einer der Vorläufer der Schlangen, Leguane und Eidechsen.

Südtiroler Pfarrer, der sich für Versteinerungen begeistert hatte. Sie war die erste Muschel, die sich vor 250 Millionen Jahren massenhaft vermehrte. Die so den Grundstock für vielerlei Variationen bildete.

Professor Silvio Renesto, der Spezialist für Wirbeltiere kommt aus dem Staunen nicht mehr heraus. Je mehr er das kleine Reptil freipräpariert, desto mehr fasziniert es ihn. Dieses Tier dürfte am Beginn einer Entwicklungsstufe gestanden haben. Es war ein Ahnherr der Schlangen, Leguane und Eidechsen. Aber auch der Sphenodonten, die heute nur mehr in der auf Neuseeland beheimateten Brückenechse einen letzten Vertreter haben. Wie verlaufen Entwicklungsstufen? Warum spaltet sich plötzlich ein Tier ab, das im Laufe der Zeit zu einer höchst erfolgreichen Gruppe wird? Rätsel über Rätsel. Vieles werden wir wohl nie in Erfahrung bringen können. Es war ein Zufall, dass wir dieses so unscheinbare Tier, das erst mühevoll herauspräpariert werden musste überhaupt fanden. Wir lassen die letzten Lebensminuten vor uns Revue passieren. Ein fürchterlicher Sturm fegte vor 240 Millionen Jahren über diese tropische Insel. Das Reptil, dieser Lepidosaurier klammerte sich noch mit seinen überlangen Krallen an einem Ast fest. Bis es Pflanze und Tier ins Meer riß, wo es in der durchwühlten See kein Überleben mehr gab. Und durch seinen Tod gab uns dieser Ahnherr erst Einblick in die Entwicklung einer neuen Art. Wir hatten in diesen Bergen nach vielerlei gesucht, aber dieser Fund hat all unsere Erwartungen übertroffen. Es war ein Glücksfall, dass gerade wir ihn fanden. Wie oft waren wir allerdings in den Bergen der Alpen in den extremsten Wänden herumgeklettert und waren wieder leer nach Hause gegangen. Manchmal hat man einfach Glück.

Wir hatten Einblick erhalten in eine Welt, die sich vor weit über 200 Millionen Jahren abspielte. In eine Welt, wo sich heute die Alpen hoch türmen und die einst nichts anderes als das Ufer des Tethysmeeres bildeten. Mit ihrer eigenartigen Pflanzen- und Tierwelt, die wir nun wie zufällig ans Tageslicht gebracht hatten.

Von den wilden Alpen

Ganz klein präsentiert sich der Mensch unter diesem natürlichen Felsbogen. Er liegt abseits im Gebiet der Pragser Dolomiten. Und doch drängt es Abenteurer und Sucher dorthin vorzudringen, um ihn zu durchklettern.

Berge ohne Namen

Nur schnell hindurch und keinen Blick nach oben · Wo wohnt Pilatus · Die Neugierde des Leonardo da Vinci

Forscher auf Berges Gipfeln

Heimweh ist eine Krankheit · Hacquet hat Angst vor wilden Geiern · Saussure staunt am Mont Blanc · Der Schädel von Pater Wulfen

Das sind sie also, die wilden Alpen. Wir hatten sie kennen gelernt, in all ihren Nuancen. Ihre Geheimnisse und ihre Schlünde. Sie haben eine magische Anziehungskraft. Es ist nicht nur ihr Reichtum an Schätzen. Es muss ein viel tieferer Sinn dahinter liegen, der unergründlich ist. Wie könnte man es sonst erklären, dass die Alpenbewohner sich mit solcher Kraft an ihre karge Scholle klammern und auch noch glauben, diese Berge seien das Paradies. Sie haben ihre Heimat verteidigt bis zum Tod und noch darüber hinaus. Sie haben sich eigenständig entwickelt. Nichts ist schwieriger als die Bewohner der Alpen richtig einzuschätzen. Sie lassen sich in kein Dogma pressen. Umso mehr taten dies in der Folge die von außen Kommenden. Die Alpen diese »terra incognita« bot den ergiebigsten Boden für gelebtes Abenteurertum. Auf den Felsengipfeln konnte man die Götter herausfordern und wenn sie den verwegen Anstürmenden nichts taten – was auch meistens so der Fall war, dann ergossen sie sich in späteren Veröffentlichungen aus der Wortschatz-Schatulle der Übertreibungen, dass es die Leser nahe an den Herzstillstand bringen sollte. Dass dabei eine gehörige Portion Eigenlob mit hineinfließen sollte versteht sich von selbst.

Es war eine eigenartige Hassliebe: Über viele Jahrhunderte lagen die Berge jenseits jeden Interesses und jeder Neugierde. Sie hatten einfach sehr wenig Verlockendes, und wenn sie doch irgendwie Aufmerksamkeit erregten, dann nur durch ihre alles vernichtenden Katastrophen und Unglücksfälle. Alle mussten sie in die Alpen, oder besser gesagt sehr schnell hindurch. Die Griechen und die Römer hatten mit dem Meer einen ebenen Teppich, auf dem sie ihre Erfahrungen oder öfter noch ihre gegenteiligen Meinungen austauschen konnten. Die römischen Expansionsgelüste gegen Norden wurden indes von einer mächtigen Gebirgskette unterbrochen, die nichts anderes als Kälte, Gefahren und meistens auch störrische Bergvölker in sich barg. Die einzigen Versuche, diesen Bergen etwas Positives abzugewinnen lagen darin, dass vielleicht doch ungeheure Schätze in ihnen zu finden waren. Gold, Erze oder Kristalle vielleicht.

Aus den Bergen kam nichts Gutes. Als der karthagische Feldherr Hannibal im Jahr 218 v. Chr. mit 30 000 Soldaten, 8000 Reitern und 37 Elefanten hinterlistig von hinten über die Alpen auf das sich in Sicherheit wiegende römische Reich hereinbrach, konnte man diesen Bergen nur mehr so viel abgewinnen, als unbedingt notwendig war, um die eigenen Bastionen zu sichern. Aber immerhin. Die Römer waren geniale und über spätere Jahrhunderte kaum mehr erreichte Straßenbauer.

Die Pässe, Sättel, Jöcher, die Schluchten welche allzu oft von donnernden Wildbächen durchzogen wurden, rangen den Menschen das Letzte ab, um sie einigermaßen passierbar zu machen. Es ging sehr langsam vor sich. Die Römer hatten damit begonnen, kühne Straßen durch die Berge zu bauen. Sklaven, Bauern, Gefangene und Soldaten kratzten mit Hacke und Spaten den Sand und die Steine vom unberechenbaren Gelände, schütteten Dämme auf und bauten, wo es nicht anders ging, Brücken und Viadukte mit allen möglichen und unmöglichen Materialien. Mit dem Untergang des Römischen Reiches war auch die heroische Zeit der ersten Mobilität vorbei. Die Straßen verfielen, und einzig und allein die Mönche der überall gegründeten Klöster hielten wenigstens notdürftig manchen Höhenweg instand. Überall konnte die »mala mors«, der jähe Tod lauern, der den Unglücklichen keine Zeit mehr ließ, um die eigenen Sünden zu bereuen und sich mit Gott zu versöhnen.

So ist es nicht überraschend, dass die alten Römer, die sonst jede noch so unwichtige Tat aufzeichneten, kaum einmal Namen der Berge niederschrieben. Und wenn sie sich einmal mit Bergen befassten, dann ragten, nach Plinius, einem der größten römischen Naturforscher, die Berge 50 000 Schritt in die Höhe, also fünfzehn Mal höher als heute der Montblanc gemessen wird. Dafür ergossen sich aber unzählige römische Forscher über die »Scheußlichkeiten« der Berge im Allgemeinen. »Ähnlich der Unterwelt türmt sich in den Alpen die Erde auf«, wettert schon der römische Denker Silius Italicus, für Cicero dagegen sind die Berge »eisstarrend«, und für Claudius scheint es »als habe man das Antlitz der Gorgo geschaut, so sehr erstarrte Frost die Krieger«.

Nach der Besteigung dieser grässlichen Gipfel sehnte sich kein Mensch. Und die Suche nach den Schätzen dieser Berge, dem Gold, den Kristallen, Kupfer und Eisen überließ man zum größten Teil den Einheimischen. Dass der höchste Berg der Alpen, der Montblanc erst 1595 als »Montagne Maudite« in den Karten verzeichnet wird, der Großglockner 1562 und die Drei Zinnen gar erst 1774, sagt alles über die Wichtigkeit der Berge aus.

Die Berge überließ man so je nach Zeitgeist den Göttern oder den Drachen, die »Blut sprüzten« und anderen Ungeheuern. Und auf die Gipfel wagte man sich nur, wenn wirklich ein Schatz ganz oben verborgen lag. Zwischen 1025 und 1050 versuchten verwegene Bergsteiger den immerhin 3537 Meter hoch gelegenen Gipfel der Roccia Melone in den italienischen Alpen zu besteigen, um einen großen Schatz den bösen Geistern zu entreißen. Leider erwiesen sich die verdammten Ungeheuer als wirklich zu stark und vereitelten durch Steinschlag, Nebel und Lawinen jeden Erfolg. Welch ein Triumphgefühl konnte dann Bonifacio Rosario d'Asti auskosten, als er wirklich im Jahr 1358 auf diesem vergletscherten Gipfel stand. Gut, es handelte sich um ein Gelübde, sonst hätte er diesen Gipfel nie in Angriff genommen. Brav ließ er eine Kapelle in den Fels höhlen und stellte ein dreiteiliges Altarbild aus Bronze auf. Dass dieser Berg der höchste der Alpen sei, von dem konnte sich der wackere Erstbesteiger Rosario ein Leben lang nicht trennen. Und einen Schatz fand er hoch oben auf dem Gipfel auch keinen.

Wo das Neuland in den Bergen liegt ist schwierig zu sagen. Jeder versucht es auf seine Art und Weise zu finden. Manch einen Glückspilz trifft es dann unvermittelt und überraschend.

Es war der bis in die verbotene Tiefe gehende Forschungsgeist, der sechs Pfarrer aus Luzern – die ausdrücklichen Anordnungen der geistlichen Vorgesetzten missachtend – dazu trieb, den 1920 Meter hohen Pilatus im Jahr 1387 als ersten Schweizer Berg zu besteigen. Oben auf dem Gipfel sollte in einem kleinen See der Geist des zu Jesu Christi Zeiten lebenden römischen Landpflegers Pontius Pilatus hausen. Den wollten sie ehrfürchtig begrüßen, was ihnen aber nicht gelang, denn trotz angestrengtester Suche fanden sie ihn nicht. Dass die Missetäter hernach sofort zu einer langen Gefängnisstrafe verurteilt wurden, versteht sich im Sinne der Zeit mit Selbstverständlichkeit. Schon mit ausdrücklicher Erlaubnis der Behörden von Luzern wagte sich viele Jahrzehnte später, im Jahr 1518, der Bürgermeister von St. Gallen, Joachim von Watt, zusammen mit drei anderen hoch stehenden Gelehrten wieder auf den Pilatus, um endlich Klarheit über dessen unruhigen Geist zu erhalten. Doch diese Ersteigung endete noch viel kläglicher als die erste. Die verwegene Truppe wurde in der Nähe des Sees durch nicht erforschbare Gründe so von heillosem Entsetzen ergriffen, dass sie eine überstürzte Flucht nach unten antraten. Die verängstigten Beschreibungen des Bürgermeisters trugen wesentlich dazu bei, den Aberglauben über viele Jahrzehnte noch weiter zu steigern.
Der Wahrheit auf den Grund kam dann allerdings der große Schweizer Naturgelehrte Conrad Gesner, der auch mit behördlicher Erlaubnis und vor allen Dingen furchtlos den Gipfel des Pilatus erstieg und nüchtern feststellen konnte, »dass Pilatus niemals an diesen Orten war und, wenn er dahin gekommen sein würde, dass ihm niemals irgendeine Möglichkeit, den Menschen nach seinem Tode Gutes oder Böses anzutun, gewährt worden sein würde«. Und damit war ein viele Menschen beschäftigendes Rätsel

vorerst einmal gelöst. Dass wahrscheinlich der Name dieses Berges vom lateinischen Wort »pileatus«, (von Wolken bedeckt) abzuleiten gewesen wäre, war wahrscheinlich im Laufe der Jahrhunderte in Vergessenheit geraten.
Einige Jahrzehnte zuvor, im Jahr 1492, dem Jahr der Entdeckung Amerikas, steht der königliche Kammerherr von Karl VIII. von Frankreich, Antoine de Ville auf dem 2097 Meter hohen Mont Aiguille, einem gewaltigen Felsturm mit senkrecht abfallenden Wänden. Mit Seilen und Leitern ist es ihm und einigen wackeren Trägern gelungen, diesen Gipfel über den »fürchterlichsten und grauenerregendsten Weg« seines Lebens zu besteigen. Mittels Boten teilt er seine Meisterleistung dem König mit und verweilt drei Tage oben »damit Sie, falls Sie es wünschen, Leute ausschicken können, die unsere Anwesenheit auf dem Gipfel bestätigen sollen«. Der König scheint Antoine de Ville auch so geglaubt zu haben. Irgendwann kletterte er zum Jubel seiner Anhänger wieder von der Felsnadel herunter.
Einen Unfall in der von Männern dominierten Bergsteigergeschichte stellt natürlich die Besteigung der 2433 Meter hohen Laugenspitze bei Meran durch die beiden lebenslustigen Damen Regina von Brandis und Katharina Botsch dar. Während die beiden Frauen fühlen, etwas Eigenständiges geleistet zu haben und dies auch so kundtun, verfolgen die Bauern des Tales diesem Spektakel mit Argwohn und Händeringen.
In die Alpen trieb es immer mehr Menschen aus nah und fern. Wegen des Nervenkitzels, der Unabwägbarkeiten der Natur, wegen der ungeheuren Möglichkeiten dort auf den vielzähligsten Gebieten Neuland zu finden. Unerstiegene Berge, neue Mineralien, neue Fossilien, neue Pflanzen und die Jagd waren das Ziel. Neue Theorien zur Erd-

Der Schweizer Albrecht von Haller (1709–1777) war einer der Ersten, der vom Leben der Bergbewohner positiv angetan war. Sein Lehrgedicht: »Die Alpen« setzte neue Maßstäbe und hatte großen Erfolg. Die Geheimnisse dieser Berge haben die Menschen fasziniert. Hier konnten sie Neuland beschreiten.

entstehung wurden geboren. Naturwissenschaftliche Kostbarkeiten, die in unendlicher Zahl brach dalagen konnten erforscht werden. Je mehr die Schriftsteller, Dichter und Maler auf der einen Seite die Landschaft zur Hölle verformten und auf der anderen in paradiesische Sphären erhoben, desto mehr Menschen wollten mit eigenen Augen all dies auch selbst sehen und erleben. Und da fast alle trotz der höllischen Zustände in den Bergen heil und unversehrt daraus zurückkehrten, vervollständigte sich die Meinung, dass es in den Alpen sowohl eine Hölle als auch ein Paradies zu begaffen gäbe. Doch unbestreitbar ist die Tatsache, dass es durch ein Zusammenspiel der verschiedensten Kräfte gelang, den Wissenshorizont auf den unterschiedlichsten Gebieten um Welten weiterzutreiben. Vieles erwies sich als falsch, vieles als richtig. Manche Entdeckungen waren von Glück begünstigt, bei anderen wiederum staunt man über die Weitsicht und Kühnheit der Gedanken derjenigen die sie entwickelten. Viele der großartigsten Entdeckungen regen uns zum Schmunzeln an und zeigen auf, wie nicht berechenbar jegliche Wissenschaft ist. Und spricht man auch oft von Meilensteinen, so handelt es sich fast immer nur um dürftige Meilenkörnchen, die die Menschen wieder um einen Schneckenschritt weiterbrachten. Sehr oft stand dabei die »fröhliche Wissenschaft« im Vordergrund. Die Kostproben der Beschreibungen dieser Welt sind vielfältig und sehr oft auch köstlich.

Eine »mineralogisch-botanische Lustreise« – wie er bescheiden sein später veröffentlichtes Werk nennt – führt den Naturwissenschaftler Belsazar Hacquet de la Motte im Jahr 1779 zum Großglockner, dem höchsten Berg Österreichs. Allen teilt er seine innersten Empfindungen mit, denn es übermannt ihn ein »Schatten der Wolllust« beim Anblick dieser Berge. Nichts sehnlichster wünscht Hacquet, als den Großglockner auch zu besteigen, und vor allen Dingen wissenschaftlich zu erforschen, doch er fürchtet um sein Leben. Nicht wegen des Steinschlages oder der Lawinen. Nein, »weil man auf solchen Anhöhen oft mit einem sehr mächtigen Feinde zu kämpfen hat, nämlich mit den großen Geiern, die auf einen Jagd machen und mit ihren mächtigen Flügeln zu Boden oder in die Abgründe schlagen, wo man denn beim Fall ihnen zur Beute wird.«

Vielleicht hatte auch der aus reichem Hause stammende Horace Bénédict de Saussure Angst vor diesen Geiern, als er als frühreifer 20-jähriger Student im Jahr 1760 eine hohe Belohnung für denjenigen aussetzte, der als erster Mensch auf den Gipfel des Montblanc seinen Fuß setzen würde. Das Geld des Genfer Studenten und künftigen berühmten Naturforschers zeigte seine Wirkung. In dem Maß wie die Prämie stieg minderte sich die Angst vor bösen Geiern, Teufeln und Berggeistern. Im Jahr 1783 versuchte man es sogar mit einem riesigen Luftballon. Doch nichts half. Der Gipfel des Montblanc fiel dann auf eher unspektakuläre Weise. Am 7. August 1786 nötigt der Dorfarzt von Chamonix Dr. Michel Paccard den hoffnungsvollen Bauernburschen und Kristallsucher Jacques Balmat ohne Seil, dafür aber mit Tinte, Feder und Papier bewaffnet, mit ihm auf den Gipfel zu steigen. Am Abend des 8. August stehen beide halb erfroren und teilweise

Das Buch »Naturhistorische Alpenreise« des Schweizers Hugi erregte um 1830 Aufsehen. Links oben: Skurril, mit Alpenstöcken bewaffnet, werden die Berge bestiegen. Mitte: Belsazar Hacquet, 1739–1815, Universal-Naturwissenschaftler, erforschte vor allen Dingen die Ostalpen. Die Ersteigung des Großglockner wurde zu seinem Wunschtraum. Eine wissenschaftliche Expedition unter Führung des Fürstbischofs von Kärnten, Franz von Salm-Reifferscheidt, versuchte dann im Jahr 1799 den Gipfel dieses Berges zu erreichen (ganz rechts).

schneeblind auf diesem Thron Gottes. Da nun augenscheinlich der Montblanc den Menschen gütig gestimmt war, wagte sich ein Jahr später auch Horace Bénédict de Saussure zusammen mit an die zwanzig beherzten Einheimischen an die Zweitbesteigung. Es war kein überlegener Sturmangriff für den 47-Jährigen. Mehr tot als lebendig kroch er auf den Gipfel, doch im Angesicht dieses historischen Augenblicks überfielen ihn wieder die Lebenssäfte, und er begann wie ein Besessener mit seinen wissenschaftlichen Experimenten. Er schoss mit einem Gewehr in die Luft, um die Wirkung des Schalls auf fast 5000 Meter Meereshöhe zu studieren, maß die Temperatur und dazu noch den Puls seiner Begleiter, verglich das Blau des Himmels anhand von sechzehn verschiedenen Blautönen, suchte nach Gesteinsproben und stellte zu seiner Überraschung fest, dass das Wasser schon bei knapp über 80 Grad den Siedepunkt erreichte. Saussure zeigte sich über die Ereignisse zufrieden, auch wenn die ganz große Sensation ausblieb.

Den Gipfeln der Alpen wollte man ihre Geheimnisse entlocken. Aber im Vordergrund stand immer noch die Wissenschaft. 1799 wagt man von neuem einen Versuch, den Großglockner zu besteigen. Mit göttlichem Segen. Kardinal Salm-Reifferscheidt ist dabei, der honorige Jesuitenpater Franz Xaver Wulfen, eine Fülle anderer Kardinäle und Bischöfe und natürlich die Koryphäen aus vielen naturwissenschaftlichen Bereichen. Einer der Geistlichen sticht dabei besonders hervor, 71 Jahre ist er schon alt, aber immer noch agil: Pater Wulfen. 1728 war er in Belgrad auf die Welt gekommen, sehr früh wandte er sich mit voller Hingabe der Botanik und Mineralogie zu, korrespondierte fließend in vier Sprachen mit den führenden Wissenschaftlern Europas und reiste landauf, landab auf der Suche nach wissenschaftlichen Neuigkeiten. Mehr denn Gott, galt seine Liebe den Bergen. Auf seinen ausgedehnten Wanderungen entdeckte er 1779 auf einer Kärntner Alpe eine blaue Blume. Sie faszinierte ihn, sofort ist er sich der Wichtigkeit dieser

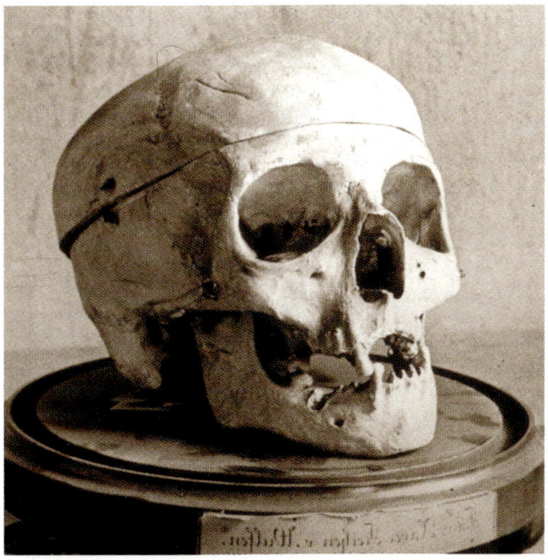

Der Kärntner Jesuitenpater Franz Xaver Wulfen war namensgebend für das Mineral Wulfenit, für Wulfenia, die Charakterblume Kärntens. Eine Reihe anderer Fossilien wurden nach ihm benannt. Sein Genie reizte nach seinem Tod die Wissenschaftler, den Schädel genauer zu untersuchen. Auf der Weltausstellung in Wien wurde der Schädel zusammen mit dem eines Mörders einem staunenden Publikum dargeboten. Oben: Eine der schönsten Wulfenitstufen aus dem Naturmuseum Klagenfurt.

Pflanze bewusst, »die kein Botanist je gesehen oder beschrieben hat und die ein neues Geschlecht ausmacht unter meinem Namen«. Euphorisch und völlig ohne einem Geistlichen sich ziemende Bescheidenheit, lässt er die blaue Wunderblume von Josef Freiherr von Jacquin, einem Wiener Botaniker begutachten, der nicht anders kann, als sie »Wulfenia« zu nennen. Es war nicht die einzige große Leistung des wackeren Jesuitenpaters. Ein Gelbbleierz erhielt ebenso seinen Namen wie eine Muschelmarmorart. So bricht nun die hochkarätige Gruppe mit Gottes Segen auf, um den Großglockner zu besteigen. Schnell zollen sie ihrem Mut Tribut. Das Wasser dieser Berggegenden schmeckt »so unerträglich, dass sie es nach dem esten Male nicht öfter versuchten«. Der Wein rettet sie aus ihrer misslichen Lage. »Gerade dem Umstande, dass wir viel Wein tranken, verdanken wir es, dass wir, ungeachtet aller nur denkbaren Unbilden der Witterung, dennoch stäts bei guter Gesundheit blieben.« Den Gipfel des Großglockners schaffen sie trotz aller Beherztheit dennoch nicht, sie müssen umkehren. Und sie haben dennoch ihr Leben gerettet. Denn an der Nebenfront, in den Dolomiten, artet für die hohe Geistlichkeit ein Sturmangriff auf den höchsten Dolomitengipfel, die Marmolada, zum Desaster aus. Im Pfarrarchiv von Buchenstein liegt das Dokument des traurigen Schicksals von Don Giuseppe Terza aus Wengen. Am 12. August 1802 brechen die Geistlichen auf. »... und wie er zu den Gletschern kam, setzte er gegen die warnenden Ratschläge seiner Kameraden, welche zum Rückzug rüsteten, seinen Weg alleine fort. Er ging, die mörderischen Gefahren nicht achtend dahin, und wurde, trotz angestrengtester Suche seiner Kameraden weder lebendig noch tot mehr gefunden. Ruhe in Frieden! Ziehe aber jeder Lehre und Ratschlag aus diesem Unglück und besonders ihr Pfarrer allerseits bleibet daheim, zum Lesen, zum Studieren und zum Beten ...« Warum mussten sie alle das Reich der Götter herausfordern?

Die Pflanzenphysiologin Alexandra Uhl betrachtet Kärntens heilige Blume, die »Wulfenia«. Auch im Pflanzenreich wurden viele bedeutsame Entdeckungen erst in den letzten Jahrzehnten gemacht. Faszinierend ist immer noch etwas Neues vor sich zu haben.

Der rastlose Forschergeist von Franz Xaver Wulfen faszinierte auch nach seinem Tode im Jahr 1805 die Nachwelt in solchem Maß, dass Kärntens Forscherelite alsbald dem berühmten Mineralogen und Botaniker den Kopf abschnitt, um ihn näher auf besondere Intelligenzmerkmale zu untersuchen. Noch 1873 bildete der Schädel des Jesuitenpaters, makaber ausgestellt neben dem Skelett eines Mörders, einen der Hauptanziehungspunkte der Weltausstellung in Wien. Das Publikum konnte ihn hautnah begaffen und herausfinden, aus welchen Merkmalen das Phänomen eines Genies erkannt werden könnte.

Die Berge wurden bestiegen, ein jeder Gipfel unter anderen Voraussetzungen und anderen Geschichten. Manchmal feuchtfröhlich, dann wieder forderte der Kampf Opfer, es gab Tragödien, aber alles führte bloß dazu, diese Berge zu verklären und sie in ein Reich der Mythen und Legenden zu bringen. Doch was geschah mit den Bergbewohnern? Wie ging man mit ihnen um? Wie erniedrigte man sie?

All das, was sich in den folgenden Jahrzehnten und Jahrhunderten in den Alpen anbahnte war ein Prozess, aufgebaut auf missverstandenen Meinungen, gegenseitiger Intoleranz und einer gehöriger Portion Präpotenz, der auch heute noch nicht abgeschlossen ist.

Die Bergbewohner klebten an ihrer wüsten Scholle und hatten aus unerklärlichen Gründen immer schreckliches Heimweh, wenn man sie in andere Teile der Welt verpflanzen wollte. Was ist Heimweh? Wie äußert es sich? Welche Bedeutung hat es? Zum ersten Mal sind es im Jahr 1678 die beiden Schweizer Harder und Hofer, die eine Abhandlung über diesen so undefinierbaren Begriff schreiben. Die beiden deutschen Schriftstellergenies Goethe und Schiller konnten allerdings nichts mit diesem Begriff anfangen. Doch so unbedeutend kann das Heimweh, diese Krankheit wieder nicht gewesen sein. So berichten die Chroniken, dass es in Frankreich noch bis Mitte des 18. Jahrhunderts bei Todesstrafe verboten gewesen sei, den Kuhreigen zu singen oder zu pfeifen, »weil die schweizerischen Soldaten durch das Hören desselben haufenweise in Heimweh verfielen, desertierten oder starben. Gründlich beseitigt wird das Heimweh in seinen schweren Formen in der Regel nur durch die Rückkehr in die Heimat.«

Als der Schweizer Albrecht von Haller im Jahr 1777 stirbt, hat das Land einen der letzten Universalgelehrten verloren. Rund 600 Bücher über die verschiedensten Wissensgebiete krönen sein Werk, von der Botanik zur Medizin bis hin zur Mathematik. 1728 führt ihn eine botanische Studienreise in die Alpen, wobei ihn diese eigenartige Welt sofort zu einem berühmt gewordenen Lehrgedicht inspiriert, das völlig im Gegensatz zur Einstellung der meisten Literaten der damaligen Zeit steht, und dabei das

Herwig Pucher, ein Kärntner Höhlenforscher und passionierter Archäologe zwängt sich mit Schlamm überkrustet in ein kleine Höhle, hoffend, dass sich im Innern eine magische Welt auftut.

grässlich-abstoßende Bild dieser Berge in ungewohnt neue Sphären hebt. Nun stehen die Alpen erstmals für viele paradiesische Prädikate wie »Natur« und »Glück«, für »Freiheit« und »Eintracht«, »Vernunft« und »Frieden«. Außerhalb dieser Landschaft fängt das »Laster« und das »Niederträchtige« an. Dort gibt es »Armut« und »Wahn«, »Ichsucht« und »Neid«. Die literarischen Ergüsse des Albrecht von Haller sind Balsam für die geknechteten Seelen der Alpenbewohner. »Die Alpen« nennt der Schweizer dieses Gedicht, und es wird zu einem bisher noch nie gekannten Seitenhieb gegen die damalige moderne Wohlstandsgesellschaft und zu einer Beweihräucherung des Lebens in den Bergen.

Doch das Ansehen der Bergbewohner war je nach Modetrend und Literaten fortwährend Schwankungen unterworfen. Man verdammte die Felsen und hob die Alpenbewohner in den Himmel, um ihnen sehr oft im Gegenzug überhaupt das Menschsein abzusprechen. Friedrich Nietzsche, der wortgewaltigste der deutschen Denker versuchte sich in seinem Hauptwerk »Also sprach Zarathustra«, sogar von seinem Menschsein zu lösen. »Man soll auf Bergen leben. Mit seligen Nüstern atme ich wieder Bergesfreiheit! Erlöst ist endlich meine Nase vom Geruch alles Menschenwesens!«

Dass man da sehr oft nicht zimperlich in der Einschätzung der Bergbewohner umging, versteht sich von selbst. Und war einmal die Meinung niedergeschrieben, dann erzielte das Buchwerk eine Eigendynamik, die sich nicht mehr aufhalten ließ. Das hielt sich bis in die modernste Zeit so und ging hin bis hinauf zu den hochkarätigsten Schriftstellern. Im Jahr 1829 fasst der große deutsche Dichter Heinrich Heine resignierend den Urcharakter des Tirolers zusammen: »Die Tiroler sind schön, heiter, ehrlich, brav und von unergründlicher Geistesbeschränktheit. Sie sind eine gesunde Menschenrasse, vielleicht weil sie zu dumm sind, um krank sein zu können.« Es spricht nicht unbedingt für den großen Bergsteiger Edward Whymper, wie er die Bewohner rund um das Matterhorn beschreibt: »In keinem Tal wird man so oft und so peinlich daran erinnert, wie herrlich die Natur und wie kläglich der Mensch sein kann. Diese verkrüppelten und seelenlosen Wesen, die mehr Tieren als Menschen gleichen, ekeln den Reisenden durch ihre Hässlichkeit, ihre widerlichen Gebärden und ihr sinnloses Stammeln.«

1843 bereist Alexander Petzold aus Dresden die Täler der Alpen von oben nach unten. Sein einziger Sinn ist die wissenschaftliche Erforschung. Ihn zieht es hin zu den Heiligtümern geologischer und mineralogischer Erforschung. Aber je weiter er von der bayrischen Ebene in die engen morastigen Täler kommt, desto düsterer wird auch sein Blick. In der Nähe des Großglockner erkennt er dann, dass zwischen den sumpfigen und ungesunden Talschaften und »der höchst einfältige an Cretins erinnernde Habitus des

Es wird immer schwieriger, Neuland zu finden. Jetzt geht es vor allem darum, mit verbesserten Techniken und in Teamarbeit – aufgebaut auf einer Fülle von Spezialisten – die letzten »weißen Flecken« der Alpen zu tilgen.

größten Teiles der Bevölkerung« ein Zusammenhang bestehen muss. Glücklich nach unzähligen schlechten Erlebnissen mit den Einheimischen wird Alexander Petzold erst, als er allmählich die Alpen im Süden verlässt. In Pergine, einem kleinen Städtchen schon in der Nähe von Verona, kann er sich zum ersten Mal nach langer Zeit wieder über die Schönheiten weiblicher Reize ergießen. »Welche Fülle, welche Freiheit der Entwicklung, und welches Ebenmass aller Formen und Glieder; welch eine strotzende Gesundheit, welch eine natürliche Anmuth in allen Bewegungen. Wahrlich, ich habe niemals so innig mich der Schönheit des jugendlichen weiblichen Körpers erfreuen können.«
Den Bergbewohnern war dazu noch sehr oft ein gehöriges Obrigkeitsgefühl zu Eigen. Wie grausam ging wieder Heinrich Heine mit den Tirolern in einer seiner bekannten Veröffentlichungen um. »Der Tiroler hat eine Sorte von lächelndem humoristischen Servilismus, der fast eine ironische Färbung trägt, aber doch grundehrlich gemeint ist.« Und einige Sätze weiter schreibt er diese Leute in Grund und Boden. »... die Männer drücken dir so derb die Hand und gebärden sich dabei so putzig herzlich, dass du fast glauben solltest, sie behandelten dich wie einen nahen Verwandten, wenigstens wie ihres Gleichen; aber weit gefehlt, sie verlieren dabei nie aus dem Gedächtnis, dass sie nur gemeine Leute sind und dass du ein vornehmer Herr bist, der es gewiss gern sieht, wenn gemeine Leute ohne Blödigkeit sich zu ihm herauflassen.« Das war in all den Jahrhunderten das Dilemma der Bergbewohner. Das Hörigkeitsgefühl denjenigen gegenüber, die von außen kamen. Haben wir Alpenbewohner das nötig gehabt? Hätten wir mit ein wenig mehr Selbstbewusstsein nicht mehr erreicht? Wahrscheinlich wird alles seine Richtigkeit gehabt haben.
Und doch wurde gerade wegen der Vielfalt der Meinungen, der Unzahl der hereinbrechenden Horden, der friedlichen Roder und Ackerbauern, der Forscher und Wissenschaftler, Sammler und Sucher Menschheits- und Naturgeschichte geschrieben. Diese Berge wurden zum am besten erforschten Gebirge dieser Erde und haben trotzdem nie aufgehört, neue Geheimnisse freizugeben.
Vieles gibt es noch zu tun. Die Jugend dürstet nach Neuem, will jenen Horizont, den die Väter erreichten, nochmals um Meilen weitersetzen. Eine jede Generation meint, sie habe den Wissenszenit erreicht, und trotzdem kommt eine nächste, mit neuem Gedankengut, und setzt mit Hartnäckigkeit und Starrsinn neue Maßstäbe. Die Jugend will mehr wissen als die Alten. Die Jugend sucht genauso das Risiko, will genauso Grenzgängertum erreichen und ist bereit, dafür zu kämpfen und zu leiden. Auch uns trieb es dazu. Wir wollten nichts anderes als diese wilden Alpen kennen lernen und ihnen weitere Geheimnisse entreißen. Schon der Versuch

Bis an die Grenzen seiner Leistungsfähigkeit geht dieser Höhlenforscher. Es könnte ja sein, dass sich einen Meter nach diesem unüberwindlich scheinenden See wieder eine großartige Höhle mit vielerlei Geheimnissen verbirgt.

war es wert. Wir taten es, weil es uns freute. Weil wir damit beweisen konnten, freie Menschen zu sein. Auch weil wir neugierig waren. Unsere Herzen schlugen beim Fund eines Kristalls, einer Versteinerung, einer Pflanze oder eines vor Jahrhunderten von anderen Menschen erzeugten Kunstwerks höher. Man meint immer, der Erfolg tritt schnell ein. Dem ist nicht so. Es braucht Jahre und Jahrzehnte der Suche und des Forschens. Auf vielen Gebieten waren wir Laien. Wir taten uns mit Wissenschaftlern zusammen. Sie halfen uns bereitwillig. Diese wilden Alpen, diese schaurigen Abgründe, schwarzen Schluchten, ausgesetzten Grate und Zinnen sind immer noch eine Welt der Rätsel.

Wir waren aufgebrochen, um zu sehen, ob die Alpen noch Unerforschtes, Geheimnisvolles und Unerkanntes bergen. Wir haben Menschen kennen gelernt, die hatten einfach Glück. Das waren die wenigsten. Die meisten haben sich ihr Neuland hart erarbeitet. Sie haben gekämpft und das, obwohl Forschergenerationen davor die Berge mit genauso viel Sorgfalt absuchten. Damit wurden sie zu wichtigen Personen, zu Helden. Manchmal auch zu Verkannten. Es wird immer Opfer geben, leider! Aber gab es auf anderen Gebieten jemals einen Bereich, der völlig gerecht und ehrlich war? Wohl kaum.

Gesetze werden von Menschen gemacht, und sie können auch wieder von Menschen abgeändert werden. Was heute Dogma ist, kann morgen ganz anders sein. Immer schon prallten auf diesen Gebieten die unterschiedlichsten Interessen aufeinander. Das wird auch immer so bleiben. Jeder möchte sich seinen Anteil am Gesamten abschneiden. Damit beweisen, dass auch er wichtig war. Diese Alpen erforschen heißt immer, gemeinsam zu handeln. Es gibt keine Götter unter uns. Ein jeder ist wichtig. Der einfache Bauer genauso wie der geniale Wissenschaftler. Oft haben wir uns in die Situation des einen wie des anderen hineindenken müssen. Und wir fanden keinen Unterschied. Der Finder ist gleich wichtig wie der Forscher.

Denn diese Alpen sind immer noch eine Goldgrube. Sie sind auf vielen Gebieten ein weißer Fleck auf der Landkarte. Es gibt überall noch Neuland. Man muss es nur suchen, man muss darum kämpfen, man muss dieses Neuland wollen. Ohne vorgefasste Meinungen und Präpotenz. Nur so können jene Träume wahr werden, nach denen wir uns alle sehnen.

Wir suchten Götter und fanden sie nirgends. Höchstens selbst ernannte stellten sich uns vor.

Wir suchten Helden. Wir fanden sie sehr oft im Dreck und im Morast. Als Menschen ohne Namen lernten wir sie kennen. Wir fanden sie in den Studierstuben. Hinter Mikroskopen tüftelnd. Als Kustoden von Museen.

Es waren Menschen, alles nur Menschen.

Die verborgenen Reiche interessieren den Menschen. Mag auch die Gefahr noch so groß sein, das Unbekannte noch so gefährlich und düster sich präsentieren, den Menschen drängt es förmlich danach in diese Welt einzudringen. Gottfried Leitgeb, der Südtiroler betrachtet fasziniert eine ihm unbekannte Höhle mit Riesen-Eiskristallen.

Dank

Auch hinter diesem Buch stehen eine Unzahl von Personen, welche in den meisten Fällen uneigennützig und mit größtem Einsatz und größter Begeisterung zum Gelingen des Werkes beigetragen haben.
Zu Dank verpflichtet sind wir den Museumskuratoren und Universitäten, welche ihre Tore und Archive weit geöffnet haben. Wir erwähnen hier besonders Dr. Robert Darga, Dr. Heinz Furrer, Dr. Paul Gleischer, Dr. Anton Kern, Dr. Elisabeth Kirchner, Dr. Jörg P. Müller, Dr. Gernot Rabeder, Dr. Lorenzo dal Ri, Dr. Albert Schedl, Gebrüder Steffan, Dr. Alexander Susanna, Dr. Andrea Tintori, Mag. Alexandra Uhl, Dir. Erich Urbanek, Dr. Wolfgang Wassermann, Dr. Waltraud Winkler, Dipl.-Ing. Herbert Witting.
Es war nicht leicht, aus der schier unendlichen Fülle und der doch wieder in vielen Belangen lückenhaften Geschichte, das Wesentliche herauszufiltern. Ein besonderer Dank gilt dem unermüdlichen Einsatz folgender Personen Bernard Bredow, Massimiliano Cerato, Willy Costamoling, Jakob Durchner, Hubert Fink, Gerhard Fischer, Bruno Higgins, Sandro Fontanari, Hanns Lothar Maringer, Peter Markowitz, Rainer Mrazek, Hannes Peschl, Alfred Pichler, Herwig Pucher, Ludwig Rasser, Bernhard Rom, Ernst Rufibach, Hans und Helmut Schader, Erika und Helmut Simon, Köbi Siber, Dossi Venzin, Alfred Wildgruber, Leopold Wurth.
Eine Unzahl von Sammlungen und Museen wurde besucht und nach Materialien durchforscht. Es sind dies:
Archäologiemuseum Südtirol, Botanikzentrum Kärnten (Klagenfurt), Carolino Augusteum – Salzburg, Geologische Bundesanstalt – Wien, GROHAK, Heimatmuseum Golling, Keltenmuseum – Hallein, Kraftwerke Oberhasli, Kunsthistorisches Museum – Wien, Landesmuseum für Kärnten (Klagenfurt), Mammutheum – Siegsdorf, Museum Burg Deutschlandsberg, Museum der Stadt Villach, Museum Dolomythos – Innichen, Museum für Naturkunde Dortmund, Nationalparkverwaltung Kärnten, Natur- und Mammutheum Siegsdorf, Naturhistorisches Museum – Wien, Naturkundemuseum Chur (Schweiz), Naturmuseum Südtirol (Bozen), Paläontologisches Institut und Museum der Universität Zürich, Sauriermuseum Aathal (Schweiz), Tauernschatzkammer Berghotel (Malta).
Die unermüdlichen Lektoren Ingolf Natmessnig, Maria Mutschlechner und Rüdiger Zeller trugen sehr zum Gelingen dieses Werkes bei.
Für die aufgebrachte Geduld und das Verständnis sei auch Edith Campei und Jutta Kandutsch gedankt.
Unseren Fotografen Martin Schönegger – DIFAR und Günther Schön – Fotofachlabor Wien, die uns auf vielen anstrengenden Touren begleiteten und für eine Vielzahl von Fotos verantwortlich zeichnen, danken wir herzlich.

Bildnachweis

Botanikzentrum Kärnten: 199 r.
Bredow, Bernard: 100 (4)
Cerato, Massimiliano: 159 u. (2), 160 (3)
Dichtl, Johann: 18 o., 114, 115
Dossi, Venzin: 87 l. u., 112 o., 136, 137
Durchner, Jakob: 19, 70 o. + r., 71
Fink, Hubert/Rasser, Ludwig: 37 (3)
Fischer, Gerhard: 142 l. u.
Furrer, Heinz: 172, 173, 182 r., 183 M. l., 184
Gleirscher, Paul: 49 l. u., 68
GROHAK, Salzburg: 72 l.
Higgins, Bruno: 29 u. (3)
Indergand, Peter: 128
Känel, Paul von: 124, 125
Keltenmuseum Hallein: 63 l., 72 r.
Kern, Anton: 64 r.
Kirchner, Elisabeth: 167 u. (2)
Kunsthistorisches Museum, Wien: 131 l. u.
Maissen, Flurin: 135
Mrazek, Rainer: 20 (2)
Museo Tridentino di Scienze Naturali: 171 r.
Museum Carolino Augusteum, Salzburg: 35 u.
Museum für Naturkunde, Dortmund W. Homann: 86, 87 r. o.
Nationalpark Hohe Tauern – Großkirchheim: 198
Naturhistorisches Museum, Wien: 13 l. (2), 63 r., 67
Naturmuseum Südtirol: 10 M.
Paläontologische Universität, Zürich: 180 u., 181 r., 185 r.
Peschl, Hannes: 140 l. u., 142 (3), 13 l. (2), 166 (3), 164 o., 168, 169, Nachsatz
Pichler, Alfred: 49 l. o. + r.
Prasnik, Helmut: 199 l.
Pucher, Herwig: 69, 201, 203
Rasser, Ludwig: 84
Rufibach, Ernst: 16 M., 18 u., 119, 121, 122
Salinen Austria: 64 l.
Schader, Hans und Helmut: 162 o.
Schön, Günther – Fotostudio, Wien: 144 r., 145
Schönegger, Martin: Vorsatz, 16 l. o., 17 r. o. + u., 22, 27, 28, 29 o., 30 M., 32 u. (3), 42, 44, 45, 54, 56, 57, 74, 75, 76, 78 l. o., 85 u., 104, 111, 113 o. r. + u. l., 118, 120, 130 u., 131 (3), 133, 140 r., 141, 146, 147, 148, 149, 150, 151, 152, 161, 163 u., 171 l. o., 174, 175, 177, 178, 180 o., 181 o. l., 182 (2), 183 (3), 192, 195, 196, 200, 204
Simon, Helmut und Erika: 73
Tourismusverband Gröden: 202 l.
Urbanek, Erich: 65 l. + o. r., 176 (2)
Wassermann, Wolfgang: 92 o.
Winkler, Waltraud: 138
Wurth, Leopold: 80, 81, 110 M.
Zardini, Stefano: 94, 95, 96, 97

Alle übrigen Fotos Archiv Alpdoc/Mediateam

Literaturhinweise

Avanzini, Marco und Wachtler, Michael: Dolomiten, Reisen durch die Urzeit, Athesia, Bozen, 1999

Berndt, S.: Die Kelten im südweststeirischen Teil des Königreiches Norikum, Steirisches Kuratorium für Vor- und Frühgeschichte, Burgmuseum Deutschlandsberg, 1998

Der Spurensucher, Zum 200. Geburtstag von Johann Georg Ramsauer, Katalog des OÖ. Landesmuseums, Land OÖ., Linz, 1995

Ertl, Rudolf Franz: Gold und Silber, Antike Schätze aus Noricum und Pannonien, Museumsverein Petronell-Carnuntum Auxiliarkastell, Eigendruck 1997

Frankenstein, Norbert von: Mythos Gold, Die Gier nach Reichtum und Macht, Umschau Buchverlag Breidenstein, Frankfurt am Main, 1993

Glas, Maximilian: Kristall Alpin, Die Mineralien der Alpinen Klüfte, Strahlen und Bestimmen, Extra Lapis No. 5, Christian Weise Verlag, München, 1993

Glaser, Franz: Kelten – Römer, Karantanen, Universitätsverlag Carinthia, Klagenfurt, 1998

Hagn, Herbert, Darga, Robert und Schmid, Rudi: Siegsdorf im Chiemgau, Erdgeschichte und Urwelt, Eigenverlag der Gemeinde Siegsdorf, 1992

Haubold, H. (1984): Saurierfährten. – Die Neue Brehm-Bücherei, 231 S., A. Ziemsen (Wittenberg)

Katalog zur Ausstellung: Urne, Beil & Steigeisen, Archäologie in Rasen-Windschnur und der rätselhafte Rieserfernerfund, 1996

Mineralientage München: Wer sammelt..., Jubiläum 25 Jahre, Münchner Mineralienfreunde e.V., 1988

Pucher, Herwig G.: Höhlen bei Warmbad Villach, Tagebücher der Geschichte, Verlag Hermagoras/Mohorjeva, 2001

Rabeder, G. (1991): Höhlenbären der Conturines – 124 S., Athesia (Bozen)

Rabeder, Gernot, Nagel, Doris und Pacher, Martina: Der Höhlenbär, Jan Thorbecke Verlag GmbH & Co., Stuttgart, 2000

Schaaf, Ulrich: Keltische Waffen, KulturStiftung der Länder in Verbindung mit dem Römisch-Germanischen Zentralmuseum, Forschungsinstitut für Vor- und Frühgeschichte, Mainz, 1990

Schlee, Dieter: Bernstein-Raritäten, Farben – Strukturen, Fossilien – Handwerk, Staatliches Museum für Naturkunde, Stuttgart, 1980

Stingl, Volkmar und Wachtler, Michael: Dolomiti, Genesi di un paesaggio – Athesia, Bolzano, 1998

Thenius, Erich und Vávra, Norbert: Fossilien im Volksglauben und im Alltag, Senckenberg-Buch 71, Verlag Waldemar Kramer, Frankfurt am Main, 1996

Wachtler, Michael und Kandutsch, Georg: Die Kristallsucher – Auf der Suche nach den verborgenen Schätzen (Band 1) Weise-Verlag, München, 2000

Wachtler, Michael: Dolomiten – Atolle und Lagunen, Mediateam 2002

Wamser, Ludwig und Gebhard, Rupert: Gold, Magie Mythos Macht, Gold der alten und neuen Welt, Arnoldsche Art Publishers Stuttgart, Archäologische Staatssammlung München und Autoren, 2001

Weisbach, Karl: Nichts als Steine, Verlag »Das Bergland-Buch«, Salzburg/Stuttgart/Zürich, 1974

Weisbach, Karl: Smaragde – Such sie selbst, Verlag »Das Bergland-Buch«, Salzburg, 1971

Winand/Brinkmann, (1994) Paläontologisches Museum der Universität Zürich – Führer durch die Ausstellung, Verlag des Paläontologischen Instituts und Museums der Universität Zürich

Register